그가 네 머리를 상하게 하리라

- 창세기 3:15에 나타난 원복음

윤영탁 지음

합신대학원 출판부

He Shall Bruise Your Head
by Young Tark Yune, D.D.

Copyright © 2015 Young Tark Yune
Published by Hapdong Theological Seminary Press
Kwangkyojoongang-ro 50, Yeongtong-gu, Suwon, Korea

그가 네 머리를 상하게 하리라

초판 1쇄 발행 | 2015년 4월 5일

지은이 | 윤영탁
발행인 | 조병수
펴낸곳 | 합신대학원 출판부
주　소 | 443-791 경기도 수원시 영통구 광교중앙로 50 (원천동)
전　화 | (031) 217-0629
팩　스 | (031) 212-6204
홈페이지 | www.hapdong.ac.kr
출판등록번호 | 제22-1-1호
인쇄처 | 예원프린팅 (031) 957-6551
총　판 | (주)기독교출판유통(031) 906-9191

값 8,000원

ISBN 978-89-97244-24-9 93230 : ₩8000
그가 네 머리를 상하게 하리라 [創世記]

233.211-KDC6
222.11-DDC23 CIP2015009861

*잘못된 책은 교환해드립니다

「이 도서의 국립중앙도서관 출판시도서목록(CIP)은 e-CIP홈페이지(http://www.seoji.nl.go.kr/ecip)와
국가자료공동목록시스템(http://www.nl.go.kr/kolisnet)에서 이용하실 수 있습니다.
(CIP제어번호: CIP2015009861)」

고 정암(正岩) 박윤선 목사님을 기억하며

■ 차례

■ 머리말

유학 시절에 모쉐 헬드(Moshe Held) 교수의 제자들이 교수님의 초청을
받아 자택에서 저녁식사를 한 일이 있었다. 그 식탁에는 랍비들과 목사
들이 자리를 함께 했다. 그런데 교수님께서 옆에 앉은 목사에게 식전
기도를 부탁하는 일이 발생한 것이다. 그 순간 우리 모두는 기도의 끝
이 어떻게 맺어질 것인지에 대해 몹시 긴장한 상태에 놓여 있었다. 그
런데 그 목사님이 "메시아의 이름으로 기도 드립니다"라고 하는 것이
아니겠는가! 모두 이구동성으로 "아멘"으로 화답하기는 하였으나 마음
한 구석에는 아무래도 석연치 못한 점이 있었던 것으로 기억된다. 기독
교인인 우리에게는 "예수의 이름으로"가 빠졌고 랍비들에게는 유대교
의 대표적 학자들 중의 한분인 클라우스너(J. Klausner, 1956, p. 530)가
아무도 메시아에게 기도를 드릴 수 없는데 이는 메시아가 신과 인간
사이의 중재자가 아니고 인간을 위한 "보혜사"도 아니기 때문이라고
한 말이 상기되었을 것이기 때문이다. 여하간 유학생이 교수님의 귀한
가르침을 받을 뿐만 아니라 댁에까지 초대받아 식사를 대접 받게 된
것은 지금까지 잊지 못할 좋은 추억으로 남아있다.

　　언젠가 드랍시 대학 총장이셨던 뉴만(Abraham A. Neuman) 박사
가 자신이 기대하는 기적에 대해 다음과 같이 말한 바 있다. 그에 의하
면 이미 실현된 두 가지 기적은 다름이 아닌 토라(Torah)의 언어가 현
용(現用) 언어가 된 것과 이스라엘이 새로 나라를 세웠다는 것이다. 그

리고 그의 생전에 세 번째이자 가장 위대한 기적인 메시아의 오심을 볼 수 있을지도 모른다는 기대가 지나친 말이 아니라는 것이다.

예수께서 사역하시던 세대를 연상하지 않을 수 없다. 로마의 압제 하에 있었던 당시의 유대인들도 그 어느 때보나 "이스라엘의 회복"을 실현하실 메시아를 대망했다(행 1:6). 그러나 막상 그들은 정치적·경제적 이익을 제공할 메시아를 대망한 터라 메시아가 오셨음에도 불구하고 오히려 그를 인정하는 데에 어려움이 있었다. 많은 유대인들은 율법의 제의적 제도가 사죄의 길을 제공해 주고 있음을 믿으며, 또 유대인으로서 그들은 이미 하나님의 자녀라고 자인하면서 그들의 원수들을 정복할 메시아를 대망하고 있었다. 그들은 복음서들에서 묘사된 메시아의 모습 곧 그들의 꿈과는 전혀 다른, 구속을 마련하기 위한 노정에서 고난과 고통 그리고 슬픔과 핍박을 당하는 구주를 필요로 하거나 원하지 않았다. 그들은 슈퍼스타를 원했으며, 죄인들의 친구가 아닌 유력한 왕을, 그들에게 어떻게 살 것인가를 가르치는 또 하나의 랍비보다는 현재의 삶에서 메시아가 통치할 약속의 땅으로 그들을 이끌어줄 기적을 행하는 인물을 원했다. 그러기에 그들은 예수께서 그들이 진정으로 필요로 했던 것을 제공해주셨음에도 불구하고 예수가 자신들의 꿈을 실현시키지 못한 것으로 치부했다(K. Warrington, 2009, pp. 6-7,22). 그래서 예수께서는 제자들에게 "사람들이 인자를 누구라 하느냐"라고 질문하신 것이다. 제자들이 서슴지 않고 "더러는 세례 요한, 더러는 엘리야 어떤 이는 예레미야나 선지자 중의 하나"로 여긴다고 답하자, 예수께서는 "너희는 나를 누구라 하느냐"라고 그들에게 물으셨다. 이 질문이 곧 헬드 교수님 댁의 식탁에 둘러앉았던 우리에게도 하신 것이라고 생각하고 싶다. 교수님의 제자들 모두가 베드로처럼 "주는 그리스도시요 살아 계신 하나님의 아들이시니이다"(마 16:13~16)라고 대답하지는 못했을 것이 분명하다(16절의 "그리스도"를 NEB, REB, NRSV, TEV, FC, 日本新共同訳은 "메시아"로 옮겼다). 예수께서는 불신앙적 무리에게 "모세를 믿었더라면 또 나를 믿었으리니 이는 그가 내게 대하여 기록하였음이라"(요 5:46)라고 말씀하셨다. 타락한 인류에게 오실 메시아를 통한 구원의 메시지가 창세기 3:15의 원복음을 위시하여 9:26; 22: 18; 49:10; 민 24:17; 신 18:15,18 등의 모세오경에 담겨 있다는 것이 전통적 교회의 고백이다.

오랫동안 원복음이라는 주제에 관심을 가지고 신학교와 세미나 등에서 강의를 하던 중 졸고 "창세기 3:15에 나타난 원복음"이 『성경과 신학』, 한국복음주의 신학회 논문집 제4권 (서울: 한국복음주의신학회, 1987, pp. 50-80)과 『구약신학과 신앙』, 구약신학 논문선 1 (서울: 도서출판 엠마오, 1991, pp. 7-36)에 실린 바 있는데 금번에 참고 자료들과 내용을 보충 보완하여 출판하게 되었다. 그런데 본문 비평에 활용가능한 정도의 지식에서 안주하려던 차에 칠십인역이라는 복병과 마주치게 된 것이다. 헹겔(M. Hengel, 2002, p. 19)이 이 분야가 구약학과 교부학에 속한 미지의 세계(*terra incognita*)라고 고백한 말이 나에게 더욱 중압감을 준다. 그러나 한편으로는, 신약성경을 **읽고자** 하면 '코이네'(*Κοινέ*)를 알아야 하나 신약성경을 **알고자** 하면 칠십인역을 알아야 한다고 강조한 젤리코(S. Jellicoe, 1969, p. 199)의 말에 자위하는 동시에 칠십인역을 다시 음미할 기회를 갖게 된 것을 다행으로 여긴다. 감사하게도 칠십인역에 관한 자료들을 구하는 일에 웨스트민스터신학대학원대학(용인)의 우상혁 교수의 도움을 받게 되었고 신약성경에 관한 자료들도 신약학자들의 도움을 받아 독지에게 소개하게 되었다.

이 지면을 빌어 지난 30년 동안 남포교회에서의 목회에서 은퇴하는 박영선 목사의 노고를 치하하며, 그의 목회의 절반에 해당하는 15년간을 협동목사와 선교목사로 교회를 섬길 수 있도록 기회를 주어 감사한다. 우리 두 사람은 1976년 총신대학에서 교수와 학생으로 출발한 동기인 셈이다. 그 당시 우리의 마음은 그야말로 감사와 감격으로 충만했고 신학교 분위기도 말씀 연구에 전념할 수 있어 지금까지 좋은 추억으로 남는다. 지금도 종종 총신 제72회 동창회주소록을 보며 그때를 회상하곤 한다. 박영선 목사에 대해 그의 동기였던 김정우 목사가 "그 당시 그는 우리들 중에 가장 배경도 좋았고, 인물도 좋았고, 운동도 잘 했고, 최고로 명석하였는데도 속으로는 늘 앓고 고달파하고 더 깊은 곳에서는 분노가 이글거리고 있었다"라고 평가한 바 있다(『박영선의 욥기 설교』, 2014, p. 557, 도서평). 구약석의 시간에 한 그의 발표들 역시 독특했는데, 그러한 독특성은 목회시 강단에서 더욱 구체적으로 드러났다. 그에 의하면 설교는 "전전긍긍하는 자가 힘을 다하여 하나님 편을 들어서 듣는 자들이 수긍하게 만드는 것"(『박영선의 욥기 설교』, p. 121)이다. 그는 또 자신에 대해 아래와 같이 말한다. "하나님이 저에게 말씀을 주시는 것은 마치 폭포수를 맞는 느낌이 들게 한다. 그런데 갖고 와서 설교를 하면 폭포수를 손바닥에 담아온 것 같이 답답하다. 제 안에 있는 하나님이 주신 말씀과 하나님에 관한 진실을 제가 감당을 못하고 있는 셈"이다(『獨說』, 1998, p. 46). 한 조사에 의하면 강단에서 설교되는 구약과 신약의 비율이 3:7이라고 한다. 하지만 박영선 목사는 구약에서 설교하는 비율이 더 높은 것이 독특하다(구약: 창, 출, 신, 삿, 삼 상하, 욥, 사, 호 -총 322장 8,387절; 신약: 마, 눅, 요, 행, 롬, 고 전후, 갈, 엡, 빌, 딤 전후 -총 172장 5,838절). 그가 설교할 때에는 하나님이 주신 말씀과 하나님에 관한 진심을 감당하지 못해 전전긍긍하고 답답했을 것이나 앞으로는 그의 강해설교들의 출판을 통해 폭포수와 같은 하나님의 말씀의 능력이 그대로 드러날 것을 믿어 의심하지 않는다.

선교활동을 하는 데에 물심양면으로 도움을 준 대구동신교회의 권성수 목사께 감사한다. 총신대学과 합동신학대학원대학교에서 하나님의 말씀을 가르칠 수 있게 해주신 하나님의 은혜를 감사하며 지금은 주님의 나라 확장을 위해 귀하게 쓰임을 받는 사역자들이 된 제자들을 마음에 새겨본다.

이 책을 출판할 수 있도록 허락해준 합동신학대학원대학교 조병수 총장과 여러모로 도움을 준 성주진 교수 그리고 김영철 목사에게 감사한다. 아무쪼록 이 졸저가 하나님과 인간의 "원수" 관계를 해소하는 복음 전체의 목적을 이해하는 데에 독자에게 도움이 되기를 바라 마지않는다.

2015년 4월 5일
부활절에 윤영탁

서론:
구원 교리에 관한 여러 견해 및 문헌의 희귀성

성경에 나타난 교리들 가운데 구원 교리는 중추적 교리로서 구속사의
선두에 위치하며, 뒤에 나타나는 주요 교리들과 밀접한 연관이 있다.
케반(Kevan)의 말과 같이 구원 교리는 넓게 말하면 죄인을 자신에게로
돌아오게 하실 목적으로 하나님께서 말씀하시고 역사하신 전체를 내포
한다. 이 교리는 금실(金絲)처럼 기독교의 모든 주요 교리들 곧 계시론,
삼위일체론, 인간론과 죄론, 그리스도의 인격과 사역론, 교회론 그리고
종말론을 포함해 하나로 묶는다.[1] 웰스(Wells)는 18가지 교리들 곧 선
택, 인간의 본성, 죄, 그리스도의 품위와 사역, 성령의 역할, 은혜, 신앙,
대속, 심판, 칭의, 화목, 속죄, 회심, 중생, 성화, 성례, 견인 그리고 영화
가 구원 교리와 연관이 있다고 하였다.[2] 이러한 구원 교리의 핵심이 창
세기 3:15에 나타난 원(原)복음이다. 하지만 불행하게도 비평학자들에
게는 창세기 3:15에 원복음이 약속되었다는 주장이 더 이상 타당하지
않다고 여겨져 경시되고 있다.

    예를 들면, 미클(Michl)은 창세기 3:15의 내용을 메시아와 마리아
에 적용한 첫 인물이 주후 2세기의 교부 이레니우스(Irenaeus)였고 그

---

[1] E. F. Kevan, *Salvation* (Grand Rapids: Baker, 1978), 10.
[2] D. E. Wells, *The Search for Salvation* (Downers Grove, Ill.: Inter-Varsity, 1978), 9-10.

것을 발전시킨 사람은 그가 예표론의 아버지라고 일컫는 유스티누스
(Iustinus)이었다고 주장한다.3 역시 베스터만(Westermann)에 의하면,
피조물들의 고통을 언급한다는 이 본문은 루터(Luther)처럼 본문을 소
위 원복음이라는 그리스도(혹은 마리아)에 관한 예언으로 보게 될 때
에 확실히 오해하게 된다. 이 설명은 "후손"이라는 단어에서 실패한다.
그 단어는 후손들의 이어짐에 대한 것일 뿐이지 한 개인을 언급하는
것은 아니기 때문이다. 이는 구약의 한 구절을 기독론적 의미에서 해석
하려는 열정에서 비롯된 많은 예들의 하나로서 참으로 큰 해를 끼쳤는
데, 그 관심이 본 절의 원 뜻에 기울여지지 않았기 때문이라는 것이다.
따라서 본문의 메시아적 해석이 신약성경이 아닌 후기 유대교와 교부
시대에 비로소 나타나며 유스티누스와 이레니우스 때에야 그 사상이
제안되었다고 베스터만은 주장한다.4 베스터만의 이러한 주장에 대해
해밀톤(Hamilton)은 그가 루터로부터 시작된 유서 깊은 해석을 지지하
는 모두를 자신의 주해보다 밑으로 여겨 짓밟으려는 시도를 한다고 지
적하였다.5 베스터만과 같은 맥락에서 폰 라드(von Rad)는 주장하기를
본문에서 여인의 후손이 최종적 승리를 쟁취한다는 메시아적 예언(Proto-
evangelium)을 발견한 초대 교회의 주해는 본문의 의미와 일치하지 않
는다고 하였다.6 위폴(Wifall)은 본문의 "씨"를 메시아로 그리고 "뱀"을
사탄으로 이해하거나 본문을 저주가 아닌 축복이나 약속으로 이해함으
로써 원복음설을 뒷받침할 아무런 근거가 없다고 하여 이 주장을 일축

---

3 J. Michl, "Der Weibessame (Gen. 3:15) in spätjüdischer und frühchristlicher Auffassung I-II," *Biblica* 33 (1952): 371-401,476-505 특히 501f. 참조.
4 C. Westermann, *Creation* (Phila.: Fortress, 1974), 100. 역시 그의 *Genesis I~II. A Commentary*. Trans. by J. J. Scullion (Minneapolis: Augsburg, 1984), 261.
5 V. P. Hamilton, *Handbook on the Pentateuch: Genesis, Exodus, Leviticus, Numbers, Deuteronomy* (Grand Rapids: Baker, 1982), 49.
6 G. von Rad, *Genesis. A Commentary*, OTL, trans. by J. Marks (Phila.: Westminster, 1961), 90.

해 버렸다.[7] 침멀리(Zimmerli)의 견해도 이들과 다름이 없는데 그에 의하면 동물계에 관한 언급에서 창세기 3:14~15에는 뱀이 배로 다니고 흙을 먹으며 인간과는 영원토록 원수가 될 것, 즉 사람은 뱀을 만나면 직접 그 머리를 짓밟을 것이고 뱀은 사람을 만날 때 혀를 날름거리며 독 있는 이빨로 인간의 발꿈치를 상하게 할 것이라고 기록되어 있다. 후에 교회는 이 표현에서 "원복음"을 찾으려 하였는데, 이에 의하면 여인에게서 난 자가 신약에서 사탄으로 간주되고 있는 뱀을 완전히 파국에 이르게 할 것이라("뱀의 머리를 짓밟는다")고 해석하였으나 이는 창세기 3장의 본문이 의도하는 바와는 거리가 멀다는 것이다.[8]

제임스 바(Barr)도 창세기 1~3장의 기록뿐만 아니라 구약성경 전반에 걸쳐 교회가 전통적으로 고수해온 입장을 정면으로 도전했다. 그는 인류 조상의 타락설과 원죄론이 전혀 근거가 없는 허구에 불과하다고 하며 우선 창세기 1~3장에 "죄", "악", "반역"이나 "범죄"라는 용어가 사용되지 않았다는 점을 그 이유로 제시하였다. 그에 의하면 구약성경 어느 곳에서도 아담의 불순종 때문에 죄가 세상에 존재하게 되었다는 언급이 없다. 그리고 모든 인간이 죄인이라는 사상은 구약성경에서 기원한 것이 아니라 고대 주변 국가들에서 발견되는 종교적 현상이라고까지 주장하였다.[9] 심지어 그레쓰만(Gressmann)은 메시아 사상마저도 이스라엘 고유의 사상이 아니라고까지 주장한다. 그에 의하면 창 1~3은 여러 형태를 거쳐서 현재의 정경적 형태를 이루었다. 그리고 특히 이스라엘이 왕위 제도를 근동 민족들로부터 빌어 왔기 때문에 메시

[7] 역시 W. Wifall, "Gen 3:15 - A Protevangelium?" *CBQ* 36 (1974): 361. 그는 본문을 다윗 왕의 "메시아" 전승에 근거해서 이해한다.
[8] 발터 침멀리, 『구약신학』, 김정준 옮김 (서울: 한국신학연구소, 1999, 개정신판), 274.
[9] J. Barr, *The Garden of Eden and the Hope of Immortality* (Minneapolis: Fortress, 1992), 6. 여기에 죄라는 용어가 사용되지 않았다는 문제는 이미 D. R. G. Beattie, "What is Genesis 2~3 About?" *ExpTim* 92 (1980-81): 8에서 제기된 바 있다.

아가 신적 왕이라는 대망 사상도 그렇게 했을 수 있다. 그리고 메시아 사상의 기원은 이스라엘에서 찾을 수 없다면, 우리가 외부의 출처로 먼저 가나안에서 빌어 왔던지 아니면 가나안이 매개역할을 했을 것으로 생각할 수 있다. 메시아와 다윗 왕조의 밀접한 연관이 이스라엘의 메시아 사상이 예루살렘이나 유다에서 처음 드러남을 알 수 있다. 왜냐하면 북방 이스라엘은 유다 왕조에 직접적 관심이 없었기 때문이다. 따라서 우선 가나안에 속했던 예루살렘에 주목하게 된다고 그레쓰만은 이해한다. 그리고 그는 메시아 대망 사상이 이스라엘에 있어서는 길고 중요한 역사를 가진 반면에 애굽에서는 여러 세기를 통해서 변동 없이 순수하게 존속했다. 애굽의 예언이 이렇게 오래 존속했기에 애굽이 그 근원지로 생각되었는데, 가장 오래된 예언이 주전 2000년경에 발견되었다. 따라서 비록 근동에서 유사한 대망 사상이 있었을 수 있고 더욱이 팔레스틴에서 애굽과 바빌론의 영향이 교차되었을 수도 있으나 바빌론보다는 애굽의 영향을 받았다는 쪽이 더 그럴듯해 보인다고 그는 주장한다. 여하간 그레쓰만(Gressmann)에게는 이러한 사상의 기원이 신화이며 그것이 항상 새롭게 역사화와 시대적 상황에 적용되었으나 다만 중요한 역사적 사건의 압박 하에서 수정을 통해 이루어진 것에 불과하다.[10] 창세기 3:15에 나타난 "원복음"에 대한 비평학자들의 극단적 견해들이 난무하는데도 복음주의 학자들의 관심은 미미하다는 인상을 지울 수 없다. 이런 현실은 본문이 "원복음"에 대한 약속이라는 사실이 당연지사로 여겨진 데서 기인한 것인지 아니면 그 주제에 대한 무관심 때문이든지 간에 이 문제에 대해 더 이상 방관만 하고 있어서는 안 된다고 생각한다. 따라서 이 주제에 대한 진지한 음미가 요청된다고 하겠다.

---

[10] H. G. Gressmann, "The Sources of Israel's Messianic Hope," *AJT* XVII (1913): 특히 187-193. 역시 그의 *Das Messias* (Goettingen: Vanderhoeck und Ruprecht, 1929), 231f. 그리고 W. O. E. Oesterley, *The Evolution of the Messianic Idea* (NY: Dutton, 1909) 참조.

이 중추적 구원 교리의 선두에 나타난 원복음에 관한 연구는 놀라울 정도로 드물며 특히 구약학자들의 글은 더욱 그러하다. 따라서 이 주제에 대해 간접적이나마 다룬 교부시대, 종교개혁시대 그리고 현대 구약학자들의 글을 차계로 살펴보는 것이 유익할 것으로 생각한다. 교부시대에는 이레네우스(Irenaeus)를 대표적 인물들 중의 하나로 예를 들 수 있다. 그는 마태복음 13:24 이하의 가라지 비유 중(25절) 원수가 곡식 가운데 가라지를 덧뿌리는 내용에서 여인의 후손이 뱀의 머리를 밟는다는 창세기 3:15의 원수관계를 언급했다. 그리고 창세기 3:15 원문의 "그녀의 후손"을 갈라디아서 3:19의 약속하신 "자손"과 연결하며 전자가 메시아를 가리킨다고 그는 분명하게 주해했다.[11]

종교개혁자 루터(Luther)에 의하면 본문이 뱀과 여자 사이의 원수됨 곧 여자의 후손이 그의 모든 권능으로 뱀을 짓밟는다는 것에 대해 우리에게 알려주었는데, 이것은 하나님의 선하심의 심오함에 대한 놀라운 계시이다. 더 나아가서 하나님께서는 내가 그 여자에게서 한 후손을 태어나게 하고 그 후손이 너의 머리를 상하게 할 것이라고 하셨다. 네가 죄로 인해 그녀의 육체를 타락하게 하여 사망의 권세 하에 놓이게 했으나 나는 바로 그 육체에서 너와 네 권세를 궤멸하고 굴복시킬 한 사람을 태어나게 할 것이라고 하나님께서는 뱀에게 말씀하셨다.[12] 역시 루터는 설교할 때에 기독론의 근거로서 아브라함과 맺은 언약을 자주 언급하였다. 그는 아브라함이 자신에게 약속된 그 씨에 대해 열심히 설교한 것이 틀림없다고 본다. 비록 그리스도께서 육신적으로

<hr />

11 Irenaeus, *Adversus Haereses*, 4.40.4 (ANF, 1. 524)와 *Adversus Haereses*, 5.21.1 (ANF, 1. 149). J. P. Lewis, "The Woman's Seed (Gen 3:15)," *JETS* 34/3 (1991): 306-308 참조. 천주교 입장에서 다룬 D. J. Unger, "Patristic Interpretation of the Protoevangelium," *Marian Studies* 12 (1961): 117-25 참조.

12 M. Luther, "Lectures on Genesis," *Luther's Works*, ed. by J. Pelikan (St. Louis: Concordia: 1958), 1. 192-93.

는 아브라함의 후손이지만 복은 그분 안에서 모든 민족에게 약속되었다고 루터는 강조하였다.[13]

칼빈(Calvin)은 본문을 주해하면서 승리는 계속되는 시대를 통해 인류에게 약속되었고 그러므로 "후손"이 일반 여인의 자손을 뜻한다고 설명한다. 하지만 칼빈은 곧 이어 다음과 같이 결론을 내린다. 모든 자손들이 악마의 정복자로 등장하는 것이 아님을 경험이 가르쳐주기에 우리는 그 승리가 보장된 우두머리이신 그분에게 필연적으로 나아가야 한다. 따라서 칼빈은 바울이 우리들을 아브라함의 후손에서 그리스도에게로 인도한다고 강조한다.[14]

『구약성경의 기독론』(1847)에서 헹스텐베르크(Hengstenberg)는 "여호와의 사자"를 "원복음"인 창세기 3:15에서 말라기 4:6까지의 메시아 성구들에 포함시켜 제시했다.[15] 델리취(Franz Delitzsch)는 "원약속(I. § 4)과 성취적 견지에서의 원약속(I. § 5)"이라는 주제 하에서 창세기 3:15에 대해 주해한 바 있다.[16] 윌슨(Wilson)은 창세기 3:15에서 시편 53:6[7]까지 51개의 장절의 메시아적 명칭들과 칭호들을 제시했다.[17] 엉거(M. F. Unger)는 창세기 3:15 (protoevangelium)에서 말라기 4:5,6까지의 31개 메시아 장절들을 제시한다.[18] 카이저(Kaiser) 역시 언약

---

13 Ian D. K. Siggins, *Martin Luther's Doctrine of Christ* (New Haven & London: Yale University, 1970), 21-22를 참조.

14 J. Calvin, *Commentaries on the First Book of Moses Called Genesis,* trans. by J. King, vol. I (Grand Rapids: Eerdmans, 1948), 170.

15 E. W. Hengstenberg, *Christology of the Old Testament.* Unabridged Edition, 2 vols. (Virginia: MacDonald, repr. 1970). 아래의 pp. 36-37 참조.

16 Franz Delitzsch, *Messianische Weissagungen in Geschichtlicher Folke* (Leipzig: Akademishe Buchhandlung [W. Faber], 1890), 25-28.

17 R. D. Wilson, "The Influence of Daniel," *PTR* (1923): 338-584. 특히 553-54. 아래의 p. 49 n. 34 참조..

18 M. F. Unger, *Unger's Bible Dictionary* (Grnd Rapids: Baker, 1966), 718. 아래의 p. 37 참조.

교리에서 창세기 3:15부터 말라기 4:2까지 점진적으로 메시아가 직접 예언된 65개의 성구들을 제시한다.[19]

본문에 대한 또 하나의 특이한 해석은 일부 천주교 신학자들에 의해 제시되었는데 그들은 대체로 성모를 예찬하는 쪽에 치중하였다. 도미닉 엉거(D. J. Unger)를 그 대표적 예로 들 수 있는데, 그가 『첫 복음: 창세기 3:15』(1954)에서 소개한 1840-1952년 사이에 발행된 334권의 저술들만 놓고 보더라도 대부분이 성모신학(Mariology)을 지지하기 위한 것들이었음이 드러난다. 엉거는 362쪽에 달하는 이 책의 서문에서 다음과 같이 진술한다.

> 나는 성모신학을 옹호하는 것을 주목적으로 하였다. 그러나 예수와 마리아가 동일한 역할을 하는 것으로 예언되었기에 아무도 양쪽 그 어느 하나라도 빼놓으면 어느 쪽도 적절히 다루지 못한 것이 된다.[20]

성모신학의 옹호자인 갈루스(Tiburgio Gallus)는 심지어 창세기 3:15은 본래 마리아에 관한 예언으로 해석되어 왔는데 루터(Luther)가 나타나 여기에 새로운 해석을 시도하였다고까지 주장하였다.[21] 그러나 실제로 루터가 한 일이라고는 본문에 새로운 해석을 가한 것이 아니라 다만 거기에 선포된 약속의 진정한 의미를 재발견하고 그 중요성을 교회에게 일깨워준 것뿐이었다고 말하는 것이 옳을 것이다.

한편 스킨너(Skinner)는 그의 『창세기 주석』에서 본문이 인류의

---

[19] W. C. Kaiser, Jr. *The Messiah in the Old Testament* (Grand Rapids: Zondervan, 1995): 240-42. 아래의 pp. 37-38 참조.

[20] D. J. Unger, *The First Gospel : Genesis 3:15*, FIPTS No. 3, ed. by E. M. Buytaert (Bonaventure, NY: Franciscan Institute, 1954), VIII.

[21] Tib. Gallus, *Interpretatio Mariologica Protoevangelii* (Gen. 3, 15) *tempore post-patristico usque ad Concilium Tridentinum* (Romae, 1949), 215. 이 내용은 D. J. Unger, *The First Gospel : Genesis 3:15*, 348에서 인용하였음. 역시 Tib. Gallus, *DIE "FRAU" IN GEN 3, 15* (Klagenfurt: Cantana Berlag, 1979) 참조.

신적 머리되신 그리스도를 통해 결국은 악마에게 승리한다는 약속을
해준다는 칼빈(Calvin)의 주장을 반박하며 말하기를 본문은 엄격한 역
사적 주해의 기준에서는 그 어떤 의미에서도 원복음으로 간주될 수 없
다고 했다.[22] 제이콥(Jacob)의『구약신학』(p. 328)의 색인에서 유일하게
창세기 3:15이 나타나는데 그 내용도 책의 맨 끝인 "메시아 왕국"에서
겨우 몇 줄 차지하는 정도이다. 그는 창세기 2,3장에 수록된 낙원 기사
가 다양한 민족 신화들의 전승에서 전해 받은 것이라고 간주한다. 그리
고 그에 의하면 3:15에 내포된 암시와 은유의 배후에서 원시적 인간인
어떤 인물을 발견할 수 있다고 하는 그것마저도 인류의 기원에 관한
신화들에서 발견하는 범주에 속하며 이스라엘이 이 이상적 구원자의
특징을 구체적인 역사적 인물들에 적용했다는 것이다. 비록 제이콥이
인류의 궁극적 구원과 메시아 사상의 선포를 본문에서 발견할 수 있는
것으로 생각한다고 하였으나 결국 그는 창세기 2,3장을 역사적 사건의
기록으로 간주하지 않기 때문에 언약파기 모티브나 은혜언약은 그의
의중에 있을 리가 없다.[23]

　　바브(Baab)의 논문 "대속적 은혜의 하나님: 구약에 나타난 대속"
에서 시편 85:2("주의 백성의 죄악을 사하시고 그들의 모든 죄를 덮으
셨나이다")의 예를 들어 제시한 실현된 대속이라는 개념은 아래와 같
다. 이스라엘은 어떻게 죄가 용서되고 "덮어지고" 대속되었다는 확신
에 이르렀는가? 그들은 전승들과 관습들을 형성해 나가면서 터득한 두
가지 유형의 경험을 근거로 이 문제를 해결하게 되었다. 첫째로, 정치
적 · 경제적 그리고 종교적으로 힘겹게 생존하는 가운데 주변 국가의

---

[22] J. Skinner, *A Critical and Exegetical Commentary on Genesis*, 2nd edition (Edinburgh: T&T Clark, 1930), 81 82.

[23] E. Jacob, *Theology of the Old Testament,* trans. by A. W. Heathcote and P. J. Allcock (NY and Evanston: Harper & Row, 1958), 327f.

문화적 영향을 받아 문제를 해결하는 것이 가능했다. 그리고 구약의 대속 사상과 관련된 신앙과 행위에 영향을 끼친 자연적 진화에 더하여 그들의 본질과 의의에 철저히 영향을 미친 두 번째 유형이 있다. 이 요인은 이스라엘과 언약을 세우시는 하나님의 뜻을 통해 역사에 개입한 초역사적 목적이다. 그는 특히 레위기 19:2("너희는 거룩하라 이는 나 여호와 너희 하나님이 거룩함이니라")에 근거하여 이스라엘은 타민족들과는 달리 하나님께서 거룩하심과 같이 그들도 거룩해야 하며 그들의 생활의 모든 면도 이 핵심 목적을 중심으로 구성하도록 요청받았다고 말한다. 따라서 대속의 의미도 이 거룩함이라는 견지에서 이해되어야 한다는 것이 그의 주장이다.[24]

　　1961년에 출간된 사이몬(Simon)의 『구원의 신학: 이사야 40~55에 관한 주석』이라는 저서에서 책제목이 잘 보여주듯이 구원의 신학이 소위 제2이사야 40~55장에서 비롯되었다고 주장한다. 그는 이사야 40~55장이 포로기의 어떤 인물의 저작이며 그때에 비로소 구원의 신학이 등장하였다고 주장함으로써 구원의 신학이 이스라엘 역사의 후기에 거론되었다는 비평적 견해를 견지하고 있다.[25] 그 후에 징크(Zink)는 그의 논문 "구약에 나타난 구원"(1964)에서 구원이 구약의 핵심 주제라고 하면서도 구약과 신약의 구원관을 구별해야 한다고 주장한다. 신약의 구원관은 거의 전적으로 죄 사함, 속죄 그리고 종말론과 관련이 있는 반면에 구약의 구원관은 현세와 관련된 언약의 약속들을 강조한다는 것이 그의 주장이다.[26] 코흐(Koch)는 『구속신학: 창세기 1~11장』

---

[24] O. J. Baab, "The God of Redeeming Grace: Atonement in the Old Testament," *Int* 10 (1956): 134-35. 그의 저서 *The Theology of the Old Testament* (NY and Nashville: Abingdon-Cokesbury, 1949)의 제4장 죄악관과 제5장 구약성서의 구원관 참조.

[25] U. E. Simon, *A Theology of Salvation: A Commentary on Isaiah 40~55* (London: S. P. C. K., 1961).

[26] 그러면서도 그는 이스라엘의 하나님이 구원의 하나님이라는 사실을 강조한다. 즉,

(1968)에서 창세기 2,3장을 모세와는 무관한 야위스트(Yahwist)의 작품
으로 보고, 그 저자가 여기에서 구원의 신학을 수립하였다고 주장한다.
그는 구약의 구원관에서 종말론적 희망이 있음을 부정할 수는 없으며
때때로 구원이 미래와 관련이 있다는 사실은 인정한다. 하지만 이런 점
을 강조하는 성구들은 예외적이라는 것이 그의 생각이다.[27] 그는 "현대
관념과는 다른 뜻에서의 역사"라는 제하에서 다음과 같이 언급한다.

> 창세기 2~3장을 지은 야훼계 저자로서는 원조들의 에덴낙원 생활을 서술할
> 수도 없었고 그럴 의도도 없었다. 우선 그럴만한 사료부터가 없었다. 아담으
> 로부터 아브라함에 이르기까지 충실하게 전달되어 온 명확한 계시라도 가정
> 한다면 모를까, 그렇지 않고서는 될 수 없는 일이었다. 그러므로 아담에서
> 아브라함에 이르는 전승의 기적이란 허망한 생각이다. 건실한 해석학으로선
> 고려할 수 없는 이야기이다.[28]

그리고 스텍(Stek)의 33쪽에 달하는 논문 "구약에 나타난 구원, 정의
그리고 해방"(1978)을 보면 창세기 3장의 "죄와 사망" 문제만 약술할
뿐 창세기 3:15 자체는 일체 다루지 않는다. 그는 아브라함(창 12장)을
둘째 아담으로 생각하고 그로부터 구속 역사가 시작된다고 본다.[29] 구
미의 성경사전들이나 성경백과사전들에는 컬크패트릭(Kirkpatrick),[30]
리차드슨(Richardson),[31] 보깜(Beaucamp),[32] 크라우스(Kraus)[33] 등의 구

구원은 이스라엘이 하나님의 속성이라는 개념에서 유추해 낸 것이 아니라 오히려 하나님의
속성이 그분의 구원을 통해서 알려졌다는 것이다. J. K. Zink, "Salvation in the Old Testament,"
Encounter 25 (1964): 405-14.

27 R. Koch, *Erlösungstheologie: Genesis 1~11. Aktuelle Schriftenreihe, Theologische
Brennpunkte* Band 1 (Verlag Gerhard Kaffke Bergen-Enkheum, 1968). 신학총서, 제12권:『구원
신학』, 장익 역 (왜관: 분도출판사, 1977).

28 R. Koch, 상게서, 장익 역, 19-20.

29 J. H. Stek, "Salvation, Justice and Liberation in the Old Testament," *CTJ* 13 (1978):
133-65.

30 T. B. Kirkpatric, "Salvation," *ERE*, 110-31.

약학자들이 기고한 "구원"이라는 주제의 글들은 있지만 단권 저작은 드물다.

구원 교리에 관한 구약학계의 연구가 이토록 미미하고 부정적이니 창세기 3:15에 나타난 "원복음"에 관한 깊은 연구가 희귀한 깃도 덩연한 귀결이다. 그런데 특이하게 앙리 까젤(Henry Cazelles)은 주로 개신교 비평학자들과 천주교 신학자들의 입장들을 개괄적으로 소개했다. 그는 위에서 소개한 대다수의 학자들의 입장과 마찬가지로 창세기 3장을 야위스트(Yahwist)의 작품으로 이해한다. 그는 창세기 3:15이 지향하는 바를 정확하게 알 필요가 있다고 말하며 이렇게 질문한다. 본문의 중점은 어디에 있는가? 투쟁에 있는가? 아니면 승리에 있는가? 거기에 개선(凱旋)이나 희망 또는 메시아 사상이라는 것이 있는가? 까젤에 의하면 텍스트가 지향하는 바를 결정하기 위해서는 조리에 맞는 절차가 필요하다고 한다. 약술하자면, 그는 창세기 3:15은 다윗 왕조를 배경으로 한 야위스트 문서의 일반적 관점에서 연구되어야 한다고 말한다. 그리고 이러한 관점에 근거하여, 흔히들 지적하는 바와 같이 저자가 지향하는 바는 구원과 메시아적 구원의 역사라고 까젤은 결론 내린다.[34] 헤

---

[31] A. Richardson, "Salvation, Savior," *IDB*, vol. 4, 169-81.

[32] E. Beaucamp, "Salut: II. Le Salut selon la Bible dans l'Ancien Testament," *SDB*, vol. 11, L. Pirot, A. Robert et al., eds. (Paris-VI: Letouzey & Ané, 1991): 516-53.

[33] H.-J. Kraus, "Erlösung II. Im AT," *RGG*, Zweiter Band (Tübingen: J. C. B. Mohr, 1963): 186-88. 그는 동사 '파다'와 '가알'을 중심으로 논한다.

[34] "c'est une histoire de salut et de salut messianique." -H. Cazelles, "Genèse III, 15. Exégèse contemporaine," *BSfe*, 14 (1956): 91-99 참조. 개신교 비평학자들(H. Gunkel, M. P. Humbert, S. H. Hooke; S. R. Driver, J. C. Ryle, O. Frocksch, B. Jacob, W. Zimmerli, G. von Rad; W. Eichrodt, E. Jacob). 천주교 학자들(M. J. Coppens, F. X. Peirce, A. da Guglielmo, M. Clamer, D. J. Unger, B. Rigaux, W. G. Lambert). 야위스트의 사상에 대한 까젤의 견해는 Béda Rigaux가 "야위스트는 메시아적이다"("le Yahviste est mesisanique")이라고 한 주장과 일치한다. 천주교 신학자 뒤발(Dubarle)은 원죄 교리가 비로소 신약성경에서야 나타난다고 주장한다(A. M. Dubarle, *Le Péché Original dans L'Écriture* (Paris: Les Éeition du Cerf, 1985). 뒤발의 입장은 W. B. Neenan, "The Doctrine of Original Sin in Scripture," *ITQ* 28 (1961): 54-64에 요약됨.

르만(Herrmann)은 "원복음. 창세기 3:15. 성경번역 개정과정에서 석의
적 걸작"(1983)이라는 논문에서 창세기 3:15을 기독론적으로 해석한
이레니우스(Irenaeus), 루터(Luther), 델리취(Franz Delitzsch), 쾨니히
(König) 그리고 그와 반대되는 학자들의 견해도 소개하였다. 그는 특
히 루터역(1545)이 독일에서 어떻게 지금까지 개정되어 왔는가를 진술
하고, 자신은 본문에 대한 전통적 입장이 고수되기를 바란다는 말로써
결론짓는다.[35]

"여자의 후손(창 3:15)"에 관한 해석사를 소개한 루이스(Lewis)
의 논문이 있는데, 이것은 창세기 3:15의 본문 연구에 매우 유익하다.
그는 이 논문에서 고대 역본들, 구약 위경, 신약성경, 초기 유대인 저자
들(필로, 요세푸스, 라쉬), 초기 기독교 저자들(유스티누스, 안디옥의
데우필루스, 이레니우스 등), 희랍 교부들(오리겐, 크리소스톰 등), 라
틴 교부들(터툴리안, 키프리안, 암부로스, 어거스틴, 제롬 등), 시리아
저자들 그리고 종교개혁자들로부터 현대 주석가들에 이르는 여러 견해
들을 소개하였다. 루이스는 결론에서 역사적으로 볼 때에 창세기 3:15
의 해석에는 세 가지 논점이 있다고 하였다. 첫째, 본문의 진술이 위협
인가 혹은 약속인가 - 뱀에게 대한 위협인가 혹은 인류 또는 하와에 대
한 약속인가 하는 점. 둘째, 본문의 해석을 문자적으로 할 것인가 혹은
풍유적으로 할 것인가, 아니면 어떤 종류의 비유적 해석으로 가정할 것
인가 하는 점. 셋째, "여인의 후손"(원문은 "그")이 온 인류를 포함하는
것으로 해석할 것인가, 곧 주된 대표로서의 그리스도와 관련된 온 인류
를 포함하는 것으로, 혹은 예수의 동정녀로부터의 탄생을 유일하게 예
언하는 것으로 해석할 것인가 하는 점. 이러한 논점들은 어떤 면에서는

---

[35] S. Herrmann, "Das Protoevangelium 1. Mose 3, 15. Ein exegetische Kabinettstück
im Prozess der Bibelrevisionen," *MB* 20. *Die Bibel in der Welt, Ulrich Fich zum 60 Geburstag*,
Hrsg. von S. Meurer (Stuttgart: Deutsche Bibelgesellschaft, 1983), 63-69.

서로 얽혀 있다고 볼 수 있다. 이 셋째 논점은 본문이 약속이며 뱀은
마귀로 이해되어야 함을 가정한다고 루이스는 말한다.[36] 이 밖에도 창
세기 3:15에 관한 논문들이 있기는 하나 모두 단편적이어서 원복음 문
제를 심도 있게 다루지 못할 뿐만 아니라 대부분 비평적 입장에서 다루
고 있을 뿐인데, 멜톤(Melton)[37], 앤드류스(Andrews)[38], 론닝(Ronning)[39],
오제월(Ojewole)[40] 등의 학위논문들이 발표된 것이 그나마 다행이다.

이 구원 교리 연구에 관한 희귀성과 부재의 심각성을 김정우는 다음과
같이 잘 지적하였다.

사실 우리에게 널리 알려진 대표적인 구약 신학자들(예를 들어 Eichrodt,
von Rad, Vriezen, Jacob)뿐만 아니라 이외 여러 구약 학자들(예를 들어
Knierim, Goldingay, Brueggemann, Preuss) 등이 저술한『구약신학』에는 '구
원'이라는 주제조차 독립적으로 나타나고 있지 않으며, '성화'의 문제는 말
할 것도 없다. 물론 그 용어가 나타나지 않는다고 해서 개념이 없었다고
말하기는 어렵지만, 그들의 구약신학에서 '구원'의 문제가 중심적인 주제로
부각되지 않은 것만은 분명하다.[41]

그러면 구원 교리에 관한 글이 이처럼 희귀한 이유는 무엇인가? 조직

36 J. P. Lewis, ibid, 299-319.

37 J. M. Melton, *The Serpent Said: the Rhetoric of the Fall in Genesis 3*. M. A. Thesis
(Regent Univ., Virginia Beach, VA., 1992).

38 S. G. W. Andrews, *Ancient Interpretation of Divine Judgment in Eden (Gen. 3:14~19)*.
Ph. D. dissertation (Cambridge Univ., 1994).

39 L. Ronning, *The Curse on the Serpent (Gen 3:15) in Biblical Theology and Herme-
neutics*. Ph. D. dissertation (Phila. PA: Westminster Theological Seminary, 1997).

40 A. O. Ojewole, *The Seed in Genesis 3:15: An Exegetical and Intertextual Study*.
Ph. D. dissertation (Berrien Springs: Andrews Univ. Seventh-day Adventist Theological Seminary,
2002).

41 김정우, "구약 성경의 구원과 성화,"『구원 이후에서 성화의 은혜까지』, 박영선,
브라이언 채플(Bryan Chapell) 외 (서울: 도서출판 이레서원, 2005), 325-26.

신학자 파인버그(Feinberg)에 의하면 그 이유가 부분적으로는 이 교리
에 관한 구약의 가르침이 실제로 신약의 가르침과 다름이 없기 때문이
거나, 아니면 구약의 가르침에 세심한 관심을 기울임으로써 오히려 구
약과 신약이 서로 다르게 가르치고 있는 듯한 착각을 일으켜 신학적으
로 손상을 입힐 우려 때문일 것이라고 한다.[42] 이러한 이유가 어느 정
도 타당할 수도 있을 것이다. 여하간 파인버그가 말하는 바와 같이 구
약의 구원 교리에 관한 진지한 연구가 절실히 요청되는 것만은 확실하
다. 그러나 적지 않은 학자들에게 있어서 이러한 긍정적 이유보다는 부
정적 이유가 더 크게 작용하지 않았을까 하는 생각이 든다. 그린
(Green)은 구약학자들 간에 한때 이 주제가 구약 종교에서 다루기에 적
합하지 못하다는 이유로 도외시되어 그들의 저서의 색인에서 구원에
관해 찾는 것이 헛된 일이라고 지적한 바 있다.[43]

　　로울리(Rowley)의『성경의 선택교리』(1950)에서 그 심각한 이유
를 찾아볼 수도 있을 것 같다. 그는 서문에서 이 선택교리라는 주제에
관한 저술이 희귀하여 참고도서 목록을 첨가하지 못한다고 밝히는 동
시에 선택교리에 관한 이런 쇠퇴의 원인이 예정론을 싫어하는 데에 있
다고 솔직히 고백하였다.[44] 예정론이 선택교리를 다루는 데에 장애가
되었다면, 구원 교리 연구에서도 창세기 초두에서부터 행위언약 파기
로 인해 저주 받은 인류의 조상에게 은혜언약을 통해 제시하는 성경의
구원관을 그대로 받아들이기 꺼려하는 경향이 그와 같은 주제를 다루
는 데에 기피 작용을 했다고 보아도 무리가 없을 것으로 보인다.

[42] J. S. Feinberg, "Salvation in the Old Testament," *Tradition and Testament*, eds. by J. S. and P. D. Feinberg (Chicago: Moody, 1981), 39-40.
[43] E. M. B. Green, *The Meaning of Salvation* (Phila.: Westminster, 1963), 12, n. 2. 그는 특히 G. B. Gray, *Sacrifice in the Old Testament* (NY: Ktav, 1925)와 M. Loehr, *History of Religion in the Old Testament* (NY: C. Scribner's, 1936)를 그 대표적 예로 제시한다.
[44] H. H. Rowley, *The Biblical Doctrine of Election* (London: Lutterworth, 1950), 15-16.

모리스(Morris)는 『속죄: 그 의미와 중요성』에서 오늘날 십자가의 위치를 과소평가하는 경향이 있다고 개탄한 바 있는데 그의 말이 우리가 다루는 문제의 핵심을 이해하는 데 분명히 도움을 준다고 본다. 그는 이렇게 말한다.

> 일각에서 십자가의 위치를 과소평가하려는 경향이 있다. 근자에는 대속의 교리를 논의하려는 지도급 신학자들이 그리 많지 않다. 우리는 해방신학이나 은사운동 배후의 현실적 실현화를 강조하면서도 대속에 관해서는 극소수의 예외 말고는 저술을 하지 않는다.[45]

비평학계에서는 구약에 나타난 구원이 초기에는 육체적·물질적 영역과 관련되었으나 후기에 이르러 비로소 도덕적·영적 영역과 관련되었다는 견해가 지배적이다. 따라서 구약에서 구원의 도덕적·영적 적용은 소위 제2 이사야서(예를 들면, 사 41:14; 43:14; 44:6,24 등의 '고엘'["구속자"] -Richardson)와 소수의 특수한 예외적 성구들(때로 미래와 연관이 있는 시 49:15; 사 26:18~19; 단 12:1~2 -Zink)이나 그 밖에 외경에서나 찾아 볼 수 있다고 한다. 그들에게 있어서 죄로부터의 구원은 지배적이 아닌 보기 드문 개념으로 취급된다.[46]

페더슨(Pedersen)에 의하면 구약성경의 구원은 신약성경의 '소테리아'(σωτηρία)와는 달리 항상 현세와 결부되어 있다.[47] 앞에서 소개한 사이몬(Simon)과 징크(Zink)의 입장도 이와 동일하다. 후기에 이르러서야 비로소 도덕적·영적 구원이 나타난다고 하는 이러한 입장은

---

[45] L. Morris, *The Atonement: Its Meaning and Significance* (Leicester, England and Illinois, U. S. A.: Inter-Varsity, 1983), 12.

[46] E. M. B. Green, ibid, 46 그리고 A. Richardson, ibid, 169 참조.

[47] J. Pedersen, *Israel: Its Life and Culture* (London: Oxford University and Copenhagen: Banner of Torch, 1926), 330.

일부 복음주의 신학자들의 글에서도 발견된다. 특히 월터스(Walters)에 따르면 성경이 보여준 흐름의 방향은 육체적인 면에서 윤리적 · 영적 구출을 지향한다. 따라서 구약성경의 초기에는 하나님이 성도들 개개인을 원수의 손에서 벗어나게 하시고 자기 백성을 노예 생활에서 해방시켜 풍요로운 땅으로 정착시키시는 방도들에 대해 역점을 둔다. 후기에는 윤리적 · 종교적 상태와 질적인 복 받음을 크게 강조하는 바, 이러한 복됨이 국가적 한계 또한 넘게 된다. 그리고 비로소 신약성경에 이르러서야 그리스도 안에서 죄로부터 구원을 받게 된다는 것을 밝히 드러낸다고 월터스는 주장한다.[48]

맥도날드(McDonald)에 의하면 구약에는 긍정적인 면보다는 부정적인 면이 더 강조된다. 구약의 구원에서는 물질적인 면과 영적인 면을 뚜렷이 구분하는 것이 어려워서 어느 때에는 영적인 면이 두드러지게 나타난다. 하지만 구약 구원관의 결론에 있어서 그는 이스라엘의 초기 역사에서는 하나님께서 선인을 악인으로부터 구원하시는 것이 주된 개념이라고 한다. 그러나 회개의 필요를 말하는 문맥에서는 구원과 죄 사이의 이해관계가 증진함에 따라 그 주제가 더 영적이고 도덕적 인식을 지니게 되었다고 말한다. 결국 신약에 이르러서야 죄로부터의 구원과 악인을 의롭게 한다는 교리에 도달하게 된다는 것이 그의 주장이다.[49]

이들과는 달리 휘튼(Wheaton) 대학의 혼(Horne) 교수는 자신의 저서 『구원』(1971)에서 제1장 "구원의 필요성"이라는 주제 하의 서두를 이렇게 시작한다.

---

[48] G. Walters, "Salvation," *NBD*: 1126ff.
[49] H. D. McDonald, *Salvation* (Westchester, Ill.: Crossway Books, 1982), 14,17-18 참조.

구원 교리는 성경 메시지의 중추를 이룬다. 창세기 3장에서 요한계시록 22장에 이르기까지 구속의 드라마가 전개되는 것을 우리는 목격한다. 인간이 타락한 즉시 하나님께서 구원을 약속하시는 것이 나타난다(창 3:15).[50]

이것은 신구약 성경을 하나님의 무오한 계시의 말씀으로 받아들이는 동시에 창세기 2,3장을 실제의 역사 기록으로 받아들이는 자라면 누구나 가지는 공통적 견해이다. 창세기 3:15을 원복음으로 받아들일 수 있는 것도 이러한 입장에서만 가능하다. 케반(Kevan)의 진술도 이러한 입장을 반영한다.

첫 범죄 후 곧바로 하나님께서 타락한 인간에게 구원자를 약속하셨다. 이것이 그렇게도 좋은 소식이기에 '첫 복음'이라고 자주 언급되는 것이다.[51]

스펄전(Spurgeon) 역시 창세기 3:15 본문을 근거로 "사탄의 정복자이신 그리스도"라는 설교의 첫마디를 이렇게 시작한다.

이것이 이 지구상에서 전해진 가장 첫 복음적 설교이다. 그것은 여호와 자신이 설교자이시고 인류 전체와 어둠의 권세자를 청중으로 하는 참으로 기념비적 설교였다. 그것은 우리가 심혈을 기울여 들을 가치가 틀림없이 있다. 이처럼 위대한 이 복음의 약속이 이렇게도 죄를 범하는 즉시 전해졌다는 것이 놀랄 만한 일이 아닌가?[52]

이제 풀카이저(Purkiser)의 말을 인용하여 서론을 맺는 것으로 족할 것이다.

---

[50] C. M. Horne, *Salvation* (Chicago: Moody, 1971), 7.
[51] E. F. Kevan, ibid, 25.
[52] C. H. Spurgeon, *Christ the Conqueror of Satan*, No. 126. A Sermon Delivered on Lord's-Day Morning, November 26th 1876, At the Metropolitan Tabernacle, Newington.

다른 모든 주제들보다 돋보이는 것이 구원의 개념이다. 성경은 구원에 관한 책이다. 하나님은 '구원의 하나님'이시다. 성경 역사는 구원의 역사이다. 신약에서 성곽 밖 십자가상의 성취로 나타난 구약의 제단은 구원의 방편이다. 하나님의 영 곧 성령님은 구원의 대행자이시다.[53]

따라서 창세기 3:15이 원복음(protoevangelium)이라고 불리는 것이 마땅하며 구원에 관한 성경 해석사에서 본문이 당연히 가장 중요한 위치를 차지해야 한다. 영(Young)도 이런 맥락에서 성경 메시지의 핵심이 본문에서 발견되며, 그 핵심은 구원(redemption)이라고 주장한 것이다.[54]

[53] W. T. Purkiser, R. S. Taylor, W. H. Taylor, *God, Man and Salvation: A Biblical Theology* (Grand Rapids: Baker, 1977), 88-89.

[54] E. J. Young, *Genesis 3: A Devotional and Expository Study* (London: The Banner of Truth Trust, 1966), 106.

I
창세기 3:15에 메시아가 예언되었는가?

이 질문에 대해 매콘빌(McConville)은 창세기 3:15에 메시아가 예언되었는가? 라는 질문에 다음과 같이 긍정적으로 답한다.

> 만일 구약성경이야말로 기독교 신학의 난제라고 한다면 그 난제의 핵심에는 메시아가 있다. …… 그리고 구약성경 이해의 기독교적 이해의 정당성은 결국 구약성경이 메시아적이라는 논조의 적확성에 달렸다.[1]

그의 이러한 주장은 기독교가 전통적으로 구약성경이 장차 오실 메시아를 가리키고 있다고 주장한다는 사실을 염두에 둔 것이고, 또한 그 예언이 창세기 3:15에 최초로 나타난다는 사실도 내포하고 있다. 물론 칼빈(Calvin)이 적절히 지적한 바와 같이, 구원의 첫 약속이 처음에 아담에게 주어졌을 때(창 3:15)에 그 빛은 희미한 불꽃과 같았을 것이다. 하지만 그에 의하면 희미한 불꽃이 증대됨에 따라 그 불빛은 점점 더 밝아지고 널리 퍼져 드디어 모든 구름들은 흩어지고 공의로운 해이신 그리스도께서 온 땅을 온전히 밝히실 것이다(말 4장 참조).[2] 영(Young)에 의하면 그 예언은 구약에 나타난 첫째 메시아 약속이며 다른 모든

---

[1] G. McConville, *The Lord's Anointed: Interpretation of Ol Testament Messianic Texts* (Grand Rapids: Baker, 1995), 2,17..

[2] J. Calvin, *Institute of Christian Religion*, vol. 1, LCC. Vol. XX, ed. by J. T. McNeill, trans. by F. L Battles (Phila.: Westminster, 1960), 446.

것이 흘러나오는 샘이다. 그것은 매우 광범위하고 개괄적인 표현으로
우리에게 주어졌고 이때로부터 시간이 경과됨에 따라 오실 메시아에
관해 여호와께서 더욱 상세하게 계시해 주셨다. 우리는 이를 진정한 메
시아 예언으로 간주하는 것을 단언할 수 있다고 그는 강조한다.[3] 카이
저(Kaiser)도 창세기 3:15은 일반적으로 원복음(protoevangelium. "첫
복음")으로 불리는데 이는 온 세계를 위해 하나님께서 계획하신 약속
의 원래의 선포이었기 때문이라고 이해한다. 그에 의하면 그 선포는 에
덴동산에서 하와의 유혹자를 꾸짖는 문장에서 발견되는데, 비록 완전
히 명료하지 못한 문장이기는 하지만, 우리의 첫 조상들에게 세상을 구
속하는 드라마를 펼치는 중추적 인물이 되실 분의 인격과 사명을 일별
(一瞥)할 수 있게 해주었다. 본문에 언급된 "씨/후손"은 구약에서 약속
된 메시아 약속이 자라는 나무의 뿌리가 되었다. 이것은 모든 여타 약
속들을 탄생케 하는 "모체적 예언"이었다고 그는 강조한다.[4]

더욱이 루터(Luther)는 창세기 5:5에 "그는 구백삼십 세를 살고
죽었더라"라는 말씀에 근거해서 아담이 900년 동안 복음을 전파했다
고 주장한 바가 있다.[5] 차제에 창세기 4:1을 간략하게나마 상고하는 것
이 도움이 될 것이다.

> 아담이 그 아내 하와와 동침하매 하와가 잉태하여 가인을 낳고 이르되 내가
> 여호와로 말미암아 득남하였다 하니라('웨하아담 야다 에트-하와 이쉬토
> … 와토메르 카니티 이쉬 에트-아도나이').

본문은 구약성경의 난해 구절들 중 하나로 알려져 있다. 본문의 '카니티

---

[3] E. J. Young, *In the Beginning: Genesis Chapters 1 to 3 and the Authority of Scripture* (Edinburgh: The Banner of Truth Trust, 1976), 107.

[4] W. C. Kaiser, Jr. *The Messiah in the Old Testament,* 37-38.

[5] I. D. Siggins, ibid, 21.

카인 에트-아도나이'("내가 여호와로 말미암아 득남하였다")의 난해성을
폰 라드(von Rad)는 "이 짧은 본문은 매 글자가 난해하다"라고 지적한
바 있다. 그에 의하면 그 난해성이란 (1) '카나'(קָנָה) 동사가 아기가 태
어나는 데 사용되었고, (2) 갓 태어난 아기에게 '이쉬'(אִישׁ)가 사용되
었고, (3) 무엇보다도 '에트-아도나이'(אֶת־יהוה, "여호와로 말미암아" -
개역개정판)라는 난해한 용법이 사용되었다는 데에 있다.[6] 본문에 대
한 다양한 해석이 있는데, 고대와 중세 교회에서는 한 때 '에트'를 목적
격으로 간주하여 하와가 그 아이를 하나님 자신으로 이해했다고도 하
였다("I have received a man, namely, the LORD"). 이것은 하와가 태
어난 가인으로 말미암아 창세기 3:15에 약속된 "여인"의 역할이 자신
에게서 성취되는 것이 아닌가 하고 이해했다는 것을 의미한다. 후에 이
러한 그릇된 해석이 교정되어 '에트'를 "~통하여"(LXX, V), "~의 도움
으로"(JPSV, JB, NEB, NIV, NRSV, BDB) 등으로 이해되었다. 칼빈
(Calvin)은 '에트'를 "~로부터"(역시 탈굼역의 min qŏdām], Victor P.
Hamilton)로 옮기고 하와가 아들이 태어남을 기뻐하여 그 아기를 첫
열매로 하나님께 바쳤으며 또 신생아를 '이쉬'라고 한 것은 자신과 남
편의 과오로 말미암아 패망하게 된 인류의 갱신함을 보았기 때문이라
고 이해한다.[7] 이 외에도 본문의 초두(원문)의 주어인 "아담"(hā'ādām)
이 동사 앞에 위치하여 강조되었고, 득남에 대한 언급은 하와가 하는
것으로 되어 있는 것이 특이하다. 여하간 본문에서 하와가 비록 당시에
는 오실 메시아에 대한 완전한 지식을 갖고 있지 못했다고 치더라도
성호 "여호와"를 사용한 것으로 보아 어렴풋이나마 이 아이를 통해 장
차 뱀의 배후에서 역사하는 악한 영적 세력이 정복될 것을 마음에 품

6 G. von Rad, *Genesis*, 100. 역시 G. J. Wenham, *Genesis 1-15*, vol. 1, WBC 1, 101-102.
7 J. Calvin, *Calvin's Commentaries on the First Book of Moses Called Genesis*, 187f.

었다고 볼 수 있을 것이다. 비록 그의 기대가 어긋나기는 했지만 말이
다.8

    루폴드(Leupold)는 하와의 이 외침에서 감사와 찬양 곧 고통과
위험으로부터 건져주심에 대한 찬양 그리고 여호와께서 아들을 주심으
로 그분의 은혜와 성실하심을 드러내심에 대한 찬양을 발견한다. 루폴
드가 하와의 입술에서 언약의 성실성을 나타내는 "여호와"라는 성호가
발설된 데에 의미를 부여한 것은 적절하였다.9 델리취(Franz Delitzsch)
의 다음과 같은 말이 유익이 된다.

> 사실상 하나님은 두려운 재판관으로 오시기도 했다. 그러나 벌을 내려서
> 파멸시키기 위함이 아니고 쓰라린 징계의 수단을 통해 잃어버린 자들을
> 되찾기 위해서였다. 그래서 의미심장하게도 나타나신 분은 여호와-하나님
> (יהוה אלהים)으로 불린다. 모든 피조물의 창조주이자 완성자로서의 하나
> 님 곧 마침내 모든 피조물들을 온전히 채우는 변화의 능력이신 하나님(고전
> 15,28)을 일컬어 '엘로힘'(אלהים)이라 하며, 구속자로서의 하나님 곧 죄와
> 진노를 통해 이룩되는 완성의 중재자로서의 하나님을 일컬어 '여호와'
> (יהוה)라 한다.10

---

    8 G. Ch. Aalders, *Genesis*, vol. I, BSC, trans. by W. Heynen (Grand Rapids: Zondervan
1981), 118-19.

    9 H. C. Leupold, *Exposition of Genesis*, vol. I, *Chapters 1~19* (Grand Rapids: Baker,
1942), 188-91. 아래의 논문들도 참조하라. H. K. Bleeker, "Genesis 4:1b," *ThST(U)* 27 (1909):
289-92. P. A. H. de Boer, "Kain en Aabel. Genesis IV 1-16," *NedTT* 31 (1942): 197-212.
R. Borger, "Genesis IV 1," *VT* 9 (1959): 85-86. C. F. Burney, "Christ as the APXH of Creation,"
JThS 27 (1926): 160-77. Ch. Hauret, "Note d'exégèse. Genese 4:1. 'Possedi hominem per
deum'," *RSR* 32 (1958): 358-67. A. J. Hauser, "Linguistic and Thematic Links between Gen
4:1~16 and Gen 2~3," *JETS* 23, no. 4 (1980): 297-305. M. Kaspi, "I Have Acquired a Man
of the Lord (Gen 4:1)," *Beth Mikra* 112 (1987): 29-35. E. König, "Der Evaspruch in genesis
4:1," *ZAW* 32 (1912): 22-32와 그의 "Jahwe's Funktion in Genesis 4:1b," *ZAW* 32 (91912):
232-37. E. Nestle, "The Septuagint rendering of Gen 4:1," *AJT* 9 (1905): 519. O. R. Sellers,
"Problems in the Story of Cain," *To Do and to Teach: Essays in Honor of Ch. L. Pyatt* (1953),
53-64. 그리고 U. Cassuto, *A Commentary on the Book of Genesis*. Part One. *From Adam to
Noah*, trans. by I. Abrahams (Jerusalem: Magness, 1978), 196-202 등.

    10 Franz Delitzsch, "I. Die vorprophetischen Gottesworte vom künftigen Heil,"

이처럼 이 메시아 예언은 점진적으로 계시되어 족장시대인 창세기 12:
1~3에 보다 밝히 나타난다. 특히 12:3의 "땅의 모든 족속이 너로 말미
암아 복을 얻을 것이라"라는 말씀을 바울이 갈라디아 3:8에서 풀이할
때에 "하나님이 이방을 믿음으로 말미암아 의로 정하실 것을 성경이
미리 알고 먼저 아브라함에게 복음을 전하되"라고 한 후에 "모든 이방
인이 너로 말미암아 복을 받으리라"라고 진술했다. 따라서 헨드릭슨
(Hendriksen)은 이 약속의 성취는 미래에 속한 것이므로 "너로 말미암
아"라는 말씀은 아브라함 자신도 확실히 이해하였듯이 "메시아로 말미
암아," "여인의 후손으로 말미암아"(창 3:15)로 이해되어야 한다고 옳
게 주장했다.[11] 알더스(Aalders)는 창세기 12:2~3을 주석하면서, 하나님
께서 이 약속을 하실 때에 창세기 3:15의 원복음(protoevangelium) 곧
여인의 후손인 동시에 아브라함의 후손인 그리스도께서 뱀의 머리를
상하게 하실 것이라는 약속을 그에게 말씀하셨다고 이해한다. 그러므
로 아브라함은 이 원복음의 약속을 이미 알고 있었을 것으로 우리는
가정해야 한다고 그는 역설한다.[12] 아브라함이 하갈의 아들 이스마엘
과 사라의 아들 이삭의 기업 문제로 인해 고민할 때 하나님께서는 "이
삭에게서 나는 자라야 네 씨라 부를 것임이니라"(kî bᵉyiṣḥāq yiqqārē'
lᵉkā zāra' -창 21:12b)라고 그에게 확실하게 약속하셨다. 원문에는 "이
삭을 통해서"(bᵉyiṣḥāq)를 동사 "부르다" 앞에 도치시킨 강조형이 사용
되었다. '카라'(qārā') 동사를 NIV는 "부르다"가 아닌 "간주하다"로 그
리고 Tanakh는 "이어지다"로 번역했다. 이처럼 창세기 3:15에 나타난
메시아 사상이 이 복음을 받은 족장들과 또 그 "복음을 전하는 자"들인

Messianische Weissagungen in Geschichtlicher Folke (Leipzig: Akademische Buchhandlung.
W. Faber, 1890), 25. 이런 의미에서 혹자들처럼 창 4:1에서 하나님의 성호를 중심으로 문서를
구분하려는 시도를 할 필요는 없을 것으로 본다. G. Ch. Aalders, ibid, 116 참조.

[11] Wm. Hendriksen, *Galatians and Ephesians*, NTC (Grand Rapids, Baker, 1968), 124.
[12] G. Ch. Aalders, *Genesis*, 270.

선지자들을 통해 구약시대의 이스라엘 백성들에게뿐만 아니라 신약시
대의 성도들에게도 전해졌다.[13]

> [10]이 구원에 대하여는 너희에게 임할 은혜를 예언하던 선지자들이 연구하고
> 부지런히 살펴서 [11]자기 속에 계신 그리스도의 영이 그 받으실 고난과 후에
> 받으실 영광을 미리 증언하여 누구를 또는 어떠한 때를 지시하시는지 상고하
> 니라 [12]…… 이것은 하늘로부터 보내신 성령을 힘입어 복음을 전하는 자들로
> 이제 너희에게 알린 것이요 …… (벧전 1:10~12)

전통적 입장에서 제시된 메시아 성구들을 요약하여 소개하면 아래와
같다. 헹스텐베르크(Hengstenberg)는 "원복음"인 창세기 3:15에서 시작
하여 말라기 4:6까지의 메시아 성구들을 다음과 같이 제시했는데 "여
호와의 사자"도 여기에 포함시킨 것이 특이하다.

> 창세기 3장(원복음); 9:18~27; 12:1~3; 49:8~10. 민수기 24:17~19. 신명기
> 18:15~19. ("여호와의 사자" -창세기 16:13; 18~19장; 31:11f.; 32:24; 48:15, 16.
> 출애굽기 23:20,21. 여호수아 5~6장). 사무엘하 7장. 메시아 시편들. 사무엘하
> 23:1~7. 아가. 호세아 1:1~2:3; 2:4~25; 3장. 요엘 1:1~2:17; 2:23; 3장. 아모스

---

13 구약성경의 메시아 사상에 대해 P. E. Satterthwaite, R. S. Hess and G. J. Wenham,
eds. *The Lord's Anointed. Interpretation of Old Testament Messianic Texts* (Carlisle: Paternoster
and Grand Rapids: Baker, 1995)에 실린 아래의 논문들을 참조하라. J. G. McConville, "Messianic
Interpretation of the Old Testament in Modern Context," 1-17; T. S. Alexander, "Messianic
Ideology in the Book of Genesis," IV. Genesis 3:15 - a Messianic Text?, 19-39; P. E. Satterthwaite,
"David in the Book of Samuel: A Messianic Hope," 41-65; I. W. Provan, "The Messiah in
the Books of Kings," 67-85; D. Schibler, "Messianism and Messianic Prophecy in Isaiah 1~12
and 28~33," 87-104; G. P. Hugenberger, "The Servant of the LORD in the 'Servant Songs'
of Isaiah: A Second Moses Figure," 105-40; R. Schultz, "The King in the Book of Isaiah,"
141-65; D. I. Block, "Bringing Back David: Ezekiel's Messianic Hope," 167-88; P. P. Jenson,
"Models of Prophetic Prediction and Matthew's Quotation of Micah 5:2," 189-211; *P. S. Johnstone*,
"'Left in Hell'? Psalm 16, Sheol and the Holy One," 213-22; K. M. Heim, "The Perfect King
of Psalm 72: An 'Intertextual' Inquiry," 223-48; B. Kelly, "Messianic Elements in the Chronicler's
Work," 249-64; I. Duguid, "Messianic Themes in Zechariah 9~14," 265-80; M. J. Selman,
"Messianic Mysteries," 281-302.

9장. 오바댜. 요나. 미가 1~2장; 2~5장; 4:9~14; 5:1. 이사야 2~4장; 7장; 8:23~9:6; 9:1~7; 11~12장; 13:1~14:27; 17~18장; 19장; 23장; 24~27장; 28~33장; 42:1~9; 49:1~2; 50:4~11; 51:16; 52:13~53:12. 스바냐. 예레미야 3: 14~17; 23:1~8; 31:31~40; 33:14~26. 에스겔 11:14~21; 16:53~63; 17:22~24; 21:25~27; 34:23~31; 36:22~32; 37:22~28; 40~48장; 47:1~12. 다니엘 7:13~ 14; 9:24~27. 학개 2:6~9. 스가랴 1:1~6; 1:7~17,18~21; 2장; 3장; 4장; 5:1~4, 5~11; 6:1~8; 6:9~15; 7~8장; 9:1~10,11~10:12; 11장; 12:1~13:6; 13:7~9; 14장. 말라기 2:17~3:6; 3:13~4:6.[14]

윌슨(Wilson)은 창세기 3:15에서 시편 53:6[7]까지 51개의 메시아 명칭 과 칭호를 지닌 성구들을 제시한다.[15] 엉거(M. F. Unger)는 창세기 3: 15에서 말라기 4:5,6까지 31개의 메시아 성구들을 제시한다.

창세기 3:15(protoevangelium); 9:27; 12:3; 22:18; 49:8,10. 신명기 18:18. 사무 엘하 7:11~16; 23:5. 시편 21; 16; 22; 40; 110편. 이사야 2; 7; 9; 11; 40; 42; 49; 53장. 예레미야 23:5,6. 다니엘 7:27. 스가랴 12:10,14. 학개 2:9. 말라기 3:1; 4:5,6.[16]

카이저(Kaiser)는 언약교리에서 창세기 3:15부터 말라기 4:2까지 점진 적으로 메시아가 직접 예언된 65개의 성구들을 제시한다.

오경: 창세기 3:15; 9:27; 12:1~3; 49:9~12. 민수기 24:15~19. 신명기 18:15~18. 욥기 9:33; 16:19~21; 19:23~27; 33:23~28.

다윗 이전과 다윗시대: 사무엘상 2:1~10; 2:35~36. 사무엘하 7장. 시편 89; 132편.

메시아의 인격과 사역에 대한 찬양시: 시편 110; 2; 118; 69; 109; 22; 16; 40; 45; 68; 72편.

선지서: 9세기 -요엘 2:23. 8세기 -호세아 3:4~5. 아모스 9:11~15. 미가 2: 12~13; 5:1~4. 8세기 -이사야 4:2; 7:14; 9:1~7; 11:1~16; 24:21~25;

14 E. W. Hengstenberg, *Christology of the Old Testament*, 차례 참조.
15 R. D. Wilson, ibid, 553-54.
16 M. F. Unger, *Unger's Bible Dictionary*, 718.

28:16; 30:19~26; 42:1~7; 49:1~6; 50:4~9; 52:13~53:12; 55:3~5; 61:1~3; 63:1~6. **7세기** -예레미야 23:5~6; 30:9,21; 33:14~26. **6세기** -예레미야 17:22~24; 21:25~27; 34:23~31; 37:15~28. **다니엘** 7:13~14; 9:24~27. **5세기** -학개 2:6~9; 21~23. 스가랴 3:8~10; 6:9~15; 9:9~10; 10:4; 11: 4~14; 12:10; 13:7. **말라기** 3:1; 4:2.[17]

이처럼 창세기 3:15에 약속된 메시아 사상을 구약시대의 선지자들이 전한 바대로 신약성경 저자들이 이어받았다는 것이 전통적 보수주의의 주장이다. 롱제넥커(Longenecker)에 의하면 주후 1세기에 있어서 그리스도의 권위는 가장 이른 시기의 그리스도인들의 교리와 그 준수를 뒷받침해 주었고 또한 신약성경에도 반영되었다. 초대 신도들은 예수께서 메시아이심과 주님 되심을 확신하여 그가 그렇게 기정사실로 알려졌다는 데에서부터 자신들의 구약성경 주해의 출발점을 삼았다.[18]

그러면 과연 이 권위란 어떤 것인가? 그것은 신약성경에서 주장하는 바 이 땅에 오신 예수가 곧 구약성경에서 오실 메시아에 대해 예언한 그 분이시라는 점과 그가 행하신 역사를 일컫는다. 누가복음 24장에 의하면 예수를 따르던 두 제자는 그가 이스라엘을 속량할 메시아가 되기를 기대했으나 십자가에 못 박혀 죽음으로 말미암아 실망하여 엠마오로 가는 중이었다. 그때 부활하신 예수께서 그들에게 하신 말씀에 대해 누가는 다음과 같이 서술한다.

[25]이르시되 미련하고 선지자들이 말한 모든 것을 마음에 더디 믿는 자들이여 [26]그리스도가 이런 고난을 받고 자기의 영광에 들어가야 할 것이 아니냐 하시고 [27]이에 모세와 모든 선지자의 글로 시작하여 모든 성경에 쓴 바 자기에 관한 것을 자세히 설명하시니라(눅 24:25~27).

[17] W. C. Kaiser, Jr. *The Messiah in the Old Testament*, 240-42. 그는 237-39에서 메시아에 관한 구약 예언이 신약에서 성취된 성구들을 소개했다.
[18] R. N. Longenecker, *Biblical Exegesis in the Apostolic Period* (Grand Rapids: Eerdmans 1975), 51.

이 말씀을 들은 그들은 예수께서 그들에게 하신 말씀을 곧 구약성경의 메시아 예언이 자신에게서 성취되었다고 주장하신 것으로 받아들였다 (32,35절). 한 걸음 더 나아가 44절에서는 예수께서 열한 제자에게 나타나셔서 이렇게 말씀하셨다고 기록한다.

> 내가 너희와 함께 있을 때에 너희에게 말한 바 곧 모세의 율법과 선지자의 글과 시편에 나를 가리켜 기록된 모든 것이 이루어져야 하리라 한 말이 이것이라.

예수께서는 제자들의 마음을 열어 자신이 구약성경에 나타난 메시아 예언을 성취했음을 깨닫게 하셨다고 증언하셨다(역시 눅 18:31; 요 5:39 참조). 이뿐만 아니라, 예수께서는 자신이 메시아이심을 특히 다음의 성구들에서 밝히셨다. (1) 예수께서 제자들에게 "사람들이 인자를 누구라 하느냐?"라고 물으셨을 때에 베드로가 "주는 그리스도시요 살아 계신 하나님의 아들이시니이다"라고 대답하자 그는 "네가 복이 있도다 이를 네게 알게 한 이는 혈육이 아니라 하늘에 계신 내 아버지시니라"라고 말씀하셨다(마 16:13~20; 막 8:27~30[29절 "주는 그리스도시니이다"]; 눅 9:18~21[20절 "하나님의 그리스도시니이다"]). (2) 대제사장 가야바(요 18:15; 눅 3:2)가 예수께 "네가 하나님의 아들 그리스도인지 우리에게 말하라"(마 26:63; 막 14:61 "네가 찬송 받을 이의 아들 그리스도냐")라고 묻자 예수께서는 "네가 말하였느니라"라고 대답하셨다(마 26:64; 막 14:62 "내가 그니라"[('에고 에이미,' Ἐγώ εἰμι]). (3) 사마리아 여자와의 대화에서, 그 여자가 예수께 메시아 곧 그리스도라 하는 이가 오시면 모든 것을 우리에게 알려 주실 것이라고 말하자 예수께서는 "내가 그라"('에고 에이미 호 랄론 소이,' Ἐγώ εἰμι ὁ λαλῶν σοι. "'I who am speaking to you,' said Jesus 'I am he.'" -JB) 즉, 자신

이 그 메시아라고 주장하셨다(요 4:25~26). 요한이 사용한 '에고 에이미'
는 LXX이 번역한 여호와께서 자신에 대해 말씀하신 히브리어 '아니
후' ('ănî hû'. אני הוא, 신 32:39; 사 41:4; 43:10; 46:4 등)에 해당한다.
특히 이 표현은 출애굽기 3:14에 나타나는 "나는 스스로 있는 자" 혹은
"나는 나다"('ehyeh 'ăsher 'ehyeh)에서 '에흐에'('ehyeh, אהיה)의 어근
'하야'가 신성사문자(神聖四文字)인 '여호와'(יהוה)의 어근과 동일하므
로 예수께서 하나님이심을 나타낸다.[19]

　　예수에 대한 바리새인들의 반대가 발생한 것도 예수께서 자신이
결정적으로 구약성경에 예언된 메시아와 연관이 있고(막 12:36), 더욱
이 아버지와 특별한 관계가 있다고까지 주장했기 때문이다(마 11:27;
요 10:14~23 참조). 예수께서는 자신의 이러한 주장들이 구약성경의 여
러 텍스트들에 뒷받침한 것이라고 주장했다. 특히 그는 시편 82:6a의
"너희는 신들이며"('ĕlōhîm 'ăttem. 술어가 도치된 강조형)이라는 말씀
에 근거하여 자신이 "하나님의 아들"이라고 주장(요 10:36)할 때에, 고
대 역본들(T, S)이나 랍비문헌(Midrash on Psalms 82:1; Numbers
Rabba 16:24) 등에서처럼 "하나님의 아들"을 "천사들" 혹은 "사사
들"(judges)로 대치하여 희석시키지 않고 당시의 일반적 형식으로서
문자적 해석법인 가장 보수적인 본문사용법을 따랐다. 시편 82:1a의
"신들의 모임"(ba'ădat 'ēl -LXX, KJV, 개역개정판)[20]은 구약성경에

19　L. Morris, *The Gospel According to John,* NICNT (Grand Rapids, Eerdmans, 1971),
473. 그리고 R. E. Brown, *The Gospel According to John I-XII,* AB 29 (Garden City, NY:
Doubleday, 1966), 533-38 참조. 덜함(Durham)이 지적한 바와 같이 "나는 스스로 있는 자"에
대한 계속되어온 해석은 끝이 보이지 않는다고 하겠다. J. I. Durham, *Exodus,* WBC 3, 38-39,
B. S. Childs, *The Book of Exodus,* OTL 29 (Phila,, Penn: Westminster, 1974), 61-71,84-89
참조.

20　본문의 '엘'('히)도 "신들"이라기보다는 최상급으로 이해하여 "큰 모임"(NIV) 또는
"천사들"(H. Hupfeld), "사사들"(A. Cohen -Soncino 주석), '엘'을 하늘로 이해하여 "하늘의
법정"(NEB, REB), 가나안의 신으로 이해하여 "El의 공회"(NETB, 그 신들의 종말 선포 -W.
VanGemeren) 등으로 지나치게 풀이되기도 한다.

서는 본문에만 사용되었고 "여호와의 회중"(ba'ădat YHWH)은 민수기 31:16과 여호수아 22:17에 사용되었다. 따라서 자신이 특별히 메시아적 의미에서 "하나님의 아들"이라고 불리기에 마땅하다(10:24 참조)는 예수의 논조에 바리새인들은 격분하게 된 것이다. 성경에 직접적으로 호소한 그의 주장(막 12:35~37 참조)과 더불어 그가 행한 많은 이적들이 그들과 화해할 수 없는 충돌을 불러일으켰다(요 10:33,39; 11:47). 결국 그들은 예수를 제거하기에 이르렀는데 이때에도 제사장들과 결탁한 바리새인들이 주도적 역할을 했다(요 11:47~53; 18:3).[21] 예수께서는 자신에 대해 다음과 같이 자주 주장하셨다.

> 요 1:18 본래 하나님을 본 사람이 없으되 아버지 품속에 있는 독생하신 하나님이 나타내셨느니라.
>
> 요 4:25~26 여자가 이르되 메시아 곧 그리스도라 하는 이가 오실 줄을 내가 아노니 그가 오시면 모든 것을 우리에게 알려 주시리이다. 예수께서 이르시되 네게 말하는 내가 그라 하시니라.
>
> 요 5:17 내 아버지께서 이제까지 일하시니 나도 일한다 하시매.
>
> 요 10:30 나와 아버지는 하나이니라.
>
> 요 14:9 빌립아 …… 나를 본 자는 아버지를 보았거늘 어찌하여 아버지를 보이라 하느냐.

박윤선은 예수께서 그의 성역 초기에 메시아 의식을 가지고 모든 일을 하셨을 뿐만 아니라(마 7:21~23; 9:15; 11:27) 자신의 사역 자체가 메시아의 일임을 말씀하셨다고 이해한다.[22] 롱제넥커(Longenecker)는 복음

---

21 R. J. Wyatt, "Pharisees," *ISBE,* fully revised, vol. 3 (Grand Rapids: Eerdmans. 1986), 28-29.

22 박윤선, 『성경주석 : 공관복음』 개정증보판 (서울: 영음사, 2011), 426. 예수의 메시아 의식 문세에 내한 이론(異論)들인 (1) 복음서의 사상을 이원적(二元的) 곧 역사성을 띠는 도덕적 요소와 후대에 첨가했다는 초자연적-메시아적 요소로 나누는 학설; (2) 예수님의 메시아 관념이 유대인들의 것과 다른 후대의 발명이라는 학설; (3) 추후 메시아론 곧 예수가 메시아

서에 나타난 예수의 메시아 의식에는 다음과 같은 요소들이 발견된다
고 말한다. 예수께서는 (1) 메시아에 관한 당시의 유대교 관념을 철저
하게 거부하심; (2) 메시아라는 칭호 자체를 사용하기를 극도로 자제하
심; (3) 제자들과 다른 이들에게 자신을 메시아적 용어들로 부르지 말
것을 명백하게 명하심; 그러나 다른 한편으로는 (4) 그의 많은 활동들
과 진술들을 뒷받침하는 메시아 의식이 드러났고; (5) 그의 메시아이심
에 대한 타인들의 환호도 있었고; (6) 이 호칭을 종종 받아들이셨고;
(7) 누가복음 24장에 나타난 바와 같이 부활 후에 메시아적 표현들로
자신의 사역을 확실하게 전개하셨다.[23] 역시 롱제넥커에 의하면 초대
교회 성도들이 예수를 그리스도라고 한 확신은 다음과 같은 일련의 증
거들에 의해 이루어졌다. (1) 예수께서 이사야 61:1f.을 자신과 자신의
사역에 적용하심(눅 4:1f.); (2) 예수의 삶에서 나타난 성령의 역사가 드
러남(예를 들어, 행 2:22; 10:38); (3) 하나님의 기름부음 받은 분으로서
의 예수의 성품에 대한 성령의 증언(예를 들어, 마 16:17); (4) 어떤 경
우에는 예수에 의한 메시아 칭호의 적극적 수락(예를 들어, 마 16:17;
요 4:26); (5) 부활 이후 사역에서 뚜렷하게 자신을 메시아와 동일시하
심(예를 들어, 눅 24:26,46); 무엇보다 (6) 예수께서 죽음에서 살아나심
(행 2:24~26; 13:33f.; 롬1:4).[24]

　　겔덴휘스(Geldenhuys)가 예수의 부활에 대해 강조한 바에 의하
면, 예수께서 십자가에 못 박히심은 하나님의 구원 계획 전체의 중심점

의식을 실제로 가지신 일이 없고 다만 어떤 미래에 그가 메시아가 될 것을 희망하셨다는
학설; (4) 메시아 의식이 발달되었다는 학설들을 반박한 내용은 425-26 참조. 그리고 4복음서
저자들의 구약 해석에 대해서는 R. N. Longenecker, *Biblical Exegesis in the Apostolic Period*,
V. "The Evangelists and the Old Testament," 133-57 참조.

[23] R. N. Longenecker, *The Christology of Early Jewish Christianity* (Grand Rapids:
Baker, 1970), 71.

[24] Ibid, 80-81.

이 된다. 구약성경에 나타난 계시 전체는 이 사실에 초점을 맞추고 있다. 인간의 타락을 묘사함으로써 그리고 하나님의 거룩하신 의를 강조함으로써 구세주의 필요성을 드러낸다. 그리고 이미 창세기 3:15에 구세주가 자신의 수난을 통해 사탄의 공작을 수포로 돌아가게 할 것을 하나님께서 약속하셨다. 또한 그분의 대속적 죽음이 새 시대의 기초를 형성하기 때문에 그것은 구원의 전 역사를 위해 모든 것이 전개되게 하는 중심점이다. 이런 이유로 기독교의 표어는 항상 "우리는 십자가에 못 박힌 그리스도를 전한다"(고전 1:23)이어야 할 것이라고 그는 말한다.[25]

롱제넥커(Longenecker)도 초대교회의 기독론을 논할 때 다음의 다섯 요점을 제시했다. (1) 그 출발점을 예수의 부활과 승귀에서 발견했다. (2) 초대교회 성도들은 예수 자신의 가르침과 의식(意識)을 비록 부활 이후까지는 완전히 이해하지 못했으나 그것들이 기독론의 뒷받침이 되었다. (3) 자신들이 성경으로 간주하며 그리스도 중심으로 이해하는 구약성경에서 내용을 가져와서 기독론을 실체화했다. (4) 기독론의 반영을 심화하기 위해 상황들에 적용하면서 성령의 인도하심을 통해 그것들의 발전을 얻게 되었다. 그리고 (5) 교회가 유대인 선교라는 상황에 직면하여 기독론이 어떤 면에서는 발전하며 표현되어야 하고 또한 다른 것들을 따라 늦추어진 경향이 있었으나 그리스도 중심적 일치가 기독교 사상의 주류를 형성한 사실은 매우 이른 시기에 이루어졌다. 그러나 주후 60년대에 발생한 사건들의 와중에서 예루살렘 교회의 효과적 사역이 침묵 당하기 이전에, 교회의 이방을 향한 사역은 뿌리를 내렸고 또한 번창했다. 그리고 비록 그 명칭을 청중의 관심을 충족시키기 위해 바꿀 필요는 있었으나 이방을 위한 사도인 바울의 기독론이

---

[25] N. Geldenhuys, *The Gospel of Luke*, NICNT (Grand Rapids: Eerdmans, 1977), 613.

초기의 주류적 신앙의 본래 확신을 이어간 것이라고 그는 설명한다.[26]

예수의 제자들이 고수한 이 복음이 다름이 아닌 교회를 박해하던 바울을 통해 그대로 땅 끝까지 전파되는 계기가 마련되었다는 사실에 우리는 놀라지 않을 수 없다. 바리새인 부모의 가정에서 태어나 바리새인의 지도자인 가말리엘의 문하생이었던 바울은 그에게서 조상들의 율법의 엄한 가르침을 통해 깊은 영향을 받았을 것이 틀림없다(행 22:3; 빌 3:5). 당연히 바울로서는 당시에 널리 알려진 사건 곧 십자가에서 죽었다가 살아났다는 나사렛 예수가 구약성경에 예언된 메시아라고 예수의 추종자들이 주장한 사건을 묵과할 수 없었기에 교회를 박해하는 데에 앞장섰던 것이다. 그러나 다메섹 도상에서 바울은 자신의 이러한 행동이 오히려 구약성경에서 예언한 메시아를 박해(행 9: 4,5)하는 결과를 초래한 것임을 깨닫고 회개하게 되었다. 그는 다메섹에서 며칠 머문 다음 즉시 각 회당에서 예수가 하나님의 아들이시요 그리스도이시라고 전파하였다(행 9:19,22). 그는 복음을 전할 때마다 예수가 "성경"에 예언된 메시아이심을 전했다(행 13:29; 롬 1:2; 고전 15:3). 그러면 바울은 이 지식을 어떻게 소유하게 되었는가? 그는 구약성경에 나타난 메시아 사상에 관한 지식을 자신이 직접 받은 것이라고 주장하며 "내가 받은 복음"(고전 15:3) 또는 "내 복음"(롬 2:16; 16:25)이라고 강조하였다. 이 말은 바울의 메시아 지식이 회개하기 이전에 접한 바리새인들의 교훈과는 달리 예수의 열한 사도들이 지닌 그것과 동일하다는 것을 시사한다. 메이첸(Machen)이 지적한 바와 같이 사도시대의 모든 토론에서 부상한 참으로 놀라운 사실은 예수의 인격에 대한 바울의 개념이 원래의 사도들에 의해 비판을 받은 일이 전혀 없었다는 것이다. 드러난 바에 의하면 이방인들의 자유나 유대주의화를 주장하는 자들에 의해서

---

26 R. N. Longenecker, *The Christology of Early Jewish Christianity*, 155-56.

까지도 그것이 비판을 받은 일이 과연 없었다. 분명히 바울도 자신이 주장하는 천상적 예수라는 개념에 대해서 변호가 요청된다고 생각한 적이 전혀 없었다. 다른 일들에 대해서는 논쟁이 있었으나 그리스도의 인격에 대해서는 한마디의 논쟁도 없었다.[27] 롱제넥커(Longnecker)가 다음과 같이 적절하게 말했다.

> 바울에게는 복음의 내용 문제에 있어서 자신과 이전의 사도들과 다른 점이 있었다는 의식이 없었다. 하지만 그의 글들에서 구원 역사의 새로운 이해가 그에게 부여되었다는 확고한 신념이 반영되어 있다. 이것을 그는 예수 그리스도의 계시에 의해 받은 "나의 복음"이라고 언급한다(갈 1:1,11,12; 엡 3:2,3).[28]

훨니쉬(Furnish)는 바울은 그의 소명을 하나님에 의해 주어진 것으로 돌리는데 중요한 것은 그가 이것을 오직 "소명"으로 생각하였으며 결코 사도가 되려는 자기 스스로의 "결정"으로 생각한 적이 없다는 사실이라고 말했다. 따라서 이스라엘의 선지자들처럼 그는 이미 태어나기 전에 하나님의 사역자로 구별되었음을 확신했다(갈 1:15. 사 49:1; 렘 1:5 참조). 바울은 자신의 소명을 하나님께서 "그의 아들"(갈 1:16)에 대해 계시로 나타내시는 은총을 입혀주실 때에 알게 되었다고 말한다.

---

[27] J. G. Machen, *The Origin of Paul's Religion* (Grand Rapids: 1947), 129.
[28] R. N. Longenecker, "Paul, the Apostle," *ZPEB*, vol. 4 (Grand Rapids: Zondervan, 1978): 632.

> 사람들에게서 난 것도 아니요 사람으로 말미암은 것도 아니요 오직 예수 그리스도와 그를 죽은 자 가운데서 살리신 하나님 아버지로 말미암아 사도 된 바울은(갈 1:1).
> 내가 전한 복음은 사람의 뜻을 따라 된 것이 아니니라 이는 내가 사람에게서 받은 것도 아니요 배운 것도 아니요 오직 예수 그리스도의 계시로 말미암은 것이라(갈 1: 11~12).
> 곧 계시로 내게 비밀을 알게 하신 것은 내가 먼저 간단히 기록함과 같으니(엡 3:3).

46 • 그가 네 머리를 상하게 하리라

고린도전서 9:1에 "내가 …… 사도가 아니냐 예수 우리 주를 보지 못하였느냐"라는 수사학적 물음이 동일한 역점을 드러낸다. 그는 늦기는 했으나 주께서 그에게 나타나심이 베드로와 그 외의 사도들에게 부활하신 그리스도가 나타나심과 동일하다는 사실을 확신했다(고전 15:5~8).[29]

부루스(Bruce)의 의하면 바울의 서신들을 더듬어 본 결과 바울이 복음을 전파한 진술은 신약성경 특히 사복음서에서 발견하는 개괄과 일치한다. 바울 자신은 그가 전한 복음이 다른 사도들에 의해 전해진 바와 근본적으로 동일하다는 점을 드러내려고 애썼다(고전 15:11). 이 사실은 바울이 예수께서 지상사역을 하실 동시대의 사역자이었거나 원래의 사도들의 동역자도 아닌, 그들과는 완전히 독립적인 존재였음을 역설했다는 점을 고려한다면 놀라운 주장이라고 하지 않을 수 없다.[30] 리델보스(Ridderbos)는 바울이 그리스도에 대한 자신의 지식을 회심 때의 체험한 계시에 의한 것이라고 여러 번 호소한다는 사실에 주목했다. 그에 의하면 바울은 이에 대해 고린도전서 15:8에서 "맨 나중에 만삭되지 못하여 난 자 같은 내게도 보이셨느니라"라고 말한다. 그리고 바울은 이것을 그리스도가 게바, 열두 제자 및 500 형제들에게 보이신 일과 같은 수준에 놓는다. 그리스도가 사도들에게 나타나심은 단지 개인적 경험으로 평가해서는 안 되며 특히 부활의 증언과 교회를 모음의 토대로 평가되어야 한다. 마찬가지로 그리스도로서의 예수에 대한 바울의 지식과 그의 사도적 소명도 또한 부활하신 주님의 나타나심에 근거해야 한다. 그는 자신의 사도직의 합법성을 증명하기 위해 자신이 주를 "보았다"(고전 9:1. 역시 고후 4:6)는 데에 호소한다. 바울의 소명을

---

[29] V. P. Furnish, *Jesus According to Paul* (Cambridge: University Press, 1993), 11.
[30] F. F. Bruce, *Paul and Jesus* (Grand Rapids: Baker, 1974), 20.

이해하는 데에 너무나 중요한 갈라디아서 1,2장에서 바울은 그리스도
의 나타나심을 말할 때에 그를 이방에게 전하기 위하여 그의 아들을
자기 속에 나타내신 하나님의 계시에 대해 말하고 있다. 여기에서는 다
른 어느 곳에서보다 더 분명하게 바울이 하나님의 아들로서의 그리스
도에 대한 지식을 이 계시로 말미암아 얻게 되었다는 것이 드러난다.
역시 여기에서도 하나님 자신이 계시의 주인으로 언급된 것이 중요하
다. 하나님께서 바울에게 그의 아들을 계시하신 것은 바울이 "이방 가
운데에서 그를 전파"하도록 하기 위함이었다. 이 계시에서 바울은 회
심했을 뿐만 아니라 자신을 모태에서부터 구별하시고 은혜로써 부르신
하나님(갈 1:15)을 통한 그리스도에 대한 참된 지식을 얻게 되었는데
이 지식은 바울이 복음을 전파하는 데에 필요했던 것이라고 리델보스
는 역설한다(역시 고후 4:6 참조).[31]

　　롱제넥커(Longenecker)는 바울이 초대 유대 그리스도인들과 함
께 구약성경을 그리스도 중심적으로 이해했다고 본다. 그리고 바울은
아래와 같은 동일한 두 가지 고정된 관점에서 사역했다고 한다. (1) 부
활과 성령의 증거로 확인된 예수의 메시아 되심과 주님 되심; 그리고
(2) 구약성경의 책들에 나타난 하나님의 계시가 그것이다. 비록 바울은
그리스도에 대한 자신의 경험을 통한 진정한 이해가 성경을 통한 정확
한 이해보다 앞섰지만 주해적 노력에서 그는 관습적으로 성경에서 시
작하여 그리스도에게로 옮기곤 했다.[32] 이처럼 창세기 3:15에서 미래에
오시리라고 약속된 메시아 예언이 족장시대와 선지자시대를 거쳐 전해
진 바를, 예수께서 십자가에서 대속의 죽음을 죽으시고 부활하시고 또
한 승천하심으로 성취하셨다고, 살아 있는 증인들인 사도들이 증언했

[31] H. N. Ridderbos, *Paul and Jesus. Origin and General Character of Paul's Preaching of Christ,* trans. by D. H. Freeman (Nutly, NJ: PRP, 1977), 43-44.
[32] R. N. Longenecker, *Biblical Exegesis in the Apostolic Period,* 104.

다고 신약성경은 밝혀준다.

여기에서 기독교의 주장과는 전혀 다른 유대교의 메시아 대망 사상에 대해 거론할 필요가 있다. 유대인 학자 그린스톤(Greenstone)에 의하면 세계의 창조가 선하고 완전한 존재에 의해 되었음을 믿는 종교적 민족인 유대인들은 또한 하나님이 직접 창조하신 최초의 인간이 필연적으로 행복하고 완전했을 것이 틀림없으므로 그들은 최초에 완전했다고 생각했다. 하지만 이 사상은 유대교 신학에서 미약한 역할을 담당할 뿐이다. 탈무드(Talmud)에 등장한 랍비들마저 그들의 기발한 설명에도 불구하고 낙원에 있던 아담의 극악한 죄로 인한 "인간의 타락"에 대해서는 중요성을 거의 부여하지 않았다. 백성들의 기억 속에 간직된 족장들의 삶을 중심으로 얽힌 유대 역사의 첫 페이지에 기록된 사건들은 결코 장밋빛 그림을 제공해 주지 않는다. 족장들 각자는 본토를 떠나 외국에서 떠돌이 생활을 하여야했고 초기 애굽의 바로 왕들, 블레셋인들, 귀족들 그리고 일반 목동들에게서까지 수상쩍게 여김을 받고 끊임없이 괴롭힘을 당했다. 그리고는 애굽의 종살이까지 하게 되었다. 그러나 족장들에게 약속된 언약이 성취되어 이스라엘은 팔레스틴의 원주민들을 추방한 후 갈망하던 유업의 땅으로 진입했다. 이후에도 역시 국가적 평화는 주변 족속들의 끊임없는 공격에 의해 방해를 받는다. 따라서 다윗이 왕으로 세움을 받고서야 구속자에 대한 대중적 소원이 완전히 충족되게 된다. 다윗은 시대를 막론하고 유대 왕의 예표와 이상적인 인물로서 메시아의 모델이 되었다. 과연 그는 선지자들과 현자들에 의해서도 메시아와 동일시되었다(호 3:5; 렘 30:9; 겔 37:24,25. 그리고 Sanhedrin 98b 참조). 이렇게 보편화된 신앙은 나단 선지자의 예언에 의해 강화되었다(삼하 7:12~16). 따라서 다윗과 솔로몬 시대는 메시아적 이상이 유대 백성들의 마음에서 더욱 확정적 모습을 형성한 때라고 여겨질 수 있다고 하겠다. 다만 솔로몬이 죽은 후가 되어서야 대부분의 선지자들의 마음 속에 하나님께서 개별적 메시아를 통해 세상을 복 주실 것이라는 생각 이 존재했다. 이 시기에 메시아 사상이 발전했고 또 그것이 유대종교를 확립하는 원리가 되었으며 유대교 인식의 구성요소가 되었다고 그린스 톤을 주장한다.[33]

여기에서 탈굼(Targum)역들에 나타난 메시아 사상을 다루는 것이 도움이 될 것이다. 탈굼은 히브리 성경을 아람어로 의역하였는데 본래 오랫동안 구전으로 내려오다가 주후 2세기경에 기록으로 남겨졌다. 탈 굼의 메시아 사상에 대해서는 레비(Levey)가 유대주의 입장에서 잘 평 가한 바 있다.[34] 오경만을 주해한 탈굼 옹켈로스(Targum Onkelos)는 매 우 인색하게 창세기 49:10~12; 민수기 24:17~20,23~24에서 이에 대해 다룰 뿐이다. 그에 의하면 메시아는 안전, 문화 그리고 정화의 상징으로 묘사된다. 민수기에서는 메시아가 로마를 완멸한 후에 전 세계의 통치 권을 장악하여 이스라엘의 정치적 및 군사적 힘을 회복할 상징적 존재 이다. 예루살렘과 주민은 재건된 성전으로 대표되는 신적 보호를 즐길 것이다. 사회질서는 평화, 번영 그리고 공의로 뒷받침이 될 것이다. 하

---

[33] J. H. Greenstone, *The Messiah Idea in Jewish History* (Westport, Conn.: Greenwood, 1972 rep.), 22-28. 이 책의 성구색인에서는 우리가 중요하게 여기는 오경의 성구들을 찾아 볼 수 없다. 역시 *Judaica* (Detroit: Macmillan & Keter, 2007), 1407-408 그리고 A. H. Silver, ibid 참조.

[34] S. H. Levey, *The Messiah: An Aramaic Interpretation. The Messianic Exegesis of the Targum* (Cincinnati, NY, LA, Jerusalem: 1974). 윌슨(Wilson)이 제시한 탈굼의 메시아 성구들을 다음과 같다. R. D. Wilson, ibid, 553-54 참조.

창 49:10 "실로"(Targum Onkelos: 왕국이 그의 것인 메시아); 민 24:17 "규" (Onkelos는 "메시아"); 사 4:2 "여호와의 싹"("여호와의 메시아"); 9:6 "평화의 왕"("평화를 증진시 킬 왕"); 11:1 "가지"("메시아"); 42:1; 50:13; 53:10 "나의 종"("메시아"); 렘 23:5 "한 의로운 가지"("의로운 메시아"); 30:9 "그들의 왕 다윗"("그들의 왕 다윗의 아들 메시 아"); 33:15 "한 공의로운 가지"("공의의 메시아"); 호 3:5 "다윗"("메시아"); 욜 2:23 "이른 비"(히브리어 môreh를 "선생"으로 읽고 "메시아"로 해석); 슥 3:8 "내 종 싹"("내 종 메시아"); 6:12 "싹"("메시아").

지만 탈굼 옹켈로스는 서로 다른 견해들이 여기저기에 혼합된 모습을 드러낸다.

오경에 대한 요나단 위역(僞譯) 탈굼(Targum Pseudo-Jonathan)이 다룬 메시아 사상 성구들은 아래와 같다.

창세기 3:15; 35:21; 49:1,1~12; 출애굽기 17:16; 40:9~11; 민수기 23:21; 24:17~20,23~24; 신명기 25:29; 30:4~9.

이 탈굼의 주해에는 일관성이 전혀 없다. 예를 든다면 민수기 24:17 에서는 메시아가 곡(Gog)을 패배시키는데 출애굽기 24:17에서는 에브라임의 메시아가 그렇게 하는 것으로 묘사된다. 신명기 30:4에서 포로민을 모으는 것은 엘리아와 메시아에 의해 이루어지는 것으로 되어 있다. 이 위역은 탈굼 옹켈로스보다 메시아 사상에 서슴없이 자유롭게 파고들어 상상이 내키는 대로 해석한다. 하지만 성경의 광대한 분량의 자원을 고려할 때에 메시아에 관한 언급이 미미하다. 여기에 그려진 메시아의 모습은 탈굼 옹켈로스에 나타난 바를 받아드린다. 에브라임의 아들인 메시아는 공인된 탈굼들의 오경이나 선지서에 나타난 메시아 사상과는 사뭇 다르다. 이스라엘의 설욕과 원수들의 파멸은 메시아가 이룩한 대량 학살에 의해 성취될 것이다. 그리고 그가 펼칠 시대에는 전쟁이 끝나고 평화, 정의 그리고 공의가 실현될 것이다. 흩어진 유대인들이 모아지고 다시금 본토에 정착하고 악한 충동이 제거되므로 말미암아 영생을 얻을 것이라는 이 사상은 토라와 윤리 그리고 계명의 실천과 연관된다.

오경에 대한 단편 탈굼(The Fragmentary Targum)이 메시아 사상을 다룬 성구들은 아래와 같다.

창세기 3:15; 49:1,10~12; 출애굽기 12:42; 민수기 11:16; 24:7,17~20, 23~24.

이 탈굼에서 다루고 있는 성구들은 몇몇 첨가 부분만 제외하고 본질적으로 탈굼 옹켈로스와 요나단 위역 탈굼과 동일하다. 단편 탈굼에서는 모세와 메시아를 비교한다. 여기에서 메시아는 팔레스틴이 아닌 로마에서 출현한다. 그리고 엘닷과 메단(민 11:27)의 예언을 메시아의 예언으로 해석한다. 전체적으로 보아 이러한 비공식적 탈굼들은 메시아 주해에 있어서 탈굼 옹켈로스, LXX, V, S 역본들보다 히브리 텍스트를 더 자유롭게 풀이한다. 일반적으로 모든 탈굼들이 랍비 사상을 반영하나 종종 완전히 독립적이거나 그것을 넘어설 때도 있다.[35]

탈굼 요나단(Targum Jonathan)은 히브리어성경 제2부에 속한 선지서의 메시아 사상을 아래의 성구들에서 다루고 있다.

사무엘상 2:7~10; 22:28~32; 23:1~5; 열왕기상 5: 13; 이사야 4:1~6; 9:5~6; 10:24~27; 11:1~16; 14:29~30; 16:1~5; 28:5~6; 42:1~9; 43:10; 52:13~53:12; 예레미야 23:1~8; 30:8~11; 33:13~22,25~26; 에스겔 17:22~24; 34:20~31; 37:21~28; 호세아 2:2; 3:3~5; 14: 5~8; 미가 4:8; 5: 1~4; 하박국 3:13,17~18; 스가랴 3:8; 4:7; 6:12~13; 10:4.

매우 놀랍게도 이 탈굼에는 종말론적 자료가 너무나 많아 에스겔서를 포함한 후기 선지서들에서 종말론적 언급이 없는 장(章)이 거의 없다. 따라서 오경의 탈굼 옹켈로스처럼 메시아에 관한 언급은 비교적 적어 스가랴 9:9와 말라기 4:5마저도 메시아적으로 해석되지 않았다! 탈굼 요나단(Targum Jonathan)의 메시아 주해는 해석의 대상인 선지자와 그 시기 그리고 탈굼적 해석자의 견해에 따라 달라진다. 레비(Levey)에 의하면 제1이사야서에서는 메시아가 세계에서 평화와 조화의 상징이요, 공의로운 재판관과 사회적 공의의 투사로 묘사된다. 제2이사야서에서

---

35 S. H. Levey, Ibid, 31-32.

는 고난의 종이 영화로운 메시아 곧 정의, 공의 그리고 토라(Torah)의 투사일 뿐만 아니라 자기 백성들의 원수들을 멸망시키고 유대인의 주권을 회복할 전사로 묘사된다. 그는 또한 자기 백성들의 죄 문제를 위해 하나님께 중재자로 나서 그들을 옳은 길로 되돌린다. 왜냐하면 그가 개인의 상벌을 시여할 권능이 있기 때문이다. 이러한 해석에도 불구하고 너무나 많은 변동 때문에 메시아 사상에 대한 종합적 견해를 도출할 수 없는 것이 분명하므로 성구마다 개별적 잣대로 평가할 수밖에 없다. 탈굼은 너무나도 많은 생각과 견해들을 반영하고 있다. 이런 면에서 그것은 랍비 시대의 산물로 보편화된 사상의 자유로운 표현을 보여주는 거울이다. 그러나 세부적 해석의 통일성이 결여됨에도 불구하고 선지서의 탈굼 해석에서는 메시아 사상의 통일되고 조리 있는 확실한 연속성이 있다고 본다.

히브리 성경의 제3부인 성문서에서는 아래의 성구들이 메시아 사상과 연관하여 거론된다.

> 시편 2:2,7; 18:28~32; 21:1~8; 445:1~18; 61:7~9; 72:1~20; 80:15~18; 89:51~52; 132:10~18; 아가서 1:8,17; 4:5; 7:4,12~14; 8:1~4; 룻기 1:1; 3:15; 예레미야애가 2:22; 4:22; 전도서 1:11; 7:24; 에스더 1:1; 역대기상 3:24.

여기에서 특히 시편 2:2,7이 메시아를 가리키는 지가 의심스럽게 여겨진다. 무엇보다도 이 성문서는 유대인의 회당에서 안식일에 낭독되지 않으므로 공인된 탈굼으로 인정되거나 권위를 지니지 못한다.[36]

레비(Levey)의 종합적 평가에 의하면 첫째로, 공인된 탈굼들은 히브리 텍스트로부터 메시아 해석을 인증하는 데에 매우 신중하다. 탈굼들이 그것을 인증할 경우 메시아의 호칭을 변함 없이 단순히 "메시

---

[36] Ibid, 102-104.

아"(משיחא)로 쓴다. 그러나 비공인 탈굼들은 덜 신중하지만 그 칭호를 사용하는 데에 인색한데 오경이나 성문록에서 일반적으로 메시아를 "메시아 왕"(מלכא משיחא)으로 칭한다. 그 이유는 공인된 탈굼들이 마카비 시대에 산물이므로 그 당시로서는 다윗왕국의 부활을 염원하는 것이 하스모니아(Hasmonean) 왕조에 대한 반역으로 여겨질 우려 때문일 수 있다. 다른 한편으로는 그것들이 바빌론에서 편집되었으므로 유대인의 왕적 메시아에 대한 언급이 유대인 포로민에게 해를 끼칠 것으로 해석될 우려 때문일 수 있다. 둘째로, 비록 탈굼에서 메시아 사상이 일반적으로 주류를 이루고 있음을 알 수 있으나 상세한 점에서는 개인적 메시아에 대한 해석이 다르게 나타난다. 따라서 견해의 절대적 일관성 혹은 일치가 없다. 셋째로, 탈굼에 나타난 메시아 상에 있어서 탈굼은 메시아가 이스라엘을 구원하는 상징 혹은 적극적 대행자가 될 것이라고 묘사한다. 그는 비록 비다윗 계열의 조상 중에서 전장에서 죽은 에브라임인 메시아가 있을 수는 있을지라도 다윗의 계열에 속할 것이다. ……끝으로 레비가 확신하는 바는 유대주의 메시아 사상의 기획자는 선지자 이사야와 그의 문하생들이었다는 것이다. 그리고 그에 의하면 앗수르의 침략으로 인한 위기가 그 사상을 촉진시킨 역사적 사건이다. 심리적으로는 메시아 사상이 앗수르의 침략으로 인한 위기를 회상하게 하는 생존주의적 자아(ego)구조를 내포하고 있다. 탈굼이 이러한 주장을 이사야서 성구에 나타난 메시아에 대한 섬세한 표현에서 뒷받침해주는 경향이 있다는 것이다.[37]

탈굼들의 메시아성구들 중에서 우리가 중요하게 여기는 몇 구절을 검토해보자. 우선 창세기 3:15에서 탈굼들은 "발꿈치"(עקב 'āqēb)를 "궁극적 종말"(סופא sôpā')로 수정할 뿐만 아니라 "네가 상하게 하리

---

[37] Ibid, 142-44.

라"(תשופנו tᵉshûpennû)를 언어유희를 사용하여 "평화, 평온"(שיפיותא shipyûtā’)으로 만들어 원문의 의도와는 동떨어진 해석을 한다. 탈굼 위역 요나단과 단편 탈굼은 본문을 근본적으로 동일하게 풍유적으로 해석하여 여인과 뱀의 원수 관계는 인간에게 있는 선악의 투쟁의 경향으로, 뱀은 악의 상징으로 본다. 토라(Torah)가 인간의 악한 충동을 퇴치시키나 토라가 없으면 그것의 희생이 된다고 한다. 따라서 "구제책"은 토라에 있는데 그 교정수단은 메시아가 올 때에 실효가 있다는 것이다. 단편 탈굼 역시 인간과 뱀 사이의 화해가 이루어질 것을 암시한다고 이해한다. 이러한 주장에서는 원복음을 통한 원죄문제의 해결책은 거론의 여기가 없는 것이다. 그런데도 레비는 아무런 예증이 없이 탈굼이 기독교의 메시아 사상에 영향을 끼친 사실이 틀림없다는 황당한 주장을 한다.[38]

창세기 49:10의 "실로가 오시기까지"에서 탈굼 옹켈로스(Targum Onkelos)는 원문의 '실로'(שלה shîlōh)를 '쉘로'(שילה shellôh)로 수정하여 "메시아가 오실 때까지"로 해석한다. 이것은 다윗 왕조의 회복이 이루어져서 메시아가 민족들을 통치하며, 예루살렘과 그 거민을 위한 신적 보호, 성전의 재건, 공의의 널리 퍼짐, 토라와 교육의 이상화 그리고 물질적 번영의 실현을 뜻한다. 탈굼 위역 요나단(Targum Pseudo-Jonathan)은 원문의 '실로'를 수정하지는 않으나 어근을 '쉴' (שיל shîl. "태아, 어린, 가장 어린")로 이해하여 그(유다)의 자손들 중에서 가장 어린 메시아 왕이 오실 때까지로 옮긴다 ("until the time when the King Messiah shall come, the youngest of his sons"). 이것은 다윗 계통에서 가장 어린 인물 혹은 사무엘상 16:10f.에 수록된 바와 같이 이새의 막내아들인 가장 어린 다윗

---

38 Ibid, 2-3.

이 유다왕조를 세운 것을 암시한다. 그리고 단편 탈굼(The Fragmentary Targum)은 근본적으로 위역 요나단과 유사한 견지에서 왕국의 통치자인 메시아 왕이 올 때까지로 이해한다("until the time of the coming of the King Messiah, to whom belongs the Kingdom").[39]

민수기 24:17의 "한 별이 야곱에게서 나오며 한 규가 이스라엘에게서 일어나서"를 탈굼 옹켈로스(Targum Onkelos)는 야곱에게서 한 왕이 나와서 이스라엘의 메시아로 기름부음을 받을 것으로 해석한다("when a king shall arise out of Jacob and be anointed the Messiah out of Israel"). 유대주의 사상에서 야곱의 별이 메시아로 두드러지게 이해된 것은 바르 코크바(Bar Kokhba) 시대이었다. 여기에서 주된 강조점은 로마를 마지막 한 사람까지 철저하게 멸망시킨다는 것이다. 메시아는 전 세계를 통치하는 군사적 인물로 등장한다. 탈굼 위역 요나단(Targum Pseudo-Jonathan)은 옹켈로스와 유사한 번역을 한다("when a mighty king of the house of Jacob shall reign, and shall be anointed Messiah"). 이 탈굼은 곡(Gog)의 전쟁을 소개하고 있는데 그 때에 메시아가 승리한다는 종말론적 요소를 포함하고 있다. 단편 탈굼(The Fragmentary Targum)의 번역에는 다만 한 왕과 구속자를 언급할 뿐이다("a king is destined to arise from the house of Jacob, a redeemer and ruler from the house of Israel"). 여기에는 메시아 사상을 무시하여 메시아에 대한 언급이 없고 종말론적 의미만을 내포하고 있다. 레비는 이 탈굼에서는 메시아 사상 발전의 기원을 알지 못하므로 이 주제를 상고하는 것이 헛되다고 평한다.[40]

---

[39] Ibid, 7-9.
[40] Ibid, 21-25.

이사야 9:6(히브리 성경은 5절)에서 탈굼 요나단(Targum Jonathan to the Prophets)은 "그의 어깨에는 정사를 메었고"를 "토라를 메었고" 로 수정했다. 여기에서는 과거에 열렬한 토라의 수호자요 전파자로 알려진 히스기야를 메시아로 여긴 느낌을 준다. 이것은 탈무드 시대의 사상을 반영하는데 탈굼 요나단 자체가 여러 세기를 걸쳐 이루어진 작품임을 명심할 필요가 있다.[41]

이사야 11:1의 "이새의 줄기에서 한 싹이 나며 그 뿌리에서 한 가지가 나서 결실할 것이요"를 탈굼 요나단은 "그리고 한 왕이 이새의 아들들 중에서 나며 메시아가 그의 자손의 자손들 중에서 기름부음을 받을 것이다"로 옮겼다. 4절의 "악인"은 로마로 이해한다. 이 탈굼은 메시아가 그의 영광스러운 수도인 성소에서 민족들을 통치할 것이며, 하나님께서 히브리 포로민을 모으며 북왕국과 유다가 화해 협력하여 역사적 원수를 파멸시키는 것으로 해석한다. 전쟁의 참혹함을 이사야보다 더 분명하게 목견한 사람은 없다. 하나님께서 앗수르의 손에서 유다를 구출하신 일에 이 선지자처럼 직접 관여한 선지자는 없다. 여기에 메시아 사상의 기획자가 있었던 것이다. 이 모든 것을 탈굼 주해자가 느끼고 자신의 해석을 선지서 텍스트에 반영한 것이다. 메시아 사상의 심리적 동력적 기원을 앗수르로 인한 위기에서 발견할 수 있다.[42]

탈굼 요나단은 이사야 52:13~53:12를 주해하면서 특히 53:5에서 고난의 종이 "찔림, 상함, 징계를 받음, 채찍에 맞음"에 대한 언급은 전혀 없고 오히려 그가 성전을 재건할 것과 그의 말씀을 가르침으로 죄

---

[41] Ibid, 45-46. 본문의 히브리어 시제에 대해서는 주석들을 참조하라.
"A boy has been born unto us, a son has been given unto us, who has taken the Torah upon himself to guard it; and his name has been called by the One who gives wonderful counsel, the Mighty God He who lives forever: 'Messiah', in whose day peace shall abound for us."
[42] Ibid, 49-54.

사함을 받는다고 해석한다. 따라서 레비(Levey)에 의하면 이것은 탈굼의 의역이 절정을 이룬 뛰어난 예이다. 그것은 해석이 아니고 느슨하고 무의미한 주해가 아니라 탈굼 주석가가 텍스트에서 도출하여 제시하고 자하는 바를 개정하여 만든 것이다. 그는 본문에서 단어와 숙어를 조작하여 자신의 해석을 꾸민다.[43]

여기에 현저하게 나타난 탈굼의 메시아 사상은 제2이사야가 자신이 지닌 고난의 종의 개념을 개정하여 이룬 작품이다. 그 종은 높임을 받고 자랑스럽고 공격적 성품을 지닌 투사로 멸시를 받고 학대받고 고통을 당하는 이스라엘을 변호한다. 그는 원수들에게 파괴력을 발휘하며 백성들 편에서 강력한 왕들을 굴종시킨다. 그는 또한 이스라엘의 국가적 위엄을 회복하고 성전을 재건하는 동시에 토라의 옹호자이다. 메시아의 중보적 능력에 대한 새로운 주장이 등장하여 그가 이스라엘의 죄를 위한 용서를 탄원하면 그를 위하여 사죄된다고 한다. 비록 이것이 중보이기는 하나 대리적 속죄는 아니다. 왜냐하면 메시아가 종이므로 순교하기까지 복종하나 고난을 당하지는 않기 때문이다. 어쨌든 이사야 53:5은 탈굼의 유대주의 메시아 사상에 의하면 고난당하고 죽임을 당하는 메시아의 여지가 전혀 없다는 것이 레비의 결론이다.[44]

유대교의 대표적 주석서 중의 하나인 손시노(Soncino) 주석에 따르면 메시아 성구들은 아래와 같다.

창세기 49:10 "실로"="메시아"(Rashi), "홀"="메시아"(Rashi, Nachmanides); 민수기 24:17 "별"="메시아"(Nachmanides); 이사야 4:2 메시아 시대(J. J.

43 Ibid, 63-66.
44 "And he shall rebuild the Temple which was profaned because of our sins, and which was surrendered because of our iniquities; through his instruction, his peace shall abound for us, and when we teach his words our sins shall be forgiven us." Ibid, 63-66.

Slotki); 42:1 "나의 종"=이스라엘, 메시아 혹은 선지자 자신이라는 주석가들의 이견; 예레미야 23:5 "가지"="메시아"(H. Freedman); 30:9 "왕" ="메시아" (H. Freedman); 에스겔 37:24 "한 목자"="메시아"(M. L. Malbin); 다니엘 7:13 "인자"="메시아"(Sanhedrin 98a, J. J. Slotki); 호세아 3:5 "다윗"="메시아" (Targum); 요엘 2:23 "이른 비"(Targum, Rashi, Ibn Ezra는 히브리어 môreh를 "선생"으로 읽고 "메시아"로 해석); 오바댜 21 "구원 받은 자들"="메시아와 그의 관리들"(Metsadath David); 스가랴 2:3 "네 대장장이"="다윗의 아들 메시아, 요셉의 아들 메시아, 선지자 엘리야, 의로운 제사장(혹은 멜기세덱)"(Talmud의 Sukkah 52b); 3:8 "싹"="메시아"(A. Cohen); 9:9 "왕"="메시아"(Rashi); 11:4~14="메시아적 예언"(Kimchi); 12:10 "찌른 바 그"= "이 순교자는 메시아 시대에 전사한 요셉의 아들 메시아(역자 주: 다윗의 후손 메시아와는 다름)(Talmud); 말라기 3:1 "주"="메시아 왕"(Kimchi).[45]

유대인 학자 클라우스너(Klausner)에 의하면 유대교 성경해석과 기독교 신학은 하나의 염원 곧 실제로는 암시조차도 없는 많은 성구들에서 메시아 사상을 발견하려는 그 염원에 동참한다. 창세기의 초두에서 유대교와 기독교 학자들은 그러한 메시아 예언들을 발견했던 것이다. 뱀을 저주하는 창세기 3:14~15 본문, 특히 "그들은 네 머리를 상하게 할 것이요 너는 그들의 발꿈치를 상하게 할 것이니라"(유대교의 번역)는 말씀에서 탈굼 요나단 벤 우지엘(Targum Jonathan ben Uzziel)과 탈굼 예루샬미(Targum Yerushalmi)는 메시아 왕의 시대에 "이스라엘 백성이 삼마엘(Sammael)을 정복할 것이라는 암시"를 발견했다. 이에 상응하게 교부 이레네우스(Irenaeus)는 이 말씀이 기독교의 구속주를 암시함을 발견했다. 이 모든 예들과 매우 많은 유사한 예들은 신학적 해석들로서, 탈무드 시대에서 기독교 시대 이후의 백성에게 영향을 끼쳤으나 그것들이 기록되었을 때에는 메시아적 목적이 없었다. 오류와 해석

---

[45] *The Soncino Books of the Bible,* ed. by A. Cohen (London·Jerusalem·NY: Soncino, 1945-).

에 의해서만 메시아적이라고 여겼던 성구들이 있으나 그럼에도 불구하고 그것들은 처음부터 메시아 사상의 발전사에서 확실한 가치를 지녔다. 또한 그 성구들은 분명한 메시아적 의도를 그려내지는 못했으나 메시아 사상이 후에 형성되는 데에 배양체적 자료가 되었다(예를 들면, 창 12:1~3; 26:4; 28:14). 그리고 만일 우리가 메시아 대망 사상을 선지자 시대에서 발견한다면 대부분의 선지자 시대의 예언적 약속은 이스라엘 백성이 민족들의 빛이 될 것이고 그 땅으로부터 모든 백성들에게 교훈이 베풀어지리라는 것이다. 세상의 모든 민족들과 모든 인류의 종족들이 이스라엘에 의해 복을 받을 것이다. 이것이 민족적 그리고 보편적 특성을 지닌 예언적 약속이라는 것이다. 결국 클라우스너(Klausner)의 이러한 해석은 창세기 3:15의 "씨"를 집합적으로 해석하는 유대교의 입장을 반영한 것이다.

그가 부록에서 다루는 "유대교와 기독교의 메시아"에서 유대교의 메시아는 육신적 그리고 정신적으로 능력 있는 구속주라고 설명한다. 그에 의하면 그 구속주가 유대인에게 경제적 그리고 정신적으로 완전한 구속과 더불어 전 인류에게 영원한 평화, 물질적 번영 그리고 윤리적 극치를 가져다준다. 유대교의 메시아는 근원적으로 모든 인간과 동일한 혈육을 지녔다. 그는 이스라엘을 유랑과 종살이로부터 구출하고 전 세계를 억압, 고난, 전쟁 그리고 무엇보다도 이교주의와 이에 내포된 모든 것 곧 신에게나 또는 인간에게 지은 죄와 특히 민족과 민족 간의 죄로부터 구원한다. 왜냐하면 메시아 시대에는 모든 민족들이 유대주의로 개종할 것이기 때문이다. 이어서 클라우스너는 구약성경의 메시아 사상을 오경과 역사서를 배제한 시편과 선지서만을 대상으로 하여 언급한다. 그에 의하면 예언서 각권은 인간 메시아를 언급하는 것이 아니다. 나훔서, 스바냐서, 하박국서, 말라기서, 요엘서 그리고 다니엘서에는 하나님만이 구속자이시다. 아모스서, 에스겔서, 오바댜서 그리고 시편들에는 다만 집합적 메시아인 "구원자들"과 "성자들"이 자신들의 의와 경건으로 세상을 구원한다. 학개서와 스가랴서에서 메시아는 다름이 아닌 다윗의 기문에 속한 스룹비벨이다. 제2이시야서와 다니엘서에서 메시아는 개인이 아니라 유다 백성 전체이다.

그는 유대교와 기독교 메시아 사상의 차이점을 다음과 같이 언급한다. 우선 유대교의 구속은 전혀 개인적인 메시아가 없이도 이루어진다고 여기는데 이것이 기독교에서는 전적으로 불가능하다. 또한 유대교에 의하면 하나님만이 "이스라엘의 구속주"이시나 기독교에 의하면 구속주는 예수만이 그러하다. 메시아 없는 유대교는 결함이 있는 것뿐이지만, 메시아가 없는 기독교는 전혀 존재할 수 없다. 유대교의 메시아는 신과 인간 간의 중보자가 아니며 인간을 위한 "보혜사"도 아니다. 따라서 유대교의 메시아는 다만 공의로운 사람이 하나님을 경외하여 다스리는 것뿐이고 또한 세상에 윤리적 온전함을 가져다주기 때문에 인류의 발전은 그를 의존함으로써가 아니라 **인류 자체를 의존**하므로 가능하다는 것이 클라우스너의 결론이다.[46]

엉거(M. F. Unger)는 유대교의 메시아 사상에 대해 아래와 같이 논평한다. 그는 유대교가 가장 중대하고 지배적으로 중요한 요소들을 제외시켰다고 지적했다. 그에 의하면 원죄와 인간의 전(全) 본성적 죄의 교리가 성경의 의미로부터 크게 축소되고 또한 실제적으로는 일반적으로 행하여지는 유대교 가르침에서 생략되었다. 따라서 메시아 교리의 심오한 사상인 죄로부터 세상을 구원함이 결여되었다. 이와 동시에 메시아의 제사장직 역시 사라지게 되었다. 메시아의 선지자직 역시

---

46 J. Klausner, Cp. III, "Allusions to the Messianic Idea in the Pentateuch and Former Prophets," *Messianic Idea in Israel from its Beginnings to the Completion of the Mishnah* (London: George Allen and Unwin, 1956), 26-28,519-31.

모호해져서, 전념케 하는 사상들이란 고작 왕권과 해방인데 이것들은 주로 민족적 중요성에 국한되었다. 민족의 영광을 회복하는 것이 이스라엘의 큰 소망이었고 그 이외의 모든 것은 이 소망에 종속되었다.[47]

리델보스(Ridderbos)는 의심의 여지없이, 인자가 죽음을 당해야 한다는 예언은 메시아에 관한 유대교 개념의 완전한 변화를 요구한다고 강조한바 있다. 그에 따르면 비록 그 의미를 즉시 완전히 설명하는 것이 가능하지 않겠지만 예수 자신의 삶에서는 두 가지 면 곧 구약성경에서도 엿볼 수 있는 여호와의 종의 고난과 하나님에 의해 승귀된 인자의 영광 받으심이라는 면이 있었다. 주님이신 동시에 종이 되심, 수난의 필요성과 또한 그럼에도 신적 능력이 부여된다는 이 신비로운 이원성은 예수의 지상적 삶이 제시된 네 복음서들의 묘사에 있어서 가장 핵심적 요소이다.[48] 그리고 리델보스에 의하면 바울의 모든 설교는 예수가 이스라엘의 그리스도이시고 그러므로 그리스도의 오심과 사역이 오직 구약성경이 묘사하는 계시 역사의 배경에서만 이해될 수 있다는 확신에 의해 특징지어진다. 바울은 그리스도의 오심과 사역을 구약성경의 구속사에 나타난 위대한 순간들(아담, 아브라함, 모세, 선지자들)과 연관시켰고 그것의 의미를 이러한 배경에서 찾았다고 그는 이해한다.[49]

헨드릭슨(Hendriksen)은 예수께서 누가복음 24:26~27에서 "그리스도가 이런 고난을 받고 자기의 영광에 들어가야 할 것이 아니냐 하시고 이에 모세와 모든 선지자의 글로 시작하여 모든 성경에 쓴 바 자기에 관한 것"이라고 말씀하셨을 때의 "모든 성경"은 창세기 3:15을 위시한 59개의 구약성경 장절들을 염두에 두셨을 것이라고 이해한다.

---

47 M. F. Unger, *Unger's Bible Dictionary*, 718-19.
48 H. N. Ridderbos, *Paul and Jesus*, 31. 역시 32-33 참조.
49 Ibid, 59-60.

창세기 3:15; 9:26; 12:3; 22:18; 49:10; 출애굽기 12:13; 민수기 24:17; 신명기
18:15,18; 사무엘하 7:12,13; 시편 2:2; 22:1,18; 45:11; 68:18; 69:20,21; 72:8,9;
110:1; 118:22; 132:11; 이사야 2:4; 7:14; 8:8,10; 9:1,2,6,7; 11:10; 25:8; 28:16;
35:5,6; 42:1; 49:6; 52:14; 53장; 55:4; 59:16; 예레미야 23:5; 에스겔 17:22;
다니엘 2:24,35,44; 7:13,14; 9:25; 미가 5:2; 학개 2:6~9; 스가랴 3:8; 6:12f.;
9:9; 11:12; 12:10; 13:7; 말라기 3:1.[50]

구약성경에서 메시아 사상은 주전 2세기경에야 찾아볼 수 있다는 입장
을 취한 벡커(Becker)까지도 신약성경 그리고 교회의 전통과 전통적 변
증에서는 구약성경에 메시아가 대망되었고 그의 오심이 미리 선포되었
다고 가정한다는 사실을 거론한다. 그에 의하면 이것은 교회에 의해 선
포된 신앙의 불변한 구성 요소이다. 신약성경에는 학문적 변증론에 의
해 단순히 외적 적용이라고 무시되었던 풍부한 메시아 성구들이 인용되
었다. 그리고 신약성경, 교회의 전통 및 변증에 공통적 요소가 있다고
여기는 데에는 어떤 정당성이 있다. 여하간 거기에는 메시아적 대망의
끊이지 않는 흐름과 분명한 예언이 있다고 생각하는 데에 의견이 일치
한다는 것이다. 벡커 역시 구약성경의 메시아 사상에 관한 기독교의 전
통적 입장을 소개하면서 창세기 3:15이 그 메시아 약속을 담은 첫째 예
언이라고 전제하고 그 약속이 아래의 여러 성구들에 나타난다고 소개한
바 있다.

창세기 3:15(구속자의 관한 첫 예언), 셋, 노아, 아브라함, 이삭, 야곱, 유다,
민수기 24:15~24, 사무엘하 7장, 이사야 7:14; 8:23~9:6[9:1~7]; 11:1~10; 미가
5:1~5[2~6]; 아모스 9:11; 호세아 3:5; 시편 2; 45; 72; 89; 110; 132; 제 2이사야
40~55장; 스가랴 9:9~10; 12:10(아마도 슥 3장; 4장; 6장; 학 2:20~ 23); 다니엘
7장("인자"); 9:24~27.[51]

---

[50] Wm. Hendriksen, *The Gospel of Luke*, NTC (Grand Rapids: Baker, 1978), 1065.
[51] J. Becker, *Messianic Expectation in the Old Testament*, trans. by D. E. Green

위에서 살펴본 바와 같이 유대교의 탈굼역, 주석서 그리고 저서들에 제
시된 메시아 사상에서는 창세기 3장에 수록된 원죄에 대한 올바른 인
식이 결여되었으므로 3:15에 선포된 원복음의 부재가 당연한 귀결이라
고 하겠다. 스콜렘(Scholem)은 기독교와 유대교의 차이점의 핵심은 구
원론에 있다고 지적했다. 그에 의하면 유대교는 구원의 개념을 역사의
무대에서 그리고 공동체 내에서 발생하는 사건으로 본다고 주장해왔
다. 그것은 가견적 세상에서 그리고 그러한 가견적 양상을 떠나서는 상
상할 수 없는 발생 사건이다.[52]

    한편 러스트(Lust)는 기독교와 유대교의 메시아관의 차이를 다음
과 같이 제시한다. (1) 기독교는 메시아 대망이 예수의 오심으로 이미
실현되었다고 보나 유대교는 그렇게 이해하지 않는다. (2) 유대교의 메
시아 대망은 한 인물에 집착할 필요가 없다. 마음에 그린 둘 혹은 세
사람의 메시아가 있든가 혹은 전혀 없을 수도 있다. 후자의 경우에는
메시아적 특징들이 공동체에게로 옮겨질 수도 있다.[53] 이러한 유대교
의 입장은 기독교가 주장하는 신론과 구원론 그리고 메시아 사상과는
전혀 다르다. 또한 그들에게는 다윗의 선조들인 족장들마저도 창세기
3:15에 예언된 메시아를 통한 복음을 전수(傳授)한 "복의 기관"(창
12:2 -구역성경)으로서의 조상들로 이해될 수가 없었다고 단언할 수밖
에 없다.[54]

(Edinburgh: T. & T. Clark, 1980), 11-12.
  [52] G. Scholem, *The Messianic Idea in Judaism* (NY: Schocken), ix.
  [53] Johan Lust, *Messianism and the Septuagint. Collected Essays*, ed. by K. Hauspie,
BETL CLXXVIII (Leuven: Leuven University, 2004), 141.
  [54] 요 8:39 "우리 아버지는 아브라함이라" 참조. 유대인들은 창 12:3의 '베카'(b°kā
"너로 말미암아")를 "너 때문에"로 이해한다(Targum Onkelos). '베카'는 아래와 같이 다양하게
번역된다. 1) local - "in"(LXX, V, Luther, KJV, NASB, NRSV, 갈 3.8과 행 3:25의 '엔'(έν).
그러나 개역개정판은 "~로 말미암아"); 2) instrumental - "through"(NIV, REV, FC, C. F. Keil,
개역개정판은 "~로 말미암아"); 3) comparative - "with"(역시 갈 3:9의 '순'(σύν). 개정개역판의

이제 우리의 주관심사인 창세기 3:15에 나타난 원복음에 관한 오늘날의 구약학계 연구동향에 대한 몇몇 학자들의 견해는 참으로 놀랍다. 로랑(Laurent)에 의하면 에덴동산과 타락에 관한 연구열로 말하자면, 구약성경의 이야기 가운데에서 모든 학파의 주석가들이 이 주제처럼 그렇게도 열정과 호기심을 가지고 연구한 적은 드물다는 것이다.[55] 그리고 하스펙커-로핑크(Haspecker-Lohfink)도 창세기 3:15b에 관한 연구가 수없이 많음에도 불구하고 아직도 본문의 뜻이 전혀 포착되지 못하고 있으며, 몇몇 특수 문제들 역시 고고학적 요행수에 의해 뚜렷한 관련 자료를 발굴하지 못하는 한 항상 미결 상태로 남아 있을 것으로 예상된다고 논평한 바 있다.[56] 창세기 3:15b만을 두고 하는 말이 이러하다면 15절 전체의 뜻을 파악하는 작업이야말로 쉬운 일이 아니라는 것은 알고도 남음이 있다. 창세기 3:15b의 연구열에 대한 이러한 논평에도 불구하고, 15절에 관한 포괄적이고 심도 있는 연구는 드물다. 그리고 구약학계에서 발표되는 논문들의 연구에서도 대부분이 비판적 입장에서 다루었을 뿐이고 본문 전체를 구원론적 관점에서 접근한 연구는 찾아보기가 힘든 것이 현실이다. 따라서 필자는 본문을 성경이 제시한 구원론에 입각하여 이해하는 데에 치중하려고 한다.

구약성경 전체에서 원복음에 대한 약속보다 모든 것을 간추려 요약한 약속은 발견되지 않는다고 말할 수 있다는 뵐(Böhl)의 주장은 과

"함께". 앨리스(Allis)도 올스하우젠(J. Olshausen)을 따라 이렇게 이해할 것을 주장한다. O. T. Allis, "The Blessing of Abraham," *PTR* 25 [1927]: 294-95 참조). 유대교의 아브라함관에 대해서는 필자의 졸저『아브라함의 하나님』. 수원: 합동신학대학원 출판부, 2004, 40-45, 그리고 12:3b의 "땅의 모든 족속이 …… 복을 얻을 것이라"에 관한 수동적 해석(LXX, T, KJV, Luther, JPSV, NASB NIV, BS, 개역개정판)과 재귀형적 해석(Rashi, RSV, JB, NJB)은『아브라함의 하나님』, 97-106 참조.

[55] Y. Laurent, "Le Caractère historique de Gen I-III dans L'exégèse française au tournant du XIX Siécle," *EThL* 23 (1947): 36.

[56] J. Haspecker-N. Lohfink, "Gn. 3, 15: 'weil du ihm nach der Ferse schnappst'," *Scholastik* 36 (1961): 357.

언이 아니다.[57] 테리(Terry)는 "그리스도와 하나님의 나라에 관한 모든 예언들이 원복음에 배종(胚種)처럼 함축되었다고 말할 수 있다"고 강조하였고,[58] 후크마(Hoekema) 역시 창세기 3:15은 죄를 범한 첫 부모의 후손들을 구속하기 위해 하나님께서 의도하신 모든 것을 씨앗 형태로 내포하고 있기에 성경의 나머지는 모두 이 놀라운 약속의 내용을 전개하는 것이라고 역설하였다.[59] 이처럼 창세기 3:15에 나타난 원복음의 중요성은 그 아무리 강조해도 지나치지 않는다고 생각한다.

---

[57] E. Böhl, *Christologie des Alten Testamentes: oder Wichtigsten Messianischen Weissagungen* (Wien: 1892). 에드워드 뷜 지음, 권호덕 옮김 『구약 속의 그리스도』 (서울: 도서출판 그리심, 2003), 27.

[58] M. S. Terry, *Biblical Hermeneutics* (NY: Phillips and Hunt, 1883), 316.

[59] A. A. Hoekema, *Created in God's Image* (Grand Rapids: Eerdmans, 1986), 135.

II
아담과 하와의 행위언약 파기(창 3:1~6)

하나님께서는 아담과 하와를 창조 사역의 면류관이요 만물의 영장으로 창조하시고 그들이 연합하여 둘이 한 몸을 이루게 하셨다. 유대인의 하가다(Haggadah)에 의하면 이들이 창조되었을 때에는 "완전히 성숙했다. 그리고 아담과 하와는 20세의 성인으로 창조되었다"(Genesis Rabbah 14:7). 루터(Luther)는 창세기 5:5에 "그는 구백삼십 세를 살고 죽었더라"라는 말씀에 근거해서 아담이 원복음을 들은 때가 30세경이었을 것으로 간주한다.[1] 우리가 그들이 창조되었을 때의 나이를 알 수 없으나 한 가지 분명한 것은 그들이 남편과 아내로서 가정을 형성할 만큼 성숙했으리라는 사실이다. 그뿐 아니라 그들이 이때에는 자신들의 창조자가 누구인지, 그분에 대한 자세가 어떠해야 하는지 또 자신들에게 맡겨진 임무가 무엇인지 충분히 알고도 남음이 있었을 것이라는 사실이다. 과연 그들에 대한 창조주 하나님의 관심과 계획은 특별하셨다. 그래서 다른 동물들과는 구별되게 하나님께서는 그들을 자신의 형상대로 창조하시고 그들에게만 연합의 원리를 말씀해 주시는 동시에 아래와 같은 복을 주셨다.

하나님이 그들에게 복을 주시며 하나님이 그들에게 이르시되 생육하고 번성

---

[1] I. D. K. Siggins, ibid, 21.

하여 땅에 충만하라, 땅을 정복하라, 바다의 물고기와 하늘의 새와 땅에 움직이는 모든 생물을 다스리라 하시니라(창 1:28).

하나님이 동물들에게 복을 주신 1:22에 세 개의 명령형 동사("생육하라, 번성하라[2회], 충만하라")가 나타나는 것과는 달리 28절에는 다섯 개의 명령형 동사("생육하라, 번성하라, 충만하라, 정복하라, 다스리라")가 나타난다. 그리고 22절에서는 피조물들이 다만 하나님께서 내리시는 복을 받는 수동적 존재들인 데 비해, 28절에서는 인간이 하나님의 말씀을 경청하는 동시에 그 말씀에 순종하여 땅을 정복하고 다스릴 사명까지 띠게 된다. 하나님께서는 여기에 덧붙여 씨 맺는 모든 채소와 씨 가진 열매 맺는 모든 나무를 그들에게 식물로 주셨다(1:29). 특이한 것은 본문(원문) 29절에서 상반부의 긴 문장인 스물네 글자("보라[원문] 내가 온 지면의 씨 맺는 모든 채소와 씨 가진 열매 맺는 모든 나무를 너희에게 주노니")에 비해 하반부의 "너희의 먹을거리가 되리라"의 원문에는 단지 세 글자('라켐 이흐예 레오클라')밖에 안 되는 짧은 말씀으로 끝을 맺고 있다. "너희에게"('라켐')가 동사 앞에 위치한 강조 형식을 취하고 있으므로 하반절을 "너희에게 그것이 먹을거리가 되리라"로 번역하는 것이 하나님의 고마우신 뜻을 바로 드러낸다고 하겠다. 수혜자들인 아담과 하와는 항상 감사하는 마음으로 하나님께서 주신 말씀에 순종하며 맡겨진 사명에 충성하는 삶을 사는 것이 그들의 마땅한 도리이었으리라.

창세기 1:29과 유사한 내용이 2:16b에도 나타난다("여호와 하나님이 그 사람에게 명하여 이르시되 동산 각종 나무의 열매는 네가 임의로 먹되"). "사람"('아담')이라는 용어는 하나님의 창조 사역과 관련해서 창세기 1:25,27에 그리고 에덴동산과 관련해서 2:5,7,8,15에 나타나지만 하나님의 말씀을 받는 대상으로서는 2:16 본문에 처음 "그 사람"('하아담')으로 나타난다. 흥미롭게도 LXX은 본문에서부터 이 단어를 고유명사 "아담"(Adam)으로 이해한다. 18절에도 이와 동일한 표현이 나타나는데 대다수 보수주의적 역본들은 19절이나 20절부터 그것을 고유명사 "아담"으로 이해한다(19절 -V, KJV, 개역개정판; 20절 -NIV, ESV). 본문 16b에는 "동산 각종 나무의 열매"가 동사 앞에 놓였고 "먹는다"는 동사도 그들이 원하는 대로 마음껏 먹도록 허락하신다는 것을 나타내기 위해 부정사 독립형(부정독립형+불완전형)으로 "임의로 먹어라"('아콜 토켈')라고 강조되었다. 해밀턴(Hamilton)이 잘 지적한 바와 같이, 하나님께서는 아담과 하와에게 모든 것을 먹도록 분에 넘치게 허락하신 데 비해 금하신 것은 단 한 가지뿐이었다. 뱀은 이와 정반대로 하나님의 너그러우신 허락에 대해서는 의도적으로 일언반구도 언급하지 않고 금령만 침소봉대하였다.2 뱀은 하와에게 진실을 말하고자하는 의도는 추호도 없었고 또한 그렇게 할 수도 없었다. "그는 처음부터 살인한 자요 진리가 그 속에 없으므로 진리에 서지 못하고 거짓을 말할 때마다 제 것으로 말하나니 이는 그가 거짓말쟁이요 거짓의 아비가 되었음이라"(요 8:44)고 예수께서 그에 대해 정확하게 평가하시지 않으셨던가! 그런데 무엇보다 우리를 경악하게 하는 것은 하와가 뱀의 이러한 감언이설에 동조하여 하나님의 말씀을 의지적으로 거역했다는 사실이다.

우리는 본문 2:16에서 성경에 처음으로 나타나는 "명령하다"라는 단어를 발견하게 된다. 하나님께서 전과는 달리 이때에는 그들에게 명령하셨다는 것이다. 그러므로 그들은 이 말씀에 각별한 주의를 기울

2 V. P. Hamilton, *The Book of Genesis Chapters 1~17*, NICOT (Grand Rapids: Eerdmans, 1990), 172.

여야 마땅하다. 따라서 2:16~17의 말씀을 특별한 의미를 지닌 행위언
약이라고 부르게 된다. 하나님께서 3:11과 17절(원문)에서 그들에게
"내가 네게 먹지 말라 명한" 것이라고 되풀이하여 추궁하신 것도 그런
의미와 관련이 있다. 또한 하나님께서는 요청이나 거절 또는 금지를 나
타내는 "먹지 말라"를 '알'('al) 부정 명령형('알 토칼')보다는 그와 반대
인 객관적이고 무조건적인 엄한 금지를 나타내는 '로'(lō') 부정 명령형
('로 토칼', 창 3:12; 신 14:3; 15:23 등, "Thou shall not eat")을 최초로
사용하시어 "선악을 알게 하는 나무의 열매는 먹지 말라"라고 신신당
부하실 뿐만 아니라 네가 먹는 날에는 "반드시 죽으리라"라는 부정사
독립형('칼' 형. '모트 타무트')으로 재차 말씀하셨다. 법적 선고에서는
주로 '호프알' 형인 '모트 유마트'(창 26:11; 출 19:12; 21: 15~17; 레 20:
9~16)가 사용되나 본문에서는 '칼' 형이 사용되었다(창 20:7; 삼상 14:
39,44; 22:16; 왕상 2:37; 42:2; 왕하 1:4,6,16; 렘 26:8). 본문에서 '모트
투마트'가 아닌 '모트 타무트'를 사용한 것은 형벌이 법적 선고에 따라
집행된다기보다는 범죄의 성격에 따라 그 결과가 결정됨을 뜻한다고
델리취(Delitzsch)는 설명한다.[3] 그들이 그 선악과를 먹으면 반드시 죽
을 것이니 결코 먹어서는 안 된다는 분명하고도 간곡한 금령이 내린
것이다. 그것이 그들의 먹을거리로 주어진 것이 아니라는 점을 어떻게
이 이상 더 분명하게 마음에 와 닿을 수 있도록 표현하겠는가! 이렇듯
하나님께서는 그들이 이 말씀에 순종하여 자신과 영원토록 복된 교제
를 하며 살기를 간절히 원하셨던 것이다. 그들에게 준 금령은 단 하나
인 이유에 대해 박윤선은 아래와 같이 잘 풀이하였다.

---

[3] Franz Delitzsch, *A New Commentary on Genesis,* I (Edinburgh: T. & T. Clark, 1888
: E.T. from German), 139. 이 내용들은 R. W. L. Moberly, "Did the Serpent Get it Right?"
JTS 39 (1988): 4를 참조했음.

그가 이렇게 하신 것은, 아직 복잡한 계율이 발표되기 전 원시 시대에 있어서, 그 한 가지 계율로써도 모든 계율을 지키는 여부를 아실 수 있었기 때문이다(약 2:10 참조).[4]

하나님께서는 그들에게 분에 넘치도록 풍성한 것들을 먹을거리로 주셨다. 따라서 우리가 2:16~17의 말씀을 이해하려고 할 때에 16절 초두(원문)의 접속사 '와우'("그리고")를 15절 말씀과 연결하려고 사용되었다는 사실을 놓치면 안 될 것이다. 15a에서 하나님께서 그 사람을 이끌어 에덴동산에 "두셨다"고 했는데, 여기서 "두다"라는 '누아흐' 동사는 2:8에 사용된 "두다"라는 '쑴' 동사와는 다르다. 세일하머(Sailhamer)는 본문의 '누아흐' 동사가 8절의 '쑴' 동사와는 달리, 하나님께서 땅에서 인간에게 주시는 "안식"과 "안전"(창 19:16; 신 3:20; 12:10; 25:19) 그리고 하나님 앞에서 어떤 것을 "봉헌"(출 16:33~34; 레 16:23; 민 17:4; 신 26:4)한다는 의미가 있다고 이해한다. 이 말씀은 곧 인간이 동산에서 안식하고 안전하게 살도록 하며, 또한 그들을 하나님 자신 앞에 있게 하여 하나님과 교제하게 하셨다는 뜻이라고 그는 이해한다.[5] 15b에 사용된 두 동사 "경작하다"('아바드')와 "지키다"('샤마르')에 각각 여성 대명사('마피크 헤'. leʻobdāh wûleshomrāh)가 첨가되었다. 여기에서 제기되는 문제는 이 여성 대명사 '헤'들의 선행사인 "동산"(gan)이 남성이라는 데에 있다. 그렇다면 이 대명사는 어떤 선행사를 받는가? 그것이 9절에 있는 여성 명사인 "땅"(hāʼādāmâ)을 가리키는가? 그런데 15b를 직역하면 "그것을 경작하도록 그리고 그것을 지키도록 하셨다"이지만, 세일하머가 지적한 바와 같이 지금까지 일반적으로 이해된 "그것을 경작하며 지키도록 하셨다"라는 해석은 LXX을 따라 원문의 여성 대명사

---

4 박윤선, 『창세기, 성경주석 : 창세기 출애굽기』 (서울: 영음사: 1981), 97.

5 J. H. Sailhamer, *Genesis,* ExBC, vol. 2 (Grand Rapids: Zondervan, 1990), 44-45.

를 남성 대명사 "그것"으로 수정할 때에만 가능하다. 그러나 "땅을 갈
게 하시니라"(la'ăbōd 'et hā'ādāmâ)라는 말씀은 창세기 3:23에 타락의
결과로 아담과 하와가 동산에서 추방된 이후에야 나타나는 것을 보게
된다. 이런 견지에서 세일하머는 이 문구를 "예배드리고 순종하게 하
시며"로 이해하는 것이 앞에서 열거한 난제들에 대한 해답인 동시에
모세 오경 전체의 주제인 예배와 안식일의 안식과 부합하다고 결론짓
는다. 본문의 명령은 모세 오경 다른 곳에서 내린 것과 마찬가지인데
특히 신명기 30:15~18에서 그러하다는 것이 그의 견해이다.[6] 창세기 2:
15~17에 나타난 여호와 하나님의 말씀을 단순히 에덴동산을 경작하고
돌본다는 관점에서 이해하는 것은 불충분하다. 그러한 말씀을 주신 근
본 목적에 부합하게 이해하는 것이 정도이므로 세일하머의 견해가 바
람직하다고 여겨진다. 이미 칼빈(Calvin)도 아담과 하와가 여호와 하나
님께서 허락하신 풍요로움을 누리는 가운데 자신들이 하나님의 청지기
로 처신하며 하나님께 영광을 돌려야 한다는 사실을 피력한 바 있다.[7]

그리고 "선악을 알게 하는 나무의 열매"를 칼빈의 해석처럼 그들
의 생명의 원천이 하나님으로부터 말미암는다는 사실을 알게 하는 상
징이요 기념[8]이라고 이해한다면, 그들이 이 금령을 어기는 것은 창조
주로부터 격리되고 단절됨을 뜻한다. 그들이 이 금령을 어긴 즉시 하나
님을 멀리하여 숨었던 사실에서 이러한 현상이 여실히 드러났다(3:

---

6 신 30:15~16절 "15보라 내가 오늘 생명과 복['하토브' -"선"]과 사망과 화['하라'
-"악"]를 네 앞에 두었나니 16곧 내가 오늘 네게 명령하여 네 하나님 여호와를 사랑하고 그
모든 길로 행하며 그의 명령과 규례와 법도를 지키라 하는 것이라 그리하면 …… 네게 복을
주실 것임이니라." J. H. Sailhamer, *Genesis*, 45 참조. 클라인은 본문의 '샤마르' 동사가 하나님
이 거하시는 곳의 신성함을 지키라는 제의적 명령을 내포할 수 있다고 이해한다(M. D. Kline,
"Genesis," *NBC*, 84).

7 J. Calvin, *Commentaries on the First Book of Moses called Genesis*, 126.

8 Ibid, 116. 카이저(Walter C. Kaiser, Jr.)는 이것이 우리가 오늘 거행하는 성만찬을
기념하는 것과 같다고 이해한다. 월터 카이저, 『구약난제해설』 김지찬 옮김 (서울: 생명의
말씀사, 1992), 18-20.

10). 물론 그들이 죄를 범한 후 즉시 육신적 죽음을 당한 것은 아니다
(창 5:5). 그러나 그 죽음은 육신적으로 반드시 죽는 동시에 그 이상으
로 영적 죽음을 의미한다. 본래 창세기 2:17의 "네가 먹는 날에는"에서
"날에"('베욤')는 시간과 관련된 문제이기보다는 죽음의 확실성을 나타
내기 위한 것으로 사용되었다고 보는 것이 옳다. 일반적으로 역본들이
이것을 시간적인 "~하는 날에"(LXX, V, KJV, Luther, Moffatt, NASB,
JB, REB, ESV, LS, 개역개정판 등) 혹은 "~할 때에"(NIV, NETB)로
옮겼다. 그러나 모벌리(Moberly)는 이와 다르게 이해한다. 본문에서 원
문의 "날에"는 정관사가 없으나 그에 의하면 "날에"와 이어지는 동사
"먹는다"의 부정법 '아콜'("먹음")에 접미어 '카'("너의")가 연결('베욤
아콜카')되었기 때문에 "그 날에"('on the day of your eating')로 이해
될 수도 있다고 한다. 하지만 만일 저자가 날을 강조하기 위해 여기에
서 정관사가 있는 "그 날에"('바욤')라고 명시하기를 원했다면 "네가 먹
는 그 날에"('바욤 아쉐르 토칼')라고 표현했을 것으로 그는 주장한다.[9]
따라서 해밀턴(Hamilton)도 보스(Vos)의 견해를 받아들여 '베욤'이 죽
음의 확실성을 나타내는 "확실히"로 이해했는데 이것이 본문의 의도와
잘 맞는다고 여겨진다.[10] 결국 아담과 하와가 행위언약을 어긴 결과가
자신들뿐 아니라 후대의 모든 인류에게 미치게 하였다.

> 그러므로 한 사람으로 말미암아 죄가 세상에 들어오고 죄로 말미암아 사망이
> 들어왔나니 이와 같이 모든 사람이 죄를 지었으므로 사망이 모든 사람에게
> 이르렀느니라(롬 5:12. 참조. "아담 안에서 모든 사람이 죽은 것" -고전 15:22).

---

[9] R. W. L. Moberly, ibid, 14, n. 35.
[10] G. Vos, *Biblical Theology* (Grand Rapids, Eerdmans, 1949), 48-49. V. P. Hamilton, *The Book of Genesis Chapters 1~17*, 172 . 해밀턴은 시므이(왕상 2:37,42)와 모세(출 10:28)의 경우를 예로 제시한다.

여호와 하나님의 이 금령에도 불구하고 하와는 하나님을 대적하는 사
탄의 말에 더 무게를 두었다. 하와가 사탄의 말을 따라 그 실과를 따먹
을 때에 아담도 그 자리에 있었음이 창세기 3:6b에 의해 드러난다("자
기와 함께 있는 남편에게도 주매 그도 먹은지라"). 카쑤토(Cassuto)는
"자기와 함께 있다"('immāh. '임'+여성대명사 접미어 '헤')는 말 자체에
어떤 사람이 이끄는 행동에 자신을 연루시키는 의미가 들어있는 것으
로 이해한다.[11] 그런데 루폴드(Leupold)가 잘 지적했듯이, 아담이 하와
의 범죄에 동조한 사실을 그렇게도 간략하게 서술한 점이 참 놀랍다.
여기에는 어떤 이유가 있었을 것이라고 그는 생각한다. 처음에 함께 있
지 않고 후에 자리를 같이 한 아담이 하와가 이미 그 금단의 열매를
취하여 먹었을지라도 무사한 것을 보고 자신도 이에 동참하는 데에 주
저할 필요가 없었을 것이라고 루폴드는 설명한다.[12] 여호와 하나님께
서도 아담과 하와에게 그들이 범한 죄를 똑같이 추궁하셨다(창 3:
11~13,16~19). 사마리아 오경과 LXX은 원문의 "그가 먹었다"를 "그들
이 먹었다"로 번역하였다. 물론 사탄이 하와를 유혹할 때에 복수형(3:
1b,4,5 "너희")을 사용한 것은 사실이다. 하와도 복수형(3:2 "우리")을
사용하는 동시에 하나님의 말씀을 왜곡하였다. 하와는 그뿐 아니라 거
기에 일부를 첨가하여 사탄의 말에 편승하였다. 이렇게 하나님의 말씀
을 철저히 순종하지 않는 일이 없도록 하기 위해 후에 모세는 이스라
엘 백성에게 "내가 너희에게 명령하는 말을 너희가 가감하지 말고 내
가 너희에게 내리는 너희 하나님 여호와의 명령을 지키라"(신 4:2)라고
엄히 경고하였다. 역시 신명기 12:32(원문은 13:1)에서는 "내가 너희에

---

[11] U. Cassuto는 창 6:18; 7:7; 13:1을 그 예로 제시한다(*A Commentary on the Book
of Genesis*, Part One, *From Adam to Noah*, trans. by I. Abrahams, Jerusalem: Magness, 1961,
148). 놀랍게도 대부분의 중국어 역본들은 "자기와 함께 있는"을 번역하지 않았다. 2004년
번역된 新譯本도 예외는 아니다.

[12] H. C. Leupold, *Exposition of Genesis*, 152-53.

게 명령하는 이 모든 말을 너희는 지켜 행하고 그것에 가감하지 말지
니라"라는 말씀의 상반절에서 우선 "이 모든 말"이라는 목적격이 문장
초두에 나왔고 또한 목적어 "그것을"(원문) 다시 첨가시켜 "너희는 지
켜 행하라"는 동사 앞에 놓아 강조하였다('에트 콜ㅡ하다바르 … 오토 티슈
메루 라아쏘트'. 참조. LXX, Luther, Moffatt). 그러나 모세를 통해 주신
여호와의 엄한 경고의 말씀을 들은 당시 이스라엘 백성의 영적 상태는
인류의 조상 아담과 하와의 타락상과 다를 바 없었다.

　창세기 3:1~6에는 뱀[13]과 하와의 대화 내용이 수록되었다. 우리
는 여기에서 인류 역사상 처음으로 피조물이 창조주의 말씀에 대해 시
시비비를 논하는 사례를 접하게 되는데 아담과 하와의 입에서는 여호
와 하나님의 은혜를 기리는 말은 추호도 없었다. 인류의 조상인 그들이
여호와 하나님의 말씀에 순종하는 규범이 되기보다는 오히려 그것을
거역하는 악역의 선봉장이 되었다는 사실에 우리는 충격을 받지 않을
수 없다. 이 대화에서 뱀이 먼저 말문을 열었는데('와요메르') 그의 저의
가 무엇이었는지가 여실히 드러난다. 우선 뱀은 1절에서 "여호와 하나
님"('아도나이 엘로힘')이라는 성호보다는 "하나님"('엘로힘')을 사용하였
다. 이는 그가 죄를 짓도록 유혹하는 자로서 하나님의 왕국에 어울리지
않는 존재이기 때문에 '엘로힘'이라는 성호를 쓸 수밖에 없었다.[14] 그런
데 놀랍게도 하와 자신도 뱀의 말에 "엘로힘의 말씀에"라고 대응한 것
을 보면 이미 하와의 태도에 심상치 않은 변화가 일어났음을 예감할
수 있다. 콜린스(Collins)도 지적한 바와 같이, 뱀이 언약적 성호인 '여

---

13 여기에서 뱀에는 항상 정관사 "그"가 붙어있다("그 뱀". '하나하쉬'). 따라서 카이저
(Kaiser)는 이 정관사가 칭호(title)를 나타낸다고 이해한다(W. C. Kaiser, Jr., *Toward an Old
Testament Theology* [Grand Rapids: Zondervan, 1978], 35-36). 이 칭호에 대한 오즈월의 견해는
A. O. Ojewole, ibid, 127을 참조.

14 윌리엄 헨리 그린(Wm. H. Green), "오경에 나타난 '엘로힘'과 '여호와'의 용법,"
『구약신학논문 선집』, 윤영탁 역편 (수원: 합동신학대학원 출판부, 2012), 243.

호와'를 배제함으로써 여호와께서 수립하신 관계로부터 하와의 관심을 딴 데로 돌려 자신의 유혹 계획을 추진하려고 했을 것으로 본다. 하와 또한 '엘로힘'을 사용한 데에서 이미 그가 유혹의 덫에 걸려들게 됨으로써 언약을 망각하고 불순종으로 끌려가게 된 단서를 우리가 포착할 수 있다고 콜린스는 이해한다.[15] 그리고 뱀의 제일성(第一聲)의 초두 (3:1b 원문)를 장식한 표현에 구약에서 종종 사용되는 의문사 '하'와 '아프'("참으로")가 결합한 '하아프'(창 18:13,23,24; 암 2:11; 욥 34:17 등)가 아닌, 생략적으로 질문을 이끄는 작용을 하는 '아프'와 질문의 내용을 소개하는 '키'가 결합된 '아프 키'가 사용되었다.

이 '아프 키'라는 질문을 어떻게 이해할 것인가? 대다수의 역본 들처럼 이 표현을 단순한 의문형으로 이해하기보다는 카일과 델리취 (Keil & Delitzsch)의 견해처럼 사무엘상 23:3과 사무엘하 4:11을 근거 로 하여 놀라움을 나타내는 형식으로 이해하는 것이 좋을 듯하다.[16] 스 킨너(Skinner)는 이것을 반(半) 질문과 반(半) 감탄형("Ay, and so God has said!")으로 보고 마치 뱀이 이 금령에 대해 오랫동안 숙고하다가 마침내 마음에 내키지 않는 결론에 도달하여 발설한 듯이 보이게 한 것으로 이해한다.[17] 해밀턴(Hamilton)은 이것이 단순한 질문형으로 이 해될 경우에 이 형식이 본문에서만 그렇게 사용된 예가 된다고 하여 이를 반대하고 자신은 충격과 놀라움의 표현으로 이해한다("Indeed! To think").[18] 윌리엄스(Williams)는 '아프'가 본문에서 강조를 위해 등

15 C. J. Collins, *Genesis 1-4. A Linguistic, Literary, and Theological Commentary* (Phillipsburg, NJ: PRP, 2006), 171.

16 C. F. Keil & F. Delitzsch, *Commentary on the Old Testament*, vol. I, *The Pentateuch*, trans. by J. Martin (Grand Rapids: Eerdmans, 1968 Repr.), 94.

17 J. Skinner, *A Critical and Exegetical Commentary on Genesis*, ICC (Edinburgh: T&T Clark, 1910), 73.

18 V. P. Hamilton, *The Book of Genesis Chapters 1~17*, 186, n. 1. "And so God has said"(Moffatt), "Is it true that God has forbidden you"(REB) 등으로 이해하는 역본들도 있다.

장한 것으로 이해한다.[19] 여하간 뱀이 화두를 이런 식으로 꺼낸 목적은 하와를 시험하려는 것이었으므로 그의 질문에서 의아스러움과 놀라움을 금치 못하는 기미가 보이도록 할 수밖에 없었을 것이다. 그런데 어이없게도 그의 의도한 바가 적중한 셈이다.[20] 뱀이 3:1b에서 "동산 모든 나무의 실과"라고 말한 것 역시 분명히 하나님의 금령을 정확하게 인용하지 않을 뿐만 아니라 과장된 표현이다. 하나님의 금령(2:17)은 다만 선악을 알게 하는 그 나무를 먹지 말라는 것이었다.

이 시점에서 우리가 우선 하나님의 말씀과 하와의 말을 면밀히 비교해보는 것이 문제의 심각성을 이해하는 데 도움이 될 것이다(괄호 안의 수는 원문 글자의 수이다).

여호와 하나님	2:16a (6)	여호와 하나님이 그 사람에게 명하여 이르시되	16b (5)	동산 각종 나무의 열매는 네가 임의로 먹되
하와	3:2a (4)	여자가 뱀에게 말하되	2b (4)	동산 나무의 열매를 우리가 먹을 수 있으나
여호와 하나님	2:17a (7)	선악을 알게 하는 나무의 열매는 먹지 말라.	17b (6)	네가 먹는 날에는 반드시 죽으리라.
하와	3:3a (13)	동산 중앙에 있는 나무의 열매는 하나님의 말씀에 너희는 먹지도 말고 만지지도 말라.	3b (2)	너희가 죽을까 하노라 하셨느니라.

이 비교를 통하여 하와가 뱀에게 말한 내용에는 하나님의 말씀에 가감한 사실들, 즉 자의로 그 말씀의 내용뿐 아니라 장단과 강약을 조작한 것을 발견하게 된다. 뱀에게 한 대응에서도 하와가 단순히 "우리가 먹을 수 있다"라고 말한 것은 "네가 임의로 먹으라"는 하나님의 강조형(완료형+부정사 독립형) 말씀을 약화시킨 것이다. 역시 하나님께서 1:

---

[19] R. J. Williams, *Hebrew Syntax: An Outline* (Toronto and Buffalo: University of Toronto, 1967), §385, (ii).

[20] G. J. Wenham, *Genesis 1~15*, vol. 1, WBC 1 (Waco: Word Books, 1987), 73.

29(3회)과 2:16(1회. "각종")에서 분명히 (원문) "모든"('콜')이라고 되풀이하여 말씀하셨는데도 하와는 이 엄청난 표현을 고의적으로 모조리 묵살해 버렸다. 우리가 주목해야 할 것은 창세기 저자가 특히 창세기 1~2장에서 이 표현을 되풀이하여 사용하였다는 사실이다(1장에 13회, 2장에 15회). 저자는 하나님께서 온 천지 만물의 창조자시요 모든 피조물의 통치자와 섭리자시요, 모든 피조물의 필요를 충족하게 하시는 분이시요 또한 그들에게 복을 주시는 분이시라고 창세기 1~2장에 묘사했다. 구약과 신약 모두 '콜'과 '판타'(πάντα)를 사용하여 그분이 과연 창조주이시요 천지 만물의 주권자이심을 강조한다.21

창세기 저자는 또한 하나님께서 천지 만물의 창조주이심을 '콜' 과 동사 '칼라'를 사용하여 역설했다.22 하와는 그렇게까지 하나님의 말씀을 약화시키면서도 성이 차지 않아 3절에서는 하나님께서 "네가"라는 단수를 사용하신 대신에 복수인 "너희"라는 말로 바꿀 뿐만 아니라 "중앙"과 "만지지 말라"라는 말을 첨가하기를 주저하지 않았다. 카쑤토(Cassuto)는 "만지다"('나가')라는 동사가 성경에서 종종 심오한 의미를 내포한다는 점을 밝혔다. 그는 창세기 20:6("범죄하다")과 26:11 ("범하다")을 그 예로 제시하고 결국 이 동사 "만지다"를 하와가 앞에서 "먹지도 말라"고 한 말과 동의어로 이해한다.23 그러나 이보다는 동사 '나가'(nāga‘)의 또 다른 의미, 즉 제의적 문맥에서 하나님께 속한 거

---

21 예를 들면, 구약의 출 19:5; 시 33:6; 97:5; 103:19; 146:6; 레 10:16; 겔 18:4과 신약의 요 1:3; 행 14:15("만물을 지으시고 살아계신 하나님"); 17:24("천지의 주재"); 골 1:16("만물이 다 그로 말미암고 그를 위하여 창조되었고"),17; 계 4:11 등이 그러하다.

22 원문의 창 2:1('칼라' 의 칼형[to be completed] + '콜‑쩨바암'), 2(2a '칼라' 의 피엘형[to complete]와 2b의 '미콜‑멜라크토')에는 이 두 단어가 모두 사용되었다. 이 두 단어의 의미상의 연관성에 관해서는 간략하나마 F. J. Helfmeyer, "קלה," TDOT, vol. VII, 1995: 158 참조.

23 U. Cassuto, A Commentary on the Book of Genesis: Part One, From Adam to Noah, 145.

룩한 것은 아무나 함부로 손을 댈 수 없다는 출애굽기 19:12("그 경계를 침범하다"), 레위기 12:4("성물을 만지지도 말라") 그리고 민수기 4:15("성물을 만지지 말라")의 내용과 연관시켜 생각하는 것이 좋을듯하다.[24] 환언하면, 성물은 하나님께 속하였기 때문에 하나님께서 선정하신 인물만이 그것을 만지도록 허락되었다는 것이다. 따라서 하와의 말은, 하나님께서 자신들은 그 나무에 손도 대지 못하게 하셨다는 투로 이해될 수 있다. 이것은 그 금령의 요구가 도를 지나쳐서 못마땅함의 표출이라 하겠다. 카일과 델리취(Keil & Delitzsch)는 하와가 이러한 과장을 통해 그 금령이 자신에게도 지나치게 엄격한 것으로 여겨졌고, 그와 동시에 하나님을 향한 그의 사랑과 확신이 이미 흔들리기 시작했다는 사실을 감지하였다. 이것이 곧 타락의 시작이었다는 것이다.[25]

"너희가 죽을까 하노라"는 말에서도 하와는 원래 "반드시 죽으리라"고 강조하신 하나님의 말씀을 약화시켰다.[26] "죽을까 하노라"('펜'+미완료형 동사)라는 표현은 부정적 뉘앙스를 지니므로 영어 역본들은 대체로 "~하지 않게"로 번역하는데 때로는 동사 "두려워하다"와 같이 사용되어 우려와 염려를 나타내는 경우가 있다(창 32:11[원문 12절]; 렘 38:19; 창 31:31).[27] 칼빈(Calvin)은 이것이 의심을 내포하는 "혹시"라는 뜻으로서 이미 하와의 마음이 흔들리기 시작했음을 시사한다고 이해한다.[28] 형용할 수 없는 은혜를 받은 하와의 이러한 짧은 발설은 일구이언의 철면피한 모습을 드러냈다. 성경은 디모데전서 3:8에서

---

[24] L. J. Coppes, "נגע," TWOT, vol. 2: 551.

[25] C. F. Keil & F. Delitzsch, Commentary on the Old Testament, vol. I, The Pentateuch, 95.

[26] J. Calvin, Commentaries on the First Book called Genesis, 149.

[27] E. König, Hebräisches und aramäisches Wörterbuch zum Alten Testament, 365. 역시 C. Brockelmann, Hebräischer Syntax (Neukirchen, 1956), § 133e.

[28] J. Calvin, Commentaries on the First Book Called Genesis, 149.

"일구이언"('디로구스', "double-tongued" -NASB)을 금하고 있는데 이
낱말을 중국어 성경은 일구양설(一口兩舌)로 번역했다.29

하와의 이러한 자세를 눈치 채자, 적기를 노리던 뱀도 이 기회를
놓칠세라 과장법을 동원하여 "너희가 결코 죽지 아니하리라"(4절)라는
강조형을 사용함으로써 하나님의 금령을 정면으로 부정하였다. 사탄의
간교함은 먼저 하와를 유혹의 표적으로 삼은 데에서 여실히 드러난다
("아담이 속은 것이 아니고 여자가 속아 죄에 빠졌음이라" -딤전 2: 14).
왜 사탄은 아담이 아닌 하와를 먼저 유혹했는가? 사탄이 여자를 남자
보다 만만한 존재라고 여겼다든지, 오히려 여자가 남성보다 더 주도력
이 있다거나 또는 상상력이 더 뛰어났기 때문에30 그 여자만 꾐에 빠지
면 남자는 의례 뒤따를 것으로 알았다는 견해 등이 없지 않다. 그러나
해밀턴(Hamilton)에 의하면 우선 금령이 아담("그 사람")에게 내렸으므
로(2:16~17) 하와는 그 사실을 아담으로부터 들었을 터이다. 그렇다면
사탄은 하나님의 금령을 다만 간접적으로 자기 남편으로부터 알게 된
하와를 먼저 유혹하는 것이 더 효과적이라고 생각했을 것이다. 왜냐하

---

29 뱀의 혀가 바로 그러한 것처럼 하화는 뱀과 사활은 건 설전을 벌이기커녕 오히려
뱀을 닮아 태연하게 일구양설을 하였던 것이다. 한자의 '죄'(罪)라는 낱말은 四와 非로 구성되
었는데 하와의 타락한 죄가 하나님의 말씀에 대한 다음과 같은 네 가지 그릇으로 말미암는다고
말할 수 있을 것이다.
  (1). 약화: "명령하시다"('와예짜우'. 역시 3:11,17) —> "말씀하시다"('아마르');
      "네가 임의로 먹어라"('아콜 토칼') —> "우리가 먹을 수 있다"('노켈');
      "반드시 죽으리라"('모트 타무트') —> "죽을까 하노라"('펜-테무툰').
  (2). 교체: "네가" —> "우리가"; "선악을 알게 하는 나무의 실과" —> "동산
      중앙에 있는 나무".
  (3). 삭제: "여호와"; "모든"('콜'); "여호와 하나님이 …… 명하여 이르시되";
      "먹는 날에는"('베욤').
  (4). 첨가: "중앙"; "만지지 말라"; "지혜롭게 할만하다".
30 U. Cassuto, *A Commentary on the Book of Genesis*: Part One, *From Adam to Noah*,
147.

면 아무래도 하나님의 금령을 직접 받은 사람은 묵종하기가 더 힘들
것이기 때문이라는 게 그의 견해이다.[31] 만일 사탄이 그들 두 사람을
동시에 유혹의 대상으로 삼았다면 그들이 상부상조함으로 자신의 목적
을 이룰 수 없었을 것이라는 루폴드(Leupold)의 견해도 일리가 있다.[32]
여하간 본문은 두 사람이 함께 죄를 범했다고 분명히 밝힌다. 따라서
캔들리쉬(Candlish)는 하와가 자신이 취한 실과를 아담에게 줄 때 뱀이
논증한 바 그대로를 아담에게 전했든지, 아니면 적어도 자신이 그와 유
사한 논증을 전개하여 그에게 전했을 것으로 본다. 아담이 뱀의 논증에
대해 충분히 이해하고 동의하였기에 그 실과를 먹었을 것으로 그는 이
해한다. 그 실과를 먹기 전에 그들은 함께 의논하고 함께 타락했다는
것이다.[33] 어쨌든 간에 아담 자신도 범죄의 책임을 면할 수 없다는 사
실을 신약성경이 밝혀주고 있다(롬 5:12~21; 고전 15:22~45).

1. 창세기 3:6의 이해

창세기 3:6에는 하와의 다음과 같은 관점이 나타난다.

> 여자가 그 나무를 본즉 먹음직도 하고 보암직도 하고 지혜롭게 할 만큼 탐스
> 럽기도 한 나무인지라 여자가 그 열매를 따먹고 자기와 함께 있는 남편에게
> 도 주매 그도 먹은지라.

하와의 이러한 말에서 이미 그 귀추를 짐작할 수 있는데, 그것은 그가

[31] V. P. Hamilton, *Handbook on the Pentateuch: Genesis, Leviticus, Numbers, Deuteronomy*, 44-45.
[32] H. C. Leupold, ibid, 153.
[33] R. S. Candlish, *Studies in Genesis. Expository Messages* (Grand Rapids: Kregel, 1979), 72.

"선악을 알게 하는 나무의 열매"를 본 관점이 그로 하여금 그것을 따먹지 않을 수 없게 만든 것으로 볼 수 있기 때문이다. 특히 저자가 본문의 상반절(원문)에는 단순히 하와가 그 열매를 따서 먹었다고 간략하게 언급하지 않고 그 사실을 장황하게 열여섯 자로 묘사한 반면, 하반절에서는 다만 "자기와 함께 있는 남편에게도 주매 그도 먹은지라"라는 말로 짤막하게 처리하였다('와티텐 감-레이샤 임마 와요칼')는 사실이 시사하는 바가 크다. 카쑤토(Cassuto)는 하반절이 이렇게 짧은 것은 그의 행동이 신속했음을 보여준다고 이해한다.[34]

하와가 그 나무에 대해 표현한 "먹음직하다"(직역 "그 나무가 먹기에 좋다"), "보암직하다"(직역 "그것이 눈에 매혹적이다") 그리고 "지혜롭게 할 만큼 탐스럽다"라는 이 세 술어들은 모두 주어 앞에 놓여 강조(원문)되었으니 그의 관점이 어떠했는지를 짐작이 간다. 하와의 관점이 하나님께서 동산에 자라게 하신 나무들(원문 "모든 나무")이 "보기에 아름답고 먹기에 좋은 나무"라고 말씀하신 반면에, "생명나무와 선악을 알게 하는 나무"는 다만 "동산 가운데"에 있었다고 하신 것(창 2:9)과 정반대라는 것을 알 수 있다. 무엇보다도 놀라운 것은 그 나무가 "지혜롭게 할 만하다"("슬기를 얻다," "명철을 얻다")는 엉뚱한 욕심이 그의 마음을 사로잡았던 것이다. 하와는 이렇게 해서 한없이 어리석은 존재로 추락했고 그가 생각해낸 슬기로움은 악현(惡賢)으로 둔갑한 격이 되었다. 과연 그 누가 슬기롭고 명철한 인물이며 또 어떻게 해야 그렇게 될 수 있는가? 시편 기자는 119:97~104에서 명철이란 주의 법을 사랑하고, 묵상하고, 항상 자신과 함께 있게 하고, 지키고, 교훈삼고, 떠나지 아니하고, 달게 여기고, 모든 거짓된 길을 미워함으로 얻는다고

---

[34] U. Cassuto, *A Commentary on the Book of Genesis*: Part One, *From Adam to Noah*, 147.

분명히 밝혀주고 있다.

　이처럼 하나님의 금령이 전혀 안중에 없었던 하와의 관점은 돌이킬 수 없는 결과를 초래하고 말았다. 원래 창조의 제3일에 "땅이 …… 각기 종류대로 씨 가진 열매 맺는 나무를 내니 하나님의 보시기에 좋았더라"(창 1:12) 그리고 2:9에 "보기에 아름답고 먹기에 좋은 나무"라고 하나님께서 평가하신 이 나무들에 대해서는 전혀 관심이 없었던 하와가 오히려 하나님께서 지목하시어 금한 그 나무가 "좋다"(3:6a)고 평가한 것이다. 마침내 그는 "선악을 알게 하는 나무"의 열매를 취함으로 선은 저버리고 악을 택하는 우를 범하였다. 놀랍게도 하와의 고백 가운데에는 십계명의 마지막 계명에서 금한 것과 똑같은 두 동사가 나타난다. 출애굽기 20:17에는 같은 동사 "탐하다"가 두 번 사용되었다. 신명기 5:21에는 창세기 3:6과 똑같은 동사들이 나타나는데 다만 그 순서가 다를 뿐이다. 즉, 신명기에는 "탐하다" 다음에 "갈망하다", "몹시 탐하다"가 사용된 반면에 창세기 3:6에는 "갈망하다" 다음에 "탐하다"가 사용되었다. 창세기 3:6은 하와가 그 나무의 열매를 주목할 때에 안목의 정욕을 채우려 갈망하였고 악심을 품고 총명을 얻으려 탐하여 그것을 먹었다고 밝혀준다. 이 동사 "탐하다"('하마드')는 흔히 본문에서처럼 바람직하지 못하다는 뜻으로 쓰이는 문맥에서 사용된다.[35] 따라서 클라인(Kline)이 잘 지적한 바와 같이 하와가 의지적으로 하나님의 금령을 경시하고 사탄의 감언을 선호한 것은 최초의 반(反)신앙적 태도로서 그가 사탄의 신학에 동조한 것이다.[36] 라쉬(Rashi)는 본문의 "보다"('라아') 동사가 "이해되었다"는 뜻으로 사용되었다고 보고 하와가 뱀에게 설

---

[35] 신 5:21을 위시하여 민 11:34("그 곳 이름을 기브롯 핫다아와라 불렀으니 욕심을 낸 백성을 거기 장사함이었더라"), 시 106:14("광야에서 욕심을 크게 내며 사막에서 하나님을 시험하였도다"), 잠 21:26("어떤 자는 종일토록 탐하기만 하니 의인은 아끼지 아니하고 베푸느니라"). *HALOT*, 20.

[36] M. G. Kline, ibid, 85.

득되었다고 주장한다. 나흐마니데스(Nachmanides)와 스포르노(Sforno)는
이 동사가 실제로는 그 나무의 일반적 외양과 상태가 하와로 하여금 스스
로 두려워하게 할 만큼 그리 치명적이지 않았다는 확신을 갖게 해주었음
을 뜻한다고 이해한다.[37]

분문이 하와의 이러한 관점을 상세하게 제시한 데에는 그럴만한
이유가 있다고 생각된다. 본문에서 "보다"라는 말은 단순히 사물을 시
각적으로 보는 차원을 넘어 그것을 마음에 깊이 새기거나 담는 것을
뜻한다. 하와는 그 나무에 대해 선택적이고 집중적인 반응 곧 안목의
욕심에 찬 반응을 보였다고 이해할 수 있다. 카쑤토(Cassuto)는 창세기
30:1,9의 라헬("라헬이 자기가 야곱에게서 아들을 낳지 못함을 보고")
과 레아("레아가 자기의 생산이 멈춤을 보고")의 경우를 예로 제시한
다.[38] 결국 하와의 이러한 관점은 하나님의 말씀은 안중에 전혀 없는
불신앙적이고 인본주의적 관점의 표본임을 시사한다. 사탄의 미혹에
빠진 아담과 하와는 하나님을 향하는 진실함과 깨끗함에서 떠나 부패
한 자리로 추락한 것이다(고후 11:3 참조). 칼빈(Calvin)은 만일 우리가
자신의 구원을 유념한다면 그것을 파괴하려고 계속해서 덫을 놓는 사
탄과는 결코 평화 조약이나 휴전을 해서는 안 된다고 경고한다(창 3:
1~5; 마 13:28,39; 요 8:44; 요일 3:8).[39] 그러므로 하와는 하나님의 말씀
에 굳게 서서 "하나님이 참으로 …… 하시더냐"라는 사탄의 유혹적 화
두 자체에 대하여 예수님께서 사탄의 시험을 "사람이 …… 하나님의
입으로부터 나오는 모든 말씀으로 살 것이라"(마 4:4), "주 너의 하나님
을 시험하지 말라"(7절) 그리고 "사탄아 물러가라 …… 주 너의 하나님

---

[37] *The Soncino Chumash*, 13.

[38] U. Cassuto, *A Commentary on the Book of Genesis*: Part One. *From Adam to Noah*, 147.

[39] J. Calvin, *Calvin: Institutes of the Christian Religion*, vol. I, I. XIV. 15, 174.

께 경배하고 다만 그를 섬기라"(10절)라는 말씀으로 물리치심 같이 하
거나, 요한2서 10~11절 말씀처럼 아예 그에게 일언반구의 대꾸도 하지
말고 무시해버리고 물리쳤어야 마땅한데도 그렇게 하지 않았다. 더욱
이 사탄과 하와의 대화 내용을 보면 하와는 사탄의 첫 질문에 우호적
으로 대꾸할 뿐 아니라 사탄의 터무니없는 결론에 대해서도 전혀 반박
을 하지 않았다. 오히려 하와는 하나님이 질투하시여 인간을 열등한 존
재로 머물러 있게 하려고 금령을 내렸다는 사탄의 결론을 근거로 하여
즉각 하나님의 말씀을 거역하는 행동에 들어갔다. 웨스트민스터 신앙
고백에서 밝힌 대로 "무죄한 상태에서 인간은 선하고 하나님을 기쁘시
게 할 것을 뜻하고 행할 수 있는 도덕적 자유와 능력을 가졌었다"(창
1:26; 전 7:29. 제9장 자유의지에 관하여). 그럼에도 불구하고 아담과
하와는 하나님의 형상을 따라 창조된 것과 창조주로부터 받은 분에 넘
치는 복에 만족하고 감사할 줄 모르고 결국 하나님과 동등하게 되겠다
는 사탄적 배역(背逆)을 통해 타락하고 만 것이다. 휴즈(Hughes)는 그
들의 죄에 대해 다음과 같이 적절하게 평가하였다.

> 그들의 죄의 핵심은 피조물이 자신을 스스로 창조주의 위치에 두고, 하
> 나님과 동등하게 되려 하고, 하나님보다는 자신을 모든 것의 조정자와
> 통치자로 현세의 중심에 두려고 한 데에 있다. 죄라는 것은 인간이 자
> 신의 창조자이신 하나님께 대한 반역인 동시에 피조물로서의 자신의
> 타고남에 대한 반역이다.[40]

캔들리쉬(Candlish)는 그들이 하나님의 선하심과 공의로우심 그리고
그의 거룩하심을 의심했다고 옳게 평가하였다.[41] 이러한 불가해한 죄

---

[40] P. F. Hughes, *Commentary on the Second Epistle to the Corinthians*, NICNT (Grand Rapids: Eerdmans, 1962), 205.

[41] R. S. Candlish, ibid, 65.

를 짓고도 오히려 숨어버린 그들임에도 불구하고 하나님께서는 아담을
먼저 찾아오셔서 다정한 음성으로 불러주셨다. 창세기 3:9의 "네가 어
디 있느냐"라는 하나님의 이 외마디의 물으심('아에카')은 구약성경 본
문에서만 유일하게 나타난다는 사실을 감안할 때 이 얼마나 감격스러
운 말씀인지! 하나님의 이 음성은 잃은 양을 찾는 선한 목자의 부드러
운 음성[42]으로서 구원으로 초대하는 초청의 음성이었다. 카일과 델리
취(Keil & Delitzsch)는 이 말씀이 하나님께서 그들로 하여금 죄를 고
백하게 하시려고 하신 것으로 이해한다.[43] 이렇게 해서 하나님께서는
복음(창 3:15)을 통해 그들 자신과 또 선택된 그들의 후손까지 구원받을
길을 마련해 주신 것이다. 따라서 존 머리(Murray)는 창세기 2: 16~17의
말씀을 행위언약이라고 부르는 것 자체를 못마땅하게 여겼던 것이다.
그는 그 이유를 무엇보다 "행위"라는 용어에는 은혜의 요소가 적절하게
제시되지 못하기 때문에 그러하다고 역설한다.[44] 이 견해가 하나님께서
아담과 하와에게 금령을 주신 원래의 선하고 복된 의도를 이해하는 데
에 도움이 된다. 로벗슨(Robertson)도 동일한 이유에서 기존의 명칭보다
는 "창조 언약" 또는 "구속 언약"이라는 표현을 선호한다.[45]

---

[42] V. P. Hamilton, *The Book of Genesis Chapters 1~17*, 193.

[43] C. F. Keil & F. Delitzsch, *Commentary on the Old Testament*, vol. I, *The Pentateuch*, 97.

[44] J. Murray, "The Adamic Administration," *Collected Writings of J. Murray*, vol. 2, *Selected Lectures in Systematic Theology* (Edinburgh: The Banner of Truth Trust, 1977): 49-50.

[45] O. P. Robertson, *The Christ of the Covenants* (Philipsburg, NJ: PRP, 1980), 54-57.

III
창세기 3:15의 문맥

창세기 3:15에는 하나님께서 아담과 하와를 책망하시고 뱀을 저주하신 다음에 원복음의 내용이 수록되었다. 하나님께서 아담에게 "내가 너더러 먹지 말라"고 하셨다는 본문의 이 말씀은 창세기 2:16,17의 금령을 가리킨다.

> 여호와 하나님이 그 사람에게 명하여 이르시되 동산 각종 나무의 열매는 네가 임의로 먹되 선악을 알게 하는 나무의 열매는 먹지 말라 네가 먹는 날에는 반드시 죽으리라 하시니라.

본문 16b에서 "동산 각종 나무의 열매"와 17절에서 "선악을 알게 하는 나무의 열매"가 동사 앞에 도치되어 매우 강조되었다. 이러한 구조는 이미 아담과 하와가 동산에 있는 각종 나무의 실과를 원하는 대로 마음껏 먹도록 허용된 서살을 역설한다(16b. 역시 1:29). 반면 선악과는 결코 먹어서는 안 된다고 하나님께서 분명히 못 박으셨다. 그것을 먹는 그들은 반드시 죽게 된다는 죽음의 확실성이 본문에 명시되었다. 따라서 창세기 3:15은 아담이 하나님과 체결한 이 행위언약을 파기한 사실을 전제하고 있다. 그러나 하나님의 금령을 거역하여 타락한 인류의 조상 아담과 하와는 죄를 범한 즉시 하나님 앞에 나아가 죄를 자복하고 용서를 구하기보다는 오히려 두려움에 사로잡혀 그분의 낯을 피해 동산 나무 사이에 숨어 버렸다(창 3:8). 그럼에도 불구하고 하나님께서는 그들을 찾아오셔서 부르셨다. "네가 어디 있느냐"(9절). 하나님께서 이렇게 물으신 것은 다름이 아닌 그들을 구원하시기 위해 부르시는 창조주 하나님의 음성이었다. 하나님께서는 이 동일한 음성으로 아브람을 갈대아 우르에서 그리고 사울을 다메섹 도상에서 부르셨다. 하나님 앞에서 더 이상 피할 수 없게 되자 아담은 "내가 동산에서 하나님의 소리를 듣고 …… 숨었나이다"(창 3:10)라고 하나님께 고백하였다. 일부 역본들은 "하나님의 소리"(원문)를 "당신의 음성" (LXX, V, KJV, Luther)으로 번역하였다. 원문에서 목적어가 동사 앞에 놓여 강조된 형태를 감안하여 이 부분을 "하나님의 음성을 내가 동산에서 듣고"라고 번역하는 것이 좋을 것이다. 이런 표현은 하나님의 현현이 그들에게는 경악스럽고 달갑지 않음을 나타내는 것으로 이해될 수 있다. 그분은 이제 반갑지 않은 불청객이요 어떻게 해서든지 피하고 싶은 존재이다. 그래서 하나님께 대한 그들의 말투는 자연적으로 공손하지 못하고 불손하기 짝이 없었다. 죄를 범한 그들을 친히 찾아오신 고마우신 하나님께 거침없이 모든 책임을 여자에게 전가하는 듯한 아담의 어투는 결국 그 책임을 하나님께 돌리는 것이나 다름이 없다(12절).

> 아담이 이르되 하나님이 주셔서 나와 함께 하게 하신 여자 그가 그 나무 열매를 내게 주므로 내가 먹었나이다(3:12).

본문(원문) 상하절의 구분을 나타내는 부호인 '아트나흐'가 문장의 초두인 "아담이 이르되"라는 두 글자 다음에 놓였고 이와는 대조적으로 아담의 대답이 수록된 하반절에는 열 글자로 되어 있다는 점을 우리

가 유의할 필요가 있다. 그리고 하반절에서 "그 여자"(hā'ishshâ)라는
독립 주격명사(casus pendens)와 "그"("she")라는 강세적 대명사(3인
칭 여성 단수)가 사용되었다는 사실도 주의 깊게 보아야 할 것이다.
아담의 이런 식의 대답이 곧 하나님께 모든 책임을 전가하는 것이 아
니고 무엇이겠는가? 하와의 핑계가 기록된 13절 역시 아담의 그것과
별 차이가 없다. 여기에서도 주어인 "뱀"이 문장 앞에 놓여('하나하쉬
히쉬아니 와오켈') 하와가 모든 책임을 뱀에게 떠넘기려 했음을 드러낸
다("뱀이 나를 꾀므로 내가 먹었나이다"). 타락한 하와의 이러한 언행
은 이미 그가 창세기 3:6에서 사탄의 논조에 동조하였고, 그래서 이제
는 사탄의 속성을 습답하고 있다는 사실을 밝히 보여준다고 하겠다.
하나님께서 죄를 범한 아담과 하와를 먼저 친히 찾아주셨는데도 타락
한 그들에게서는 회개의 모습이란 추호도 엿볼 수 없었다. 오히려 그
들은 책임을 남에게 전가하기에 급급하였다. 죄인은 결코 스스로 회
개할 수 없고 오직 하나님의 은혜에 의해서만 그렇게 할 수 있다는
심오한 교훈을 여기에서 우리는 얻는다. 박윤선은 다음과 같이 적절
히 지적해주었다.

> 행위계약의 제도 하에서는 회개함으로 회복되는 법이 없다. 회개는 은혜계
> 약에만 속한다.[1]

아담과 하와의 이러한 배역에도 불구하고 하나님께서는 그들과 관계를
회복하시려는 구원 계획을 지체 없이 피력하셨다(15절). 창세기 3:14~
19의 문장이 모두 강세형으로 표현된 것은 그 내용의 심오성을 잘 드
러내며 그 중에서도 특히 15절이 그러하다. 학자들 간에서는 창세기

1 박윤선, 『창세기, 성경주석: 창세기 출애굽기』(서울: 영음사, 1981), 198.

2~3장의 절정이 어디인가에 많은 관심을 기울여왔다. 이에 대한 견해
들을 켐프(Kemph)가 소개한 바 있다. 통시적 견지에서는 3:22~24(G.
Coats), 공시적 견지에서는 2:25 혹은 2:25~3:7(J. Fleming, P. Trible),
교차대구법적 견지에서는 3:6~8(J. T. Walsh, P. Auffret, H. Blocher, G.
Wenham)이 그리고 켐프 자신의 입장인 직선적 견지에서는 3:14~19이
그 절정을 이룬다고 한다. 켐프는 2~3장이 죄의 기원과 실제 타락을 진
술한다고 보며 3:14~19에 나타난 특별한 문법적 신호가 이 구절들을
2~3장의 절정으로 보이게 한다고 이해하나 그 클라이맥스는 3:19이라
고 주장한다.[2] 하지만 영(Young)이 창세기 3장의 사건 진행이 창세기
3:15에 나타난 약속에 의해 그 절정을 이룬다고 이해하는데 이것이 성
경의 주장과 부합하다.[3] 3:11~17의 구조는 교차대구법(chiasmus)으로
되어 있다(A:B:X:B':A').

　11절　남자에게 질문(A)
　　13절　여자에게 질문(B)
　　　14~15절　뱀에게 저주 선언(원복음의 약속 포함)(X)
　　16절　여자에게 징계(A')
　17절　남자에게 징계(B')

위에서 보는 바와 같이 15절에 선포된 원복음은 하나님께서 뱀을 저
주하시면서 타락한 인류의 조상에게 주신 약속이다. 그러면 왜 하나
님께서 뱀에게는 아담과 하와와는 달리 아무런 질문도 하지 않으시고

---

[2] S. Kemph, "Genesis 3:14~19: Climax of the Discourse?" *JOTT* 6 no. 4 (1993): 354-58,374-75.

[3] E. J. Young, *In the Beginning: Genesis Chapters 1 to 3 and the Authority of Scripture*, 105.

저주만 하셨는가? 그리고 이 약속은 또 어찌하여 인간에게 직접 선포되지 않고 뱀에게 저주하는 이런 방식으로 선포되었는가? 첫째 의문에 관해 카쑤토(Cassuto)는 하나님께서 이렇게 하신 것의 해결책은 아마도 고대 신화에 대한 토라(Torah)의 일반적 견해에서 비롯되었다고 보는 데서 찾을 수 있을 것이라고 설명한다. 즉, 이것은 고대 사회에서 널리 알려진 뱀과 괴물들이 창조자에게 대항해서 반역하여 그의 뜻을 거역했다는 대중적 신앙을 토라가 반박하기 위한 것이었다고 한다. 그리고 창세기 3장에 나타난 뱀을 다만 평범한 피조물로 이해하는 랍비들의 견해에 의하면, 뱀은 심판을 받기 위해 호출되거나 하나님 앞에서 발언할 권리가 없었다. 뱀은 다만 그에게 합당한 책망을 받고 하나님의 명령에 의해 그의 운명이 영원히 결정된 것뿐이라고 카쑤토는 주장한다.[4]

둘째 의문에 관한 뵐(Böhl) 견해는 이러한 비성경적 견해와는 전혀 다르다. 그에 의하면 타락한 인간에게서는 어떤 선한 소원이나 행위도 기대할 수 없었음이 명백하기 때문에 타락한 인간은 이 구원의 말씀을 들어야 했으나 거기에 동참하도록 부름 받지는 못했다. 그런데 감사하게도 하나님께서는 유혹한 자와 유혹 받은 자 사이에 원수 관계를 설정하시고 사탄의 계획에 균열이 생기게 하셨다. 그래서 인간을 사탄으로부터 분리시키고 인간에게 이 원수에 대한 증오심을 불어넣는 것이 하나님의 관심사이었다. 만일 이런 원수 관계가 아니었다면, 사탄과 인간은 가장 친밀한 사이가 되었을 것은 말할 나위도 없다. 또한 하나님께서 사탄에게 직접 말씀하시기보다는 뱀에게 말씀하신 것에 대해서도 뵐은 카쑤토와 이해가 다르다. 그에 의하면 하나

---

[4] U. Cassuto, *A Commentary on the Book of Genesis*: Part One, *From Adam to Noah*, 158-59.

님께서는 뱀의 배후에 있는 그 유혹자를 직접 상대하여 고상한 말이
나 천사의 방언으로 그를 분쇄시킴으로써 그를 명예롭게 하지 않으시
기 위함이었다. 하나님은 사탄 자신이 택하여 들어간 뱀 옆에 머물러
계시며 그 속에서 사탄을 잡으시고 묶으시는 비밀을 알고 계셨기 때
문에 이렇게 하신 것이라고 뵐은 설명한다.[5] 박윤선은 구원은 하나님
의 단독사역인데, 사람과 뱀을 서로 원수가 되게 하시는 이가 하나님
이시고 사람이 마귀와 원수 된 상태가 구원이라고 단언한다.[6]

5 에드워드 뵐,『구약 속의 그리스도』, 권호덕 옮김 (서울: 도서출판 그리심 2003), 34.
6 박윤선,『창세기, 성경주석: 창세기 출애굽기』, 107.

IV
창세기 3:15의 이해

창세기 3:15의 개역개정판 번역은 다음과 같다.

> 내가 너로 여자와 원수가 되게 하고
> 너의 후손도 여자의 후손과 원수가 되게 하리니
> 여자의 후손은 네 머리를 상하게 할 것이요
> 너는 그의 발꿈치를 상하게 할 것이니라.

우리는 본문 구조에서 몇 가지 주목할 만한 점들을 발견한다. 우선, 초두(원문)에 나타나는 접속사 '와우'는 대다수 역본들이 "그리고"(LXX, Luther, KJV, NASB, NIV 등)로 번역하거나 생략한다(V, JB, NRSV 등). 그러나 엉거(D. J. Unger)는 이 접속사를 번역할 것을 강조한다. 그는 이 '와우'가 강세적 불변화사로서 벌을 가중시키는 성격을 띠는 "더욱이" 또는 "참으로"라고 번역되어야 한다고 주장한다. 이 접속사가 바로 14절과 15절을 밀접하게 연관시켜 벌의 중함을 나타낸다는 것이다.[1] 본문의 원수 관계는 (1) 뱀과 여자, (2) 뱀의 후손과 여자의 후손, (3) 그리고 나서 "그"(원문)와 "너" 사이에 이루어진다. 다시 말해서 최종적 대결은 "여자의 후손"과 "뱀의 후손"이 아니라 "그"와 "너" 사이에서 이루어진다. 본문의 "원수"를 일부에서는 단순한 "적개심"이나

---

[1] D. J. Unger, "The First Gospel: Genesis 3:15," 7,19.

"반목" 정도로 가볍게 다룬다. 이 견해에 의하면 본문에서는 뱀과 여자 사이의 관계가 단순한 원인론적 관계인 뱀과 인간의 반목 관계에 지나지 않는다는 해석이 나올 수밖에 없다. 이 단어가 과연 그 정도의 내용을 뜻하는가는 차치하더라도 뱀과 인간의 관계가 세계 어느 곳에서나, 어느 시대에나 그리고 누구에게나 이러한 반목 관계에 놓여 있는 것인지도 의심스럽다.

1. 창세기 3:15a에 나타난 "원수"('êbâ) 관계의 이해

창세기 3:15을 올바로 해석하기 위해서는 먼저 원문에서 "원수"('에바') 라는 이 단어가 문장 초두에 위치한 강조 형태라는 사실에 주목할 필요가 있다.[2] 본문에 나타나는 용어 "원수"는 구약성경에서 본문을 포함하여 모두 5회(창 3:15; 민 35:21과 22; 겔 25:15; 35:5) 사용되었다. 이 다섯 구절에서 창세기 3:15은 여자의 후손인 "그"와 뱀인 "너" 사이의 원수관계, 민수기 35:21~25은 개인 간의 원수 관계 그리고 에스겔 25:15; 35:5은 민족 간의 원수 관계 곧 이스라엘과 블레셋 그리고 이스라엘과 에돔의 원수 관계를 진술하고 있다. 아래에서 이 용어가 사용된

---

[2] LXX "καὶ ἔχθραν θήσω …". V "inimicitias ponam …". Young "Enmity will I place …"(E. J. Young, *In the Beginning : Genesis Chapters 1 to 3 and the Authority of Scripture*, 105). 김재준은 15절을 아래와 같이 잘 번역했다. 그러나 그는 창 1:1~2:4a를 사제문서 (P)로 그리고 2:4b~3:24를 야훼문서(J)로 이해하여 "맨 처음에 하나님이 하늘과 땅을 지어내실 새"(창 1:1) …… "야-웨- 하나님이 땅과 하늘을 만드신 날에(2:4b) ……"로 옮긴다.

『내가 원수를 맺어 두노라 -
너와 여인과의 사이에, 또 네 씨와 여인의 씨와의 사이에,
그(三人稱單數)는 너의 머리를 상할지며
너(二人稱單數)는 그의 발굽치를 상하리라.』 -『맨처음에』 (창세기 三O一~二四 金在俊 新譯「十字軍」第一卷 第五號 [1937년 10월 29일], 17-20.

성구들을 주의 깊게 검토하는 것이 본문의 메시지를 이해하는 데에 도움이 될 것이다.

가. 개인적 "원수"인 악의적 살인자(민 35:21~25)

민수기 35:21,22a는 "원수" 관계가 개인의 "악의"에 의한, 혹은 "우연"에 의한 살인 문제 때문에 발생한 것인지의 여부에 관한 규례를 언급하고 있다.

> [21]악의를 가지고('베에바') 손으로 쳐죽이면 그 친 자는 반드시 죽일 것이니 이는 살인하였음이라 피를 보복하는 자는 살인자를 만나면 죽일 것이니라 [22]악의가 없이('베로-에바') 우연히 사람을 밀치거나 기회를 엿봄이 없이 무엇을 던지거나 [23]보지 못하고 사람을 죽일 만한 돌을 던져서 죽였을 때에 이는 악의도 없고('로-오예브') 해하려한 것도 아닌즉 [24]회중이 친 자와 피를 보복하는 자 간에 이 규례대로 판결하여 [25]피를 보복하는 자의 손에서 살인자를 건져내어 그가 피하였던 도피성으로 돌려보낼 것이요 그는 거룩한 기름 부음을 받은 대제사장이 죽기까지 거기 거주할 것이니라(민 35:21~25).

여기에서 "악의로 살인하다"라는 용어는 십계명에서 살인을 금할 때 사용된 것과 동일한 동사 '라짜흐'(출 20:13)이다. 따라서 이러한 종류의 살인은 제6계명을 범하는 악행이므로 고살한 범죄자는 반드시 죽임을 당하도록 모세의 율법에 명시되었다. 원문(21절)의 문장 구조는 아래와 같이 강조된 형태이다. (1) "악의를 가지고"('베에바')를 동사 앞에 위치시킴, (2) "죽는다"라는 동사의 부정 독립형('모트-유마트', "반드시 죽임을 당할 것")이 사용됨, (3) 명사 문장에서 술어를 도치하여 앞에 둠('로쩨아흐 후'). 따라서 이 표현을 "살인자는 그다"로 번역하는 것이 원저자의 의도를 잘 드러낸다고 본다. (4) 하반절의 주어인 "피를 보복하는 자"('고엘 하담')를 동사 앞에 위치시킴, (5) "그를 만나거든"('베피 그오-보')을 카일과 델리취(Keil & Delitzsch)는 "언제든지 그리고 어디에서든지 만나거든",[3] ZB와 노르드제이(Noordtzij)[4]는 "만나는 즉시"로 각각 번역하였다. 본문의 이러한 강조 형식을 고려할 때에 21~22a의 원수 관계에서 악의로 살인한 자가 반드시 살해되어야 하는 것이 철칙임이 드러난다. 이러한 고의적 살인자와는 달리 어떤 사람이 비록 살인은 했을지라도 "악의가 없이 우연히" 그리고 "악의도 없고 해하려 한 것도 아닌"데 그런 일이 발생했을 때에는 그를 도피성으로 피신시켜 죽임을 면하게 하였다.

나. 이스라엘의 주적(主敵) 블레셋

에스겔 25:15은 민족 간의 "원수" 관계인 이스라엘과 블레셋의 관계를 다루고 있다.

> 주 여호와께서 이같이 말씀하셨느니라 블레셋 사람이 옛날부터 미워하여 멸시하는 마음으로 원수를 갚아 진멸하고자 하였도다.

본문은 블레셋 사람들이 이스라엘을 "옛날부터 미워하여"('에바트 올람') 진멸하고자 하였다고 밝힌다. 실버슈타인(Silberstein)은 그레이(J. Gray)의 저서『가나안 사람들』에서 "블레셋"이 4회밖에 언급되지 않은 사실에 놀라움을 금하지 못하면서, 그들은 가나안의 최강 민족이요, 이스라엘의 생존 자체에 위협을 준 민족이라고 지적한 바 있다.[5] 그러면

---

[3] C. F. Keil & F. Deliltzsch, *Commentary on the Old Testament*, vol. 1, *The Pentateuch*, 263.

[4] A. Noordtzij, *Numbers*, BSC, trans. by Ed van der Maas (Grand Rapids: Zondervan, 1983), 300.

블레셋이 어떤 면에서 이스라엘의 생존 자체에 위협을 주었다는 것인가? 성경에 블레셋은 함의 자손들이 소개되는(창 10:6~10) 창세기 10:14에 처음 언급되었다.

> [13]미스라임은 루딤과 아나밈과 르하빔과 납두힘과 [14]바드루심과 가슬루힘과 갑도림을 낳았더라 (가슬루힘에게서 블레셋이 나왔더라).

14절의 히브리어 텍스트는 "가슬루힘" 다음에 "블레셋이 거기에서 나왔더라"라고 진술한다. 본문과 역대기상 1:11~12에 나타나는 내용을 다수의 역본들(LXX, V, KJV, Luther, JPSV, NIV, NASB, ESV)은 히브리어 텍스트를 그대로 번역했으나 비평적 역본들은 원문을 수정하여 블레셋이 "가슬루힘"보다는 "갑도림"(즉 크레테)에게서 나온 것으로 만들었다(LR, Moffatt, JB, NRSV, REB). 역시 공동번역성서의 "……바드루스족, 가슬루족, 갑돌족이 나왔다. 이 갑돌족에서 블레셋 족이 나왔다", 표준새번역의 "…… 바드루스와 가슬루와 크레테를 낳았다. 블레셋이 바로 크레테에게서 나왔다" 그리고 Tanakh의 "바드루시, 가슬루힘, 그리고 갑도림(난외주. "즉, 크레테 족; 선명도를 위해 뒤로 옮겼다. 참조. 암 9:7"), 거기에서 블레셋이 나왔다" 등이 이와 유사하다. JB도 동일한 번역을 택하고 난외주에 "텍스트가 '그리고 갑도림'을 '블레셋' 다음에 두었으나 사실은 블레셋이 갑돌에서 나왔다, 여호수아 13:2"이라는 설명을 달았다. 이 번역들은 아모스 9:7에 무게를 둔다.

> 여호와의 말씀이니라 이스라엘 자손들아 …… 내가 이스라엘을 애굽 땅에서, 블레셋 사람을 갑돌에서 올라오게 하지 않았느냐(암 9:7).

---

5 R. A. S. Macalister, *The Philistines: Their History and Civilization* (Chicago: Aargonaut, 1965)의 A. Silberstein, "Introduction," v 참조.

그들은 본문의 말씀에 맞추어 블레셋인들의 기원을 크레테에서 온 에게인(Aegean)으로 보거나, 가나안 정복 사건(수 13장)과 일치시킴으로써 창세기 10:13~14과 족장 시대(창 21:32,34 "블레셋 족속의 땅"; 26:1,8 "블레셋 왕 아비멜렉"; 14~18 "블레셋 사람")와 연관된 언급이 시대착오라고 주장하려는 데 그 의도가 있다. 이러한 입장은 몇몇 창세기 주석에서도 반영되었다(Skinner와 Speiser는 암 9:7뿐만 아니라 신 2:23; 렘 47:4도 제시한다). 이들은 블레셋인들이 가나안에 출현한 시기를 주전 1200년 이후로 가정하는데 이것은 그들이 출애굽과 가나안 정복 시기를 추정한 시기와 일치한다. 그러나 창세기 10:13~14 본문에 언급된 바와 같이 이미 아브라함 이전 시대인 기원전 3000년 이후에 애굽에서 가나안 남부로 종족 이동이 있었다는 고고학자들의 증언도 무시해서는 안 될 것이다. 킷츤(Kitchen)이 지적한 바와 같이 우리가 창세기에 나타난 블레셋을 주전 1200년 이후에 등장하는 블레셋과 동일시할 필요는 없다. 족장시대에 등장하는 블레셋인들은 지중해 해안의 다섯 도시(Pentapolis)가 아닌 그랄(Gerar) 지역을 중심으로, 한 왕의 통치를 받은, 호전적이 아닌 사람들로 성경에 묘사되었다. 그는 성경 저자가 이 유사한 두 그룹을 "블레셋"이라는 이름으로 칭한 것으로 이해한다.[6] 이 문제에 대한 여러 견해를 소개한 카쑤토(Cassuto)는 그 해결책으로서 제자인 그린쯔(Y. M. Grintz)의 견해가 바람직하다고 제시한다. 즉, 족장시대의 블레셋인들은 거주 지역, 정치제도, 경제, 사회생활 그리고 이스라엘에 대한 태도에 있어서 가나안 정복 이후의 블레셋인들과는 달리 족장들과 화목한 관계를 유지한 무리들이라는 것이다.[7]

---

[6] K. A. Kitchen, "Philistines," *Peoples of Old Testament Times*, ed. by D. J. Wiseman (1973), 특히 56-57 참조.

[7] U. Cassuto, *A Commentary on the Book of Genesis*: Part Two, *From Noah to Abraham*, 206-209.

그렇다면 북쪽 육로를 통해 가나안에 들어온 블레셋 인들은 아나톨리아(Anatolia)를 경유하여 힛타이트(Hittite) 제국과 우가릿(Ugarit) 그리고 아무르(Amurru)를 압도하며 들어왔고 다른 일부는 해로를 이용하여 크레타(Creta) 섬과 키프로스(Cyprus)를 거쳐 오면서 다른 바닷사람들과 합세하여 가나안에 들어온 것으로 이해할 수 있다. 지중해 해안에 정치적으로 조직된 가나안의 다섯 도시를 중심으로 블레셋은 점차 그 지역에서 막강한 세력으로 부상하게 되었다. 그들은 가나안의 문화뿐 아니라 종교까지 흡수하여 결국 가나안의 우상을 숭배하게 된다. 그들의 최종 목표는 물론 가나안 정복이었는데 이것은 두 말할 나위 없이 이스라엘을 타도하는 것이었다고 말할 수 있다. 모여(Moyer)의 견해처럼 이렇게 높은 수준의 물질문화와 정치적 조직력을 갖춘 그들의 세력은 급속히 팽창하여 드디어 이스라엘을 포위하기까지 이른 것이다. 따라서 외견상으로는 아직 정치적 통일을 이루지 못한 이스라엘은 그들로부터 국가적 존망의 위협을 받는 절박한 처지에 몰리게 된 듯하였다. 하지만 그들의 위협이 아무리 치명적으로 보인다 할지라도 가나안 땅은 하나님께서 선민에게 선물로 허락하신 약속의 땅이라는 사실을 이스라엘은 잊지 않았고, 무엇보다도 이스라엘의 전쟁은 여호와께 속한 것이라고 그분께서 친히 말씀하셨다는 사실도 기억하고 있었다. 이제 가나안 땅을 누가 정복할 것인가의 문제에 대한 답은 역사가 흐름에 따라 판명될 것이 자명한 사실이었다. 놀랍게도 우선 블레셋의 위협은 오히려 서로 다투고 경쟁적이었던 이스라엘로 하여금 하나로 뭉치도록 하는 전화위복의 결과를 가져다주었다.[8]

마침내 이스라엘과 블레셋의 "원수" 관계는 다윗의 출현으로 판도가 바뀌었다. 라솔(LaSor)은 솔로몬 시대에 블레셋과 이스라엘의 전

---

[8] J. C. Moyer, "Philistines," *ZPEB*, vol. 4: 768.

쟁 기록이 없는 것으로 보아 다윗이 블레셋 세력에 대해 종지부를 찍은 것으로 이해한다. 그는 이 결정적 승리의 근거를 사무엘하 5장에 둔다. 그들이 여호사밧 왕에게 조공을 바친 사실은 역대기하 17:11에도 나타난다. 하지만 그들은 또다시 여호람 왕 때에 일시적으로나마 아랍과 연합하여 침범한 일(대하 22:16~17)이 있기는 했지만 결국 웃시야가 그들을 제압했다(대하 26:6f.).[9] 브라이트(Bright)가 지적한 바와 같이 과연 블레셋은 이렇듯 한때 이스라엘에게 있어서 전멸의 위협을 주는 적이었다.[10] 카일(Keil)은 블레셋 사람들이 이스라엘의 주적(主敵)이라고까지 표현했다.[11] 이렇게 이스라엘과 블레셋은 불구대천의 원수였다. 구약성경은 여러 구절들에서 블레셋의 멸망을, 특히 이사야 선지자를 통해 하나님께서는 그들이 앗수르에 의해 멸망할 것을 다음과 같이 예언했다.

> [30] ······ 내가 네 뿌리를 기근으로 죽일 것이요 네게 남은 자는 살육을 당하리라 [31]성문이여 슬피 울지어다 성읍이여 부르짖을지어다 너 블레셋이여 다 소멸되리로다 대저 연기가 북방에서 오는데 그 대열에서 벗어난 자가 없느니라(사 14:30~31).

아모스 1:8에서도 하나님께서 "블레셋의 남아 있는 자가 멸망하리라"라고 말씀하셨다(역시 겔 25:16에 "남은 자"의 멸망 언급). 스바냐 선지자도 "여호와의 말씀이 너희를 치나니 내가 너를 멸하여 주민이 없

---

9 W. S. LaSor, "Philistines," *ISBE*, vol. 3 (1982): 842,843. 역시 H. J. Katzenstein, "Philistine. History," *ABD*, vol. 5 (1992), 326-28 참조.

10 "They were thus a menace to Israel such as she had never been called on to face before ··· aiming at conquest, they threatened Israel in her totality and with her life." J. Bright, *A History of Israel*, 3rd edition (Phila.: Westminster, 1980), 185.

11 C. F. Keil, *Biblical Commentary on the Prophesies of Ezekiel*, trans. by J. Martin (Grand Rapids: Eerdmans, 1968 Repr.), 210.

게 하리라"라는 심판의 말씀을 선포했다(습 2:5). 선민을 멸하려는 원수 블레셋에게는 하나님께서 친히 "분노의 책벌로 내 원수를 그들에게 크게('네카모트 게돌로트') 갚으리라 내가 그들에게 원수를 갚은즉 내가 여호와인 줄 그들이 알리라"(겔 25:17)라는 말씀으로 그들의 종말이 이를 것을 예언하셨다. 유다와 블레셋 간의 "원수" 관계는 유다의 마지막 왕인 히스기아의 승리로 인한 블레셋의 패망으로 끝을 맺는다.

> [7]여호와께서 그와 함께 하시매 그가 어디로 가든지 형통하였더라 ……
> [8]그가 블레셋 사람들을 쳐서 가사와 그 사방에 이르고 망대에서부터 견고한 성까지 이르렀더라(왕하 18:7~8).

8절의 원문은 3인칭 남성대명사 "그"를 첨가하여 동사 앞에 위치시킬 때에 '마케프'(maqqēp)로 연결하여 "그가 친히 쳤다"(hû -hikkâ. 불어역은 "lui-même battit" -TOB)라고 강조했다. JB의 번역("It is he who harassed the Philistines")은 공동번역성서의 번역과 동일하다("가자에 이르기까지 불레셋 전 지역을 감시망대니 요새화된 성이니 할 것 없이 모두 쳐부순 장본인이 바로 그였다"). 선민의 주적인 동시에 불구대천의 원수('에바')를 멸한다는 '후-힉카'("그가 친히 쳤다")가 창세기 3:15에서 원수를 상하게 할 때에 사용된 3인칭 남성대명사가 첨가된 형식 '후 예슈페카'("그가 네 머리를 상하게 할 것이다")와 유사한 것이 우리의 눈길을 끈다. 여하간 모여(Moyer)가 논평한 바와 같이 바빌론 왕 느부갓네살 통치 기간에 블레셋 도시들은 함락되었고 통치자들과 백성들을 추방되었다. 이것이 블레셋의 영구적 종말임이 증명되었다.[12]

---

12 J. C Moyer, ibid, 771. 역시 T. Dothan, "The Arrival of the Sea Peoples: Cultural Diversity in Early Iron Age Canaan," *Recent Excavations in Israel*, eds. by S. Gitin and W. G. Defer. AASOR 49 (Winona Lake: Indiana, 1989): 1-14와 그의 "Some Aspects of the Appearance of the Sea Peoples and Philistines in Canaan," *Griechenland, die Aegaeis, und*

다. 이교주의의 정수(精髓) 에돔

에스겔 35:5은 이스라엘과 에돔의 "원수" 관계를 다음과 같이 묘사한다.

> 네가 옛날부터 한을 품고 이스라엘 족속의 환난 때 곧 죄악의 마지막 때에
> 칼의 위력에 그들을 넘겼도다.

에돔은 "옛날부터 한"('에바트 올람', "a lasting enmity" -Moffatt)을 품고 이스라엘을 멸하려고 하였다는 것이다. 이스라엘에 대한 에돔의 증오심은 그들의 선조인 에서 자신의 말에서 잘 대변되었다("내가 내 아우 야곱을 죽이리라" -창 27:41b). 구약성경은 이스라엘이 출애굽 직후 민족적 새 출발을 위해 가나안으로 진입하려는 때부터 에돔의 방해를 받았다는 서술로서 두 민족 간의 '에바' 관계가 그 서막을 올린다(민 20:14~21; 21:4; 삿 11:17,18).[13] 그런데 가나안 정복 시기에는 이스라엘과 에돔의 접촉이 있었다는 기록이 별로 없다.

그러면 에돔 사람들은 어떤 민족이었는가? 발트렛(Bartlett)이 지적한 바와 같이 에돔은 이스라엘의 인근 국가들에게는 덜 알려져 있는데, 이유는 에돔에 대한 광범위한 역사적 기록이 없는 동시에 그 민족이 처한 고립 상태에 있었다.[14] 가나안 주변 국가들의 문헌과 고고학적 발굴에 의하면 그들의 역사가 주로 주전 13세기의 메르네프타(Mernephtah.

---

die Levante Während der "Dark Ages", ed. by S. Deger-Jalkozy (Vienna: 1982): 99-120.

[13] 창세기에서 에서와 에돔을 연관시키는 문제나 민수기와 신명기에서 이스라엘과 에돔의 접촉을 다루는 내용들에 대한 비평적 입장을 취하는 발트렛 및 기타 비평학자들의 견해는 J. R. Bartlett, "The Brotherhood of Edom," *JSOT* (1977): 8f. 참조.

[14] J. R. Bartlett, "Edom," *ABD*, vol. 2, 278. 에돔이 앗수르(주전 8세기 후반)와 바빌론(주전 6세기 이후) 그리고 페르시아 시대에 이르기까지의 간략한 역사는 특히 291-293 참조. 역시 발트렛의 "Edom," *ABD*, vol. 2 (1992): 278-95, "Edom and the Fall of Jerusalem 587 B. C.," *PEQ* 114 (1982): 13-24, "The Rise and Fall of Edom," *PEQ* 104 (1972): 26-37 참조.

주전 1235-1227년경) 기록과 라메세스 3세(Ramesses III. 주전 1198-
1167년경)부터 주전 600년까지로 나타난다는 것이 학계의 일반적 견
해이다. 그래서 그들의 발전 시기를 주전 13에서 8세기로 잡는다. 물론
우리는 비평학자들이 에돔의 가나안 출현 시기를 주전 13세기로 잡음
으로 출애굽 연대를 그 시기로 보는 견해를 받아들이지 않는다. 모압과
에돔의 발전 상황에 관해 글뤽(Glueck)은 아래와 같이 묘사하였다.

> 그들은 고도로 발전했고, 탄탄하게 조직되었고 그리고 내적으로 잘 구성된
> 왕국들이었다. 이 왕국들의 농업은 집약 농업이었고, 그들의 도자기들은 우
> 수하게 만들어졌고, 그들의 상업은 눈에 띌 정도로 정상화되었고 또한 그들
> 의 문학도 보통 수준이 아닌 듯하다. 이 왕국들의 부(富)는 앗수르의 지배하
> 에 있을 때조차도 에살핫돈에게 바친 조공을 미루어 짐작할 수 있다. 유다가
> 은 10미나를, 암몬이 금 2미나를, 모압이 금 1미나를 바친 데 비해 에돔은
> 은 12미나를 바쳤다.[15]

이스라엘과 에돔의 대립 관계는 사울 때에 이르러 이스라엘이 일시 왕
국을 남방으로 확장시키면서 에돔을 이긴 일이 있었다는 기록을 사무
엘상 14:47에서 찾아 볼 수 있다. 그러나 본격적 적대 관계는 다윗 시
대에 이르러서야 표출되었는데 그때에 다윗은 에돔을 굴종시켰다.

> [13]다윗이 소금 골짜기에서 에돔 사람 만 팔천명을 쳐죽이고 돌아와서 명성을
> 펼치니라 [14]다윗이 에돔에 수비대를 두되 온 에돔에 수비대를 두니 에돔 사람이
> 다 다윗의 종이 되니라 다윗이 어디를 가든지 여호와께서 이기게 하셨더라
> (삼하 8:13~14).

일부 비평학자들은 다윗과 에돔의 적대 관계가 정치 · 경제적 이해관계

15 N. Glueck, "The Civilization of the Edomites," ed. by D. N. Freedman and E. F.
Campbell, *BAR* 2 (1964): 52-53.

의 부산물이라고 이해하기도 한다. 예를 들어, 글뤽(Glueck)에 의하면 이스라엘과 에돔의 관계는 그들의 역사에서 중첩적으로 지속되는 적개심과 전쟁으로 점철되다시피 했다는 것이 그 특징이었다. 그런데 이 분쟁의 주된 원인은 와디 아라바(Wadi Araba)에 이르는 전략적으로 중요한 무역로를 점유하기 위한 힘겨루기에 있었다. 즉, 거기에 매장된 풍부한 동과 철을 수중에 넣는 일 그리고 아카바만의 엘랏(Eilat)을 필두로 하여 에시온게벨(Eziongebel)의 항만과 산업 요지를 지배하는 일이 그 요인이었다는 것이다.[16] 물론 다윗의 이 승리는 본인의 통치 시대뿐 아니라 이후 솔로몬의 통치 기간에도 아라바 지역의 풍부한 무역로를 확보하고 에돔의 광산들을 장악하는 데 큰 이점을 제공해준 것이 사실이다. 그러나 신정국가인 유다와 이교의 대표적 국가인 에돔의 관계를 이처럼 종교와 정치를 구분하여 생각하는 것은 당시의 통례로 보아서도 이치에 맞지 않는다. 비록 하닷이 일시 반기를 들어 솔로몬을 괴롭혔으나 심각한 위협을 줄 정도는 아니었다("여호와께서 에돔 사람 하닷을 일으켜 솔로몬의 대적이 되게 하시니" 왕상 11:14~22).

분열 왕국 이후에도 이 두 국가 간의 "원수" 관계는 지속되었다. 물론 이 때에 유다의 국세가 전보다 약해진 것은 사실이나 그럼에도 불구하고 에돔은 유다에 예속된 봉신국 상태에 있었다. 이 사실을 유다의 여호사밧 왕 시대에 "그 때에 에돔에는 왕이 없고 섭정왕이 있었더라"(왕상 22:47)라는 말씀이 잘 나타내 준다. 한때는 에돔이 여호람 왕에게 반역한 일이 있었는가 하면(왕하 8:20~22) 그 후에는 아마샤 왕이 에돔을 얼마 동안 굴복시킨 일도 있었다(왕하 14:7; 대하 25:11f.). 하지만 아하스 때에 에돔이 유다를 이기고 엘랏을 되찾았다(대하 28:17; 왕하 16:6)고 하는데 아마도 이후에 유다가 다시는 에돔을 통치하지 못한

---

16 Ibid, 55-56.

듯하다. 에돔 왕국은 거의 100년 동안 앗수르에 종속되었다가 주전
604년에는 바벨론에 굴종하게 된다(렘 27:2f.,6; 49:7~22; 겔 32:29; 말
1:2~4). 이런 상황에서 주전 587년에 느부갓네살의 군대가 예루살렘을
함락시킬 때에 에돔이 그들과 합세한 것으로 보인다(시 137:7; 사 34:
5~15; 렘 49:7~22; 애 4:21~22; 겔 35:3~15; 옵 1:10~16). 포로 후기에
에돔 족속의 일부가 유다 남부를 장악하고 헤브론을 수도로 하여 이두
메아(Idumaea)를 형성하였다. 주전 5세기에 에돔은 아랍의 통치하에
있었고 주전 4세기에는 나바티안(Nabataean) 아랍인들에게 흡수되었
다. 로마인들이 팔레스틴을 정복한 후 에돔 사람들은 또 다시 로마 통
치하에 놓이게 되었다. 그때 헤롯 가문은 대체로 에돔 계통에 속한 사
람들로 구성되었다. 주후 70년 예루살렘이 함락될 때에 수세기에 걸쳐
내려온 에돔의 역사도 고대 근동 역사에서 막을 내렸다.[17] 와우드스트
라(Woudstra)는 에돔이 여호와께서 계시는 땅에 대해 탐욕을 품는다고
하는 것은 택한 백성과 여호와와의 유일한 관계를 부인하는 행위에 해
당하는 것이었다고 본다. 그에 의하면 에돔이 멸망하게 된 원인들 가운
데에서 "영원한 원수"라는 것 이외에 또 하나 중요한 원인은 에스겔
35:10에 나타난 이스라엘 땅을 차지하려는 그들의 욕심 때문이었다.[18]

> 네가 말하기를 이 두 민족과 이 두 땅은 다 내 것이며 내 기업이 되리라
> 하였도다 그러나 여호와께서 거기에 계셨느니라(겔 35:10).

본문을 잠시 상고할 필요가 있다. 약속의 땅인 가나안이 이미 창세기

[17] S. Cohen, "Edom," *IDB*, vol. 2, 25-26, B. Macdonald, "Edom, Edomites," *ISBE*, vol. 2: 18-21. R. K Harrison, "Edom, Edomites," *ZPEB*, vol. 2: 202-204 참조.
[18] M. H. Woudstra, "Edom and Israel in Ezekiel," *CTJ* 3 (1968): 30. 밀렌 에취 와우드스트라, "에스겔서에 나타난 에돔과 이스라엘," 윤영탁 역편, 『구약신학논문집』(제6집) (수원: 합동신학대학원출판부, 2006), 151.

12:7에 최초로 나타난 영원한 기업의 약속에 포함된 바 있다는 엄청난
중요성, 그리고 "여호와께서 거기에 계셨느니라"라는 구절에서 표현된
바처럼 그 땅이 하나님께서 거하시는 곳이라는 중요성, 그리고 본문의
특이한 문장구조를 고려할 때에 에돔이 가졌던 이러한 욕심은 단순한
영토 확장의 욕망 그 이상이었음을 알 수 있다. 우선 10a의 원문에는
"이 두 민족과 이 두 땅"이 동사 앞에 놓여 강조되었다. 따라서 중국어
역본들은 내가 반드시 그렇게 하고야 말겠다는 강한 의지를 나타내는
"我必得"으로 옮겼다(上帝版, 新譯本). 그리고 10b는 상황절로서 '와우'+
주어+부사+동사라는 문장구조로 되어있다. 접속사 '와우'는 "비록 ~일
지라도"("although," 중국역본은 "其實")로 옮기는 것이 바람직하다. 표
준새번역 개정판은 "너는, 나 주가 유다와 이스라엘을 돌보는데도 감
히 말하기를"이라고 번역함으로써 상황절의 성격을 드러내는 동시에
의역을 통해 이해에 도움을 주려고 했다. 학자들 가운데에는 "거기에
계셨느니라"(shām hāyâ)를 12,13절의 '샤마티'(shāma'tî. "내가 들었노
라")를 따라 여기에서도 그렇게 수정할 것을 주장(A. Bertholet와
Tanakh의 난외주)하나 별로 호응을 받지 못한다.[19] 부사 '샴'(shām)의
강조적 위치를 감안하여 "거기에 여호와께서 계셨다"로 Luther, 日本新
改訳, 日本新共同訳 등이 번역했다. 본문 전체에 대한 해석은 박윤선이
아래와 같이 명쾌하게 제시했다고 본다.

> 이것은, 유다와 이스라엘이 패망한 뒤에도 하나님께서는 그들을 버리시지
> 않고 그들의 현재와 장래를 주장하시고 계시다는 말씀이다. 그 두 나라는
> 계속하여 하나님께 속하였다(왕상 6:13; 대상 23:25; 시 9:10; 68:17; 132:
> 13~14, 욜 2:18 참조).[20]

---

19 W. Zimmerli, *Ezekiel*, vol. 2, trans. by J. D. Martin (Phila.: Fortress, 1983), 226
참조.

이상에서 선민과 에돔의 "원수"('에바') 관계의 자초지종을 살펴보았다. 글뤽(Glueck)이 이스라엘과 에돔의 관계가 끊임없는 적대심과 전쟁의 연속이었는데 그 주된 원인이 정치·경제적 이권에 있었다고 주장한 사실을 위에서 살펴보았다. 그러나 성경이 제시하는 관점은 단지 그러한 지엽적인 문제가 아니다. 왜냐하면 이런 지엽적 문제라면 언제든지 적이 우방으로 그리고 우방이 적으로 변할 수 있다는 사실은 세계 정치사가 우리에게 주는 교훈이기 때문이다. 성경은 그 관계에 대해 아모스 선지자를 통해 다음과 같이 전해준다.

> 이는 그가 칼로 그의 형제를 좇아가며 긍휼을 버리며 항상 맹렬히 화를 내며 분을 끝없이 품었음이라(암 1:11b).

에스겔 선지자는 에돔에 대한 하나님의 심판의 말씀을 25:12~14에서 전할 때에 원수를 갚는다는 표현이 5회(명사와 동사)나 나타난다. 표준새번역 개정판은 12절을 "에돔이 지나친 복수심을 품고 유다 족속을 괴롭히며, 그들에게 지나치게 보복함으로써 큰 죄를 지었다"로 번역하여 원문의 강세를 드러냈다. 개역개정판의 번역은 아래와 같다.

> [12]주 여호와께서 이같이 말씀하셨느니라 에돔이 유다 족속을 쳐서 원수를 갚았고 원수를 갚음으로 심히 범죄하였도다 [13]그러므로 주 여호와께서 이같이 말씀하셨느니라 내가 내 손을 에돔 위에 펴서 사람과 짐승을 그 가운데에서 끊어 데만에서부터 황무하게 하리니 드단까지 칼에 엎드러지리라 [14]내가 내 백성 이스라엘의 손으로 내 원수를 에돔에게 갚으리니 그들이 내 진노와 분노를 따라 에돔에 행한즉 내가 원수를 갚음인 줄을 에돔이 알리라 주 여호와의 말씀이니라(겔 25:12~14).

---

20 박윤선, 『성경주석: 에스겔서, 다니엘서』 (서울: 영음사, 1967), 256-57.

와우드스트라(Woudstra)는 특히 이사야 선지자의 예언에 나타난 이사
야 11:4에 대해 언급하면서 거기에 에돔에 대한 예언들을 이해하는 데
중요한 내용이 있는데 그것은 그 언급에 나타나는 메시아적 배경이라
고 잘 밝혀주었다.

> 공의로 가난한 자를 심판하며 정직으로 세상의 겸손한 자를 판단할 것이며
> 그의 입의 막대기로 세상을 치며 그의 입술의 기운으로 악인을 죽일 것이며
> (사 11:4).

결국 선민 이스라엘에 대한 영원한 '에바'를 품고 대적한 에돔은 역사
의 장에서 사라지고 말았다. 하지만 선민의 남은 자는 제2 출애굽의 이
적으로 바벨론 포로에서 귀환하여 제2 성전을 재건하고 오실 메시아
왕국 건설을 예비하는 주역들이 되었다. 와우드스트라(Woudstra)[21]와
해리슨(Harrison)[22]은 이스라엘의 인근 민족들 중에서 하나님으로부터
은혜의 약속을 받지 못한 민족은 오직 에돔뿐이라고까지 말하였다. 그
러나 랫취(Laetsch)는 오바댜 1:21이 에돔의 구원을 약속한 것으로 이
해한다("구원자들이 시온 산에서 올라와서 에서의 산을 심판하리니 나
라가 여호와께 속하리라").[23]

　　과연 블레셋이 이방 민족으로서 이스라엘의 불구대천의 원수라
고 한다면 에돔은 형제로서 이스라엘의 최대의 원수 곧 철천지원수이
었음이 틀림없다. 발트렛(Bartlett)은 오바댜 선지자가 "너희가 내 성산
에서 마신 것 같이 만국인이 항상 마시리니"(옵 1:16)라고 선언한 말에

---

[21] M. H. Woudstra, "Edom and Israel in Ezekiel," p. 32. 말텐 에취 와우드스트라,
"에스겔서에 나타난 에돔과 이스라엘," 윤영탁 역편, 149.
[22] R. K. Harrison, ibid, 204.
[23] Theo. Laetsch, *Bible Commentary: The Minor Prophets* (St. Louis, Mo.: Concordia,
1956), 212-13.

서 에돔이 이스라엘의 원수들의 대표로 묘사되었다고 역설하였다.[24] 에돔은 이처럼 하나님의 진노의 잔을 마시게 될 것이다. 따라서 페어베언(Fairbairn)은 에돔이 예언들 가운데에서 이교주의의 정수 역할을 하고 있다고까지 평하였다. 그는 에돔에 관한 예언들에서 "복음의 교리"를 발견하며 아래와 같이 진술한다.

> 일반 여러 나라들과 특별하게는 에돔이 여호와의 대의와 그의 백성에 대해 확실히 보여준 적대감과 방해가 종국에는 좌절될 것이다. 그리고 진리를 알고 지키는 것이 아니라 그것을 거부하고 미워하는 나라들이 멸망에 이르게 될 것이다. 에돔이 후자에 속한 나라를 대표하는 것으로 적절히 생각할 수 있고 이스라엘이 전자의 나라를 대표하는 것으로 생각할 수 있는 것…… 으로 나타난다. 또 한편으로는 하늘의 은총과 축복이 시온 위에 섬광과 같이 내려와서 그곳으로부터 그 모든 주위에 말할 수 없는 기쁨과 만족을 발산한다.[25]

라. '에바'에 관한 결론

이상에서 살펴본 바에 의해 창세기 3:15에 나타난 "원수" 관계는 다만 평범한 반목이나 적대감 또는 특히 비평학자들이 주장하는 인간과 뱀의 적개심의 원인론적 해석을 거론하는 것이 아니라 쌍방이 서로 공존할 수 없는 관계를 가리킨다는 사실을 이해하는 데 어려움이 없게 되었다고 본다. 즉, 그 "원수" 관계는 쌍방의 한 쪽이 전멸할 때까지 지속되는 것이다. 사탄과 여인의 후손인 "그" 사이의 원수 관계도 하나님께서 그렇게 만드신 데에서 비롯되었으니 "그"의 원수인 사탄은 비참한 종말을 결코 피할 수가 없다. 이런 의미에서 영(Young)은 창세기 3:15

---

24 15절 "여호와께서 만국을 벌할 날이 가까웠나니 네가 행한 대로 너도 받을 것인즉 네가 행한 것이 네 머리로 돌아갈 것이리." J. R. Bartlett, "The Brotherhood of Edom," 4.
25 P. Fairbairn, *The Interpretation of Prophecy* (London: The Banner of Truth Trust, 1964), 222(와우드스트라, 상게 논문, 157에서 인용했음).

의 이 단어가 하나님께서 인류에게 선포하신 구원의 진수를 나타낸다
고 역설한 것이다.[26]

'아야브'(אֹיֵב, "대적하다, 원수로 여기다") 동사의 분사형('ōyēb)
이 "그"와 사탄 간의 투쟁 혹은 하나님의 백성과 사탄의 백성 간의 투
쟁을 드러낸다는 사실을 다음의 성구들에서 찾아볼 수 있다.

> 창세기 22:17 네 씨가 그 대적의 성문을 차지하리라.
> 창세기 49:8 유다야 …… 네 손이 네 원수의 목을 잡을 것이요.
> 출애굽기 15:6 여호와여 주의 오른손이 원수를 부수시니이다.
> 출애굽기 23:22 내가 네 원수에게 원수가 되고 네 대적에게 대적이 될지라.
> 민수기 24:10 발락이 발람에게 …… 말하되 내가 그대를 부른 것은 내 원수를
>   저주하라는 것이어늘 그대가 이같이 세 번 그들을 축복하였도다.[27]

또한 창세기 3:15에서 발견하는 것은 루폴드(Leupold)가 지적한 바와
같이 '에바'라는 명사가 그 동사형과 마찬가지로 동물들에게는 적용되
지 않는다는 사실이다.[28] 그러나 일반적으로 본문은 인간과 동물의 적
개심을 나타내는 것으로 이해되는 경향이 있다(Richardson)[29]. 베스터
만(Westermann)은 이 단어가 비범한 적대 관계를 나타내는데 일반 동
물이나 야생 동물이 아닌 인간과 뱀과의 관계를 나타낸다는 묘한 말을
하였다.[30] 스킨너(Skinner)는 이 관계가 지속되기는 하여도 어느 쪽이
든 승리가 약속되지는 않았다고까지 주장한다.[31] 하지만 칼빈(Calvin)

---

[26] E. J. Young, *Genesis 3: A devotional & expository study*, 107.
[27] O. P. Robertson, *The Christ of the Covenants* (Philipsburgh: PRP, 1980), 96, n. 4 참조.
[28] H. C. Leupold, *Exposition of Genesis*, vol. I, *Chapters 1~19* (Grand Rapids: Baker. 1942), 164.
[29] A. Richardson, *Genesis 1~11*, TBP (London: S. C. M., 1953), 74.
[30] C. Westermann, *Genesis I~II. A Commentary*, 259.
[31] J. Skinner, *A Critical and Exegetical Commentary on Genesis*, 81.

은 본문을 읽을 때 인간의 타락을 다시 기억하게 된다고 주장한다. 이
어서 그는 만일 이것이 뱀을 말하는 것뿐이라면 좋은 소망에 관한 이
론으로서 얼마나 빈약하고 무의미한가라고 옳게 지적하였다.[32] 창세기
3장이 인간의 타락을 진술한다고 이해하는 입장은 뱀이 사탄의 도구로
시용되었다고 간주한다(롬 16:20; 계 12:9; 20:2; Calvin, Hengstenberg,
Young, Kline, Robertson, 박윤선 등).[33] 사탄이 뱀을 도구로 사용하여
하와에게 "너희가 그것을 먹는 날에는 너희 눈이 밝아 하나님과 같이
되어 선악을 알 줄을 하나님이 아심이니라"(5절)라고 말했던 것이다.
사탄과 인간의 "원수" 관계는 하나님께서 그렇게 만드신 데에서 비롯
되었는데 여러 역본들이 '아쉬트'("내가 ……를 심을 것이다" -Speiser)
를 미래형으로 이해하여 "내가 …… 되게 할 것이다"로 번역한다. 그러
나 이것은 현재형으로 번역하여도 무방하다. '쉬트'(shît) 동사의 미완료
형인 '아쉬트'는 그 관계가 현재부터 작용하여 미래에도 지속한다는 사
실을 나타내기도 한다(König, Haspecker-Lohfink). 엉거(D. J. Unger)는
다음과 같이 진술한다.

> 그 원수 관계를 확정하신 분은 바로 하나님 자신이셨다. 그 원수 관계는
> 분명히 뱀과 인간의 본성 자체로부터 기인되거나 당사자 자신들에 의해서
> 야기된 것이 아니다. 하나님의 말씀이 절대적 포고를 내리신 것이다. 아무런
> 조건도 달지 않았다. 당사자들에게는 아무런 조건도 첨부되지 않았다. 그것
> 은 절대적이고 효능 있는 의지의 포고이다. "내가 확정한다"라고 하심은 그
> 말씀이 오직 하나님의 뜻에 의해서만 그 효과를 거둘 것을 나타낸다. 그것은
> 결코 선악 간에 피조물의 가정적 의지에 의존하지 않는다. 철저한 원수 관계
> 와 완전한 승리는 바로 그 명령에 의해 보장된다.[34]

32 J. Calvin, *Commentaries on the First Book called Genesis*, 169.
33 뱀에 관한 제 해석은 M. Metzger, *Die Paradieseserzählung, Abhandlkungen zur Philosophie, Psychologie und Pädagogik*, Band 16 (Bonn: H. Bouvier u. Co. Verlag, 1959), 68f. Th. C. Vriezen의 글을 소개한 C. Westermann, ibid, 237 참조.

아담과 하와의 타락은 불행하게도 인간과 사탄과의 연합 관계를 형성
하였다. 그러나 하나님께서는 인간과 사탄의 이 연합 관계를 파괴하여
그들이 서로 "원수" 관계가 되게 할 뿐만 아니라 인간을 자신과 화목하
게 하셨다. 이것은 하나님의 구원의 능력에 의해 아담과 하와의 마음에
사탄과의 적대감을 일으키는 동시에 그들의 마음에 은혜언약을 허락하
심으로 가능하게 되었다. 창세기 3:15에 제시된 바에 따르면 이 관계는
유기적이어서 뱀의 추종자들과 아담의 후손들에게까지 미친다. 그리고
본문에서는 그 관계가 궁극적으로 어떤 결과를 초래할 것인지를 분명
하게 알려준다.[35]

이러한 "원수" 관계는 (1) 뱀과 여자의 대결에서 나타나고, (2) 뱀
의 후손과 여자의 후손의 대결로 지속해서 이어지는데 그것은 사탄의
추종자들과 천국 자녀들의 영적 투쟁을 가리킨다. 하지만 천국 자녀들
이 자력으로 사탄을 대항해서 싸울 수 없는 것은 자명한 사실이다. 여
기에서 칼빈(Calvin)이 로마서 16:20("평강의 하나님께서 속히 사탄을
너희 발 아래에서 상하게 하시리라 우리 주 예수의 은혜가 너희에게
있을지어다")을 근거로 하여 그 "씨"를 "여자"의 일반적 후손들을 뜻
하는 것이라고 주장한 데 대한 바른 이해가 필요하다. 비록 칼빈이 사
탄의 머리를 상하게 하는 것은 그리스도와 그의 모든 지체라고 말했으
나, 그가 이렇게 말한 의도는 아담의 모든 후손들이 일어나 사탄을 이
길 수 없음을 경험이 가르쳐주듯이 그 승리는 머리되신 한 분으로 반
드시 귀착될 수밖에 없다는 사실을 분명하게 밝히려는 데에 있었다.[36]

---

34 D. J. Unger, "The First Gospel: Genesis 3:15," 20-21. 이 원수 관계에 있어서도
마리아가 메시아와 동등한 역할을 하였다고 주장되었다.

35 L. Berkhof, *Systematic Theology* (Grand Rapids: Eerdmans, 1949), 293-94.

36 J. Calvin, *Commentaries on the First Book of Moses Called Genesis*, 171. 역시
J. Calvin, *Institute of the Christian Religion*, vol. 1, 176-77. S. M. Manetsch, "Historical and
Theological Studies. Problems with the Patriarchs. J. Calvin's Interpretation of Difficult Passages

(3) 최종적 승패는 순서가 도치되어 여자의 후손인 "그"와 "뱀" 곧 사탄 사이에서 판결이 나게 된다. 에드워드 뵐(Böhl)은 이처럼 순서가 도치된 이유를 다음과 같이 설명한다.

주목할 만한 것은 이 약속이 맨 마지막까지 사탄을 염두에 둔다는 것과 또 이런 사상에 기초하여 작성되어 있다는 점이다. 그런 이유 때문에 '그는 네 머리를 상하게 할 것이요'라는 문장이 먼저 나오고 그 다음에 뱀이 여자의 씨(후손)를 상하게 한다는 내용이 언급된다.[37]

2. 창세기 3:15b에 나타난 "그"('후', הוא)의 여러 해석[38]

"그"에 대한 부정적 견해들을 다음의 세 가지로 분류할 수 있다.

가. 집합적 견해

이 견해는 본문을 "그들은 너의 머리를 상하게 할 것이다. 그리고 너는 그들의 발꿈치를 상하게 할 것이다"로 해석한다(JPSV, Moffatt, NEB, REB, Tanakh, NETB 등). 폰 라드(Von Rad)는 본문이 뱀을 짓밟는 그 사람이 항상 동일한 뱀에게 공격을 받는 것을 뜻하지 않는다고 하여 이 대명사가 개인이 아닌 후손들을 가리키는 것뿐이라고 주장한다.[39] 그러나 클라인(Kline)은 대명사 "너"가 단수인 사탄을 가리킨다고 보는 동시에 대명사 "그"도 집합적이 아닌 단수인 개인을 가리킨다고 옳게 지적하였다.[40]

---

in Genesis," *WTJ* 67 (2005): 9-10 참조.
[37] 에드워드 뵐, 상게서, 43.
[38] 이에 관한 기타 견해들은 A. O. Ojewole, ibid, 2-4 참조.
[39] G. von Rad, *Genesis*, 90.

나. 양식 비평적 해석

이 해석에 의하면 "씨"라는 단어가 형벌(저주)을 선포하는 문맥에 나타
나므로 창세기 3:15이 약속이나 좋은 소식의 예언이 될 수 없다고 한다
(Westermann).[41] 여기에서 '아루르 아타'("네가 저주를 받았다") 라는 술
어가 도치된 강세적 저주 형식("Cursed are you")이 하나님에 의해 직
접 사용된 것은 창세기 3:14 본문과 4:11에만 나타난다.[42] 앞에서 살펴
본 바와 같이 베스터만은 창세기 3:15의 "원수" 관계가 인간과 동물 혹
은 야생동물의 사이가 아닌 오직 인간과 뱀과의 관계를 가리키는데 이
것은 저주에서 초래된 결과라는 것이다. 그러나 14절에 저주를 나타내
는 동사가 사용되었다고 해서 이것이 15절 전체에 결정적 영향을 미친
다고 보아서는 안 될 것이다. 16절 이하의 내용도 인간에게 저주가 선
포되었다기보다는 범죄로 인한 고통과 수고가 더해진 것으로 이해하는
것이 옳다.

다. 윤리적 해석

창세기 3:15에 대한 유대교의 입장은 필로(Philo)와 그 밖의 문헌들을
통해 윤리적이고 풍유적 해석이 주류를 이루고 있음을 발견하게 된
다.[43] 우선 탈굼 옹켈로스(Targum Onkelos)를 예로 든다면, 여기에서는

---

[40] M. G. Kline, ibid, 85.

[41] C. Westermann, *Genesis I~II. A Commentary*, 258-60.

[42] '아라르'와 '칼랄'의 차이점에 관해서는 윤영탁 저 『아브라함의 하나님』(수원:
합동신학대학원출판부, 2004), 107-108 참조.

[43] J. Michl, ibid, 375-80; J. P. Lewis, ibid. 301-305; J. Bowker, *The Targums & Rabbinic
Literature. An Introduction to Jewish Interpretations of Scripture* (Cambridge: Cambridge
University, 1969) 그리고 R. H. Charles, *The Apocrypha and Pseudepigrapha of the Old Testament
in English*, vol. II, *Pseudepigrapha* (Oxford: At the Clarendon, 1913) 참조.

본문이 인류 전반에 관해 언급하는 것으로 이해한다.

> …… 그들(인류)은 네가 옛날에 그들에게 한 일을 기억할 것이다. 그리고 너는 그들에 대한 (너의 증오심을) 끝 날까지 간직할 것이다.[44]

탈굼 위역 요나단(Targum Pseudo-Jonathan)와 단편 탈굼(The Fragmentary Targum)은 본문의 "후손"을 "자손들"로 보아 본문이 "'네 자손들'의 후손"과 "'여자의 자손들'의 후손"을 다루는 것으로 만들었다. 탈굼들은 "발꿈치"(עקב 'āqēb)를 "궁극적 종말"(סופא sôpā')로 수정할 뿐만 아니라 "네가 상하게 하리라"(תשופנו t'shûpennû)를 언어유희를 통해 "평화, 평온"(שיפיותא shipyûtā')으로 만들어 원문의 의도와는 동떨어진 입장을 취한다. 탈굼 위역 요나단과 단편 탈굼은 본문을 근본적으로 동일하게 풍유적으로 해석한다. 여인과 뱀의 원수 관계는 인간에게 있는 선악의 투쟁의 경향이고 뱀은 악의 상징이다. 토라(Torah)가 인간의 악한 충동을 퇴치시키나 토라가 없으면 그것의 희생이 된다. 따라서 "구제책"은 토라에 있는데 그 교정수단은 메시아가 올 때에 실효가 있다는 것이다. 단편 탈굼 역시 인간과 뱀 사이의 화해가 이루어질 것을 암시한다고 이해한다. 이러한 주장에서는 원복음을 통한 원죄문제의 해결책은 거론의 여지가 없는 것이다.[45]. Targum Neofiti I에서는 본문을

---

44 M. Aberbach and B. Grossfeld, *Targum Onkelos to Genesis* (Denver: Center for Judaic Studies, University of Denver, 1982), 36. 페쉬타역(Peshitta)도 이와 유사하게 본문에 아무런 신학적 해석을 가하지 않는다(J. Michl, ibid, 378-79 참조).

45 S. H. Levey, ibid, 2-3. 탈굼 옹켈로스, 탈굼 위역 요나단 그리고 단편 탈굼의 본문은 아래와 같다.

> "I will put enmity between you and the woman, and between your children and her children; they will remember what you did to them in ancient times, and you will preserve (your hatred) for them to the end (of time)."(탈굼 오겔로스).

> "I will put enmity between you and the woman, and between the offspring of your

종말론적으로, 즉 인류가 "메시아 왕 시대"에 악마에게 승리하는 것으로 설명하는가 하면 하나님께서 뱀에게 다음과 같은 말을 하시는 것으로 만들기도 한다. 물론 여기에서도 본문의 집합적 해석이 나타난다.

> 그리고 내가 너와 여자 사이에 그리고 너의 후손들과 여자의 후손들 사이에 원수가 되게 할 것이다. 그리고 여자의 후손들이 율법을 지킬 때에는 그들이 너의 머리를 칠 준비가 되어 있을 것이다. 그러나 그들이 율법의 명령들을 저버릴 때에는 너는 그들의 발꿈치를 상하게 할 준비가 되어 있을 것이다. 그러나 그들에게는 치유가 있을 것이지만 너에게는 치유가 없을 것이다. 그들이 끝내 메시아 왕 시대에 화해할 것이기 때문이다.[46]

구약 위경도 물론 창세기 3:15을 원복음으로 간주하지 않기는 마찬가지이다. 위경 모세의 묵시(Apocalypsis Mosis)에서는 아담과 하와의 타락 이야기를 전하고 있는데, 하나님께서 뱀에게 다음과 같이 말씀하시는 것으로 되어있다.

> 그리고 내가 너와 그의 후손 간에 원수가 되게 할 것이다. 그는 네 머리를

---

sons and the offspring of her sons; and it shall be that when the sons of the woman observe the commandments of the Torah, they will direct themselves to smite you on the head, but when they forsake the commandments of the Torah you will direct yourself to bite them on the heel. However, there is a remedy for them, but no remedy for you. They are destined to make peace in the end, in the days of the King Messiah."(위역 요나단)

"And it shall be that when the sons of the woman study the Torah diligently and obey its injunctions they will direct themselves to smite you on the head and slay you; but when the sons of the woman forsake the commandments of the Torah and do not obey its injunctions, you will direct yourself to bite them on the heel, and afflict them. However, there will be a remedy for the sons of the woman, but for you, serpent, there will be no remedy. They shall make peace with one another in the end, in the very end of days. in the days of the King Messiah."(단편 탈굼)

[46] A. D. Macho, *Neofiti* I (Madrid: Consejo Superior de Investigaciones Cientificas, 1968), 503-504.

상하게 할 것이고 그리고 너는 그의 발꿈치를 심판 날까지 상하게 할 것이다.[47]

여기에서는 뱀이 "여자의 후손"이 아닌 "그의 후손"과 원수가 되고 그리고 뱀이 "그"와 심판 날까지 계속적으로 충돌할 것이라고 한다.[48] 위경 아담의 묵시(*The Apocalypse of Adam*)와 아담과 하와의 생애(*The Life of Adam and Eve*)에 나타난 입장도 대동소이하다. 후자에서는 아담이 뱀에게 이야기하는 것으로 되어 있는데,[49] 양쪽 모두에 뱀이 셋(Seth)을 문다는 내용을 담고 있다. 이 해석들도 역시 집합적 해석에서 벗어나지 못하고 있다.

초기 유대 저술가들 중에서 필로(Philo)는 헬레니즘을 이용하여 알렉산드리아에 사는 사람들에게 유대교를 전하고자 하였던 열렬한 유대교 전파자이었다. 그는 특히 초기 유대교 주해에 지대한 영향을 끼쳤다. 그의 풍유적 주해 방법은 성경 해석에서도 드러난다. 그의 성경 주해에서 아무런 성경적 근거도 없이 성경 내용을 지나치게 가감하는 경향을 보게 된다. 그는 창세기 해석에서도 창세기 3:15을 내용 그대로 받아들이려 하지 않고 인간의 타락을 풍유적으로 이해한다. 그래서 그는 뱀을 욕망의 상징으로 풍유화하여 설명하기를 욕망은 감각에 대해 자연적으로 적대감을 가지고 있는데, 성경은 그것을 상징적으로 여자라고 부른다고 주장한다. 필로는 『풍유적 해석』에서 본문을 인용하는데, 그에 의하면 "네 후손과 여자의 후손 사이에"라는 표현에 철학적 진리가 가득 차 있다. 왜냐하면, 후손은 존재의 시발점이기 때문이다. 결국 향락과 감각이 정욕과 마음처럼 서로 적대적이 된다는 것이다.[50]

[47] 위경 *Questions on Genesis,* 1:48.
[48] R. H. Charles, "Apocalypsis Mosis xxvi 4," *The Apocrypha and Pseudepigrapha of the Old Testament in English,* vol. II, *Pseudepigrapha,* 148.
[49] 위경 *The Life of Adam and Eve,* 32-34,37-39.

필로는 뱀이 저주받은 것에 대해 언급하기를, 하와를 유혹한 뱀은 사람의 피에 굶주려있다고 하였다. 본문을 인용하면서 그는 뱀이 향락의 상징이라고 말하고 그것이 우리 개개인의 추론 기능을 공격한다고 말한다. 이처럼 필로는 "여인의 후손"이라는 표현에 관해 특별한 관심을 기울이지 않는다.[51]

요세푸스(Josephus)도 본문과는 다르게 하나님께서 아담과 하와에게 선악을 알게 하는 나무를 만지면 파멸을 자초하게 된다고 명령하셨다고 주장한다. 그리고 그는 뱀이 그들이 행복한 삶을 누리며 하나님의 명령에 순종하는 것을 시기하여 그들로 하여금 그 명령에 불순종하게 하면 그들이 불행에 빠질 것으로 여긴 악한 의도에서 여자를 설득시켰다고 이해한다. 즉, 그들이 선악을 아는 지식을 획득하면 행복한 삶 그리고 하나님과 못지않은 삶을 향유할 것이라고 뱀이 유혹했다는 것이다. 그에 의하면 이로 인해 하나님께서는 아담과 하와에게 수고와 해산의 고통을 벌로 내리셨고 뱀에게는 언어 구사력을 박탈하시는 대신 혀 밑에 독을 넣어주시고 또 발을 쓰지 못하고 몸을 땅바닥에 대고 다니도록 벌하셨다. 하나님께서 사람과 뱀이 원수가 되게 하셨는데 사람은 뱀의 머리, 곧 인간에 대한 유해한 구상을 하는 그 머리를 상하게 하셨다. 결국 요세푸스에게서도 창세기 3:15의 신학적 해석을 의식하고 있는 모습이 엿보이지 않는다.[52]

중세 유대인 주석가인 라쉬(Rashi)는 창세기 3:15이 뱀과 인간의 끊임없는 적대감에 관한 것으로 이해하였다. 그는 뱀이 아담과 하와가 벌거벗은 몸으로 동거하는 것에 성적 충동을 받아 아담을 죽이고 하와

---

50 Philo, *Allegorical Interpretation* 3:65 (21),182-85 (64-65), 188 (67).

51 Philo, *De Agricultura*, 107-108. 그리고 J. P. Lewis, ibid, 304 참조.

52 *Complete Works of Flavius Josephus,* trans. by Wm. Whiston (Grand Rapids: Kregel, 1960), 26.

를 차지하고 싶었다는 랍비적 전통을 따른다. 뱀이 유혹자(사탄)를 상
징하는 것으로 이해하는 견해도 없지 않다(Sforno). 그러나 이븐 에즈
라(Ibn Ezra)는 이 상징설에 반대한다.[53] Kitab alMajal 94b~95에는 사
탄이 아담과 하와가 하나님께 은총을 입은 것을 시기했다는 전설이 나
온다. 이 전설에 의하면 사탄은 동물들 중에서 가장 아름다운 뱀 속에
들어가도록 획책했는데 그가 뱀 속에 숨은 것은 자신의 모습이 흉하기
때문이었다. 만일 그가 뱀 속에 숨지 않고 하와에게 직접 말을 건넸다
면 하와는 그에게서 도망쳤을 것이라고 이 전설에서 추론한다.[54]

라. 결론

이상에서 "그"에 대한 여러 해석을 살펴보았다. 그중에서도 놀라운 것
은 유대 사상가들이 취하는 입장이 성경이 제시하는 원복음과는 하등
의 관련이 없다는 사실이다. 본래 이방인들이었던 그레데(Crete) 신자
들에게 바울이 디도를 통해 거짓 지도자들에 대해 경고한 목적이 "유
대인의 허탄한 이야기와 진리를 배반하는 사람들의 명령을 좇지 않게
하려함이라"(딛 1:14)라고 한 말이 연상된다. 헨드릭슨(Hendriksen)은
본문의 거짓 지도자들에 대해 언급하기를 이렇게 "허탄한 이야기"
(myths -NIV, NRSV, JB, NETB)를 만들어 낸 그들은 "그리스도를 완
전히 거부하고, 하나님의 아들 안에 계시된 하나님의 구속적 진리에 등
을 돌린 자들"이라고 하였다.[55]

---

53 이 내용들은 *The Soncino Chumash*, 12,14-15를 참조했음.

54 J. Bowker, *The Targum & Rabbinic Literature*, 126.

55 Wm. Hendriksen, *New Testament Commentaries: Thessalonians, Timothy and Titus*,
355.

3. 창세기 3:15b의 3인칭 대명사(היא)의 이해

창세기 3:15b에서 선행사인 15a의 여자의 "후손"을 강조적 주어로 나타내기 위해 동사 앞에 첨가한 3인칭 대명사는 전통적으로 마쏘라 텍스트에 나타난 대로 남성 대명사 "그"('후', הוא, ipse)로 이해되었다. 그런데 휘셔(Fischer)판 불가타역(V)[56]의 텍스트에는 이를 여성 3인칭 대명사 "그녀"(ipsa, '히', היא)로 수록한 것은 뜻밖이라고 하지 않을 수 없다. 물론 이에 대한 논란이 대두된 것이 사실이다. 그러면 어떤 과정을 통해 제롬(Jerome)의 텍스트에 'ipsa'가 나타났는가? 일설에 의하면 불가타역에 나타난 'ipsa'는 제롬 자신의 텍스트의 것이 아니었다. 그는 오히려 텍스트에 남성 3인칭대명사 'ipse'로 기록했거나 그렇게 받아쓰게 한 것이 확실하다. 이것이 세 개의 주된 원문 증거들 중의 하나인 Ottoboniannus(주후 7세기 혹은 8세기)가 접한 독법이다. 역시 모세오경의 번역 이전에 편집된 *Quaestiones Hebraicae in Genesim*에서도 'ipse'(Old Latin)라고 인용하고는 히브리 원문이 월등하다는 논평을 거기에 가한 것을 보게 된다.[57] 후자가 제롬이 자신의 창세기 역에서 택한 진정한 독법이라는 사실은 레오 1세(Leo the Great)에 의해 인용된데에서 드러나는데 이것은 레오 1세가 제롬의 텍스트에 의존했다는 증거이다. 레오는 "여자의 후손"을 "상하게 할 것이다('conteret')의 주어로 여겼는데, 이것은 그가 제롬의 텍스트에서 'ipsa'를 발견할 수 없었음을 보여준다.

흥미롭게도 드류니악(F. Drewniak, 1934, 5-91)에게서 'ipsa'가 등

---

[56] B. Fischer et al., eds., *Biblia Sacra Iuxta Bulgatam Versionem*, vol. I. *Genesis-Psalmi* (Stuttgart, Germany: Wüttembergische Bibelanstalt, 1975²).

[57] 유럽 텍스트 형식(E)과 북 아프리카 텍스트 형식(K)의 Old Latin에서는 모두 LXX, Targum Onkelos, Targum Neofiti, Syriac Peshita를 따라 'ipse'로 되어 있다. A. O. Ojewole, ibid, 72-74 참조.

장하는 것은 텍스트를 마리아에게 적용한 데에서 기인한 것이 아니었
고 또 그러한 적용의 기원도 아니었다는 것이 명백히 밝혀졌다는 사실
이다.[58] 역시 파넬라(Panella)에 따르면 불가타역의 원 독법은 "그"이었
을 가능성이 크다고 본다. 'ipsa'가 나타나는 것이 필경자의 오류였든
지 혹은 그가 의도한 바이었든지 간에 다른 역본들과 일치하지 않으며
확실히 잘못되었다는 것이다. 그런데도 라틴 신학자들이 줄기차게 이
오역으로부터 새로운 하와의 역할로 뱀의 머리를 상하게 하는 무염(無
染)한 마리아의 그림을 도출해 냈다고 파넬라는 주장한다.[59] 루폴드
(Leupold)는 천주교가 불가타역의 오류를 따라 본문이 동정녀 마리아
를 언급한다고 주장한 것은 불행한 일이라고 지적하고 불가타역
(Vulgata)의 원 번역자인 제롬도 이 'ipsa'가 유지된 것이 잘못이라는
것을 알았다고 밝혔다.[60] 그러나 이탈라역(Itala) 역시 천주교의 마리아
신학을 의식하여 본문에서 여성 대명사("illa")를 택하였다.[61]

　　그런데 원문의 '후'를 어떻게 '히'로 읽을 수 있다는 것인가? 그
리고 이러한 독법은 과연 누가 그 뱀의 머리를 상하게 한다고 주장하
는 것인가? 브링크트린(Brinktrine)에 의하면 구약에서 일반적으로 사
용되는 3인칭남성단수 대명사 '후'(הוא)가 종종 여성 '히'(הוא)로 이해
되는 경우가 있는데 오경에서만 무려 195회가 이렇게 나타난다고 한
다.[62] 브링크트린은 이 대명사가 명사 문장의 주어로 사용된 예로 창세

---

[58] G. W. H. Lampe. Ed., *The Cambridge History of the Bible*. vol. 2. *The West from the Fathers to the Reformation* (Cambridge: At the University, 1975), 98-89를 참조했음.

[59] D. A. Panella, "Proto-evangelium," *NCE*, vol. 11 (NY: McGrow-Hill, 1967): 910.

[60] H. C. Leupold, ibid, 170. 그러나 D. J. Unger와 같은 천주교 신학자는 제롬이 실제로 마리아를 의식하고 ipsa로 번역했다고 주장한다("The First Gospel: Genesis 3:15," 8,178-82).

[61] "illa observabit caput tuum". 우선 이 이탈라역에는 뱀의 후손인 "네 후손"이 생략되었는데 그릴(Grill)에 의하면 이것이 아마도 운율 상으로 원문의 4+3+3을 3+3+3+3으로 만들려는 시도를 나타내는 듯 히다고 본다. P. S. Grill, "Die Schlangentreterin. Gen 3, 15," *BL* 23 (1955-66): 292-94 참조.

[62] 그는 근거로서 Ed. König, ibid, 76의 הוא를 볼 것을 권한다. 그러나 쾨니히는 그의

기 2:12("그 땅의 금은 순금이요['제하브 하아레쯔 하히 토브']")를 든다.
그에 의하면 본문에서 "땅"이 여성단수 명사이므로 그 대명사도 마땅
히 3인칭여성단수 대명사이어야 하는데, 원래 אוה로 되어있어서 후에
마쏘라 학자들이 이를 다른 경우들에서처럼 '히'(היא)로 모음처리를 했
다. 그가 두 번째로 제시한 창세기 47:24("오분의 사는 너희가 가져서
토지의 종자로도 삼고 너희의 양식으로도 삼고")에서는 "사"의 원문을
직역하면 "네 부분"('아르바 야도트')인 여성복수명사인데 동사는 남성
단수명사('이흐예')가 사용되었다고 주장한다. 하지만 이 예에서는 앞의
예와 달리 관용구 "갖는다"('하야 레')가 사용될 경우에는 주어와 동사
의 성의 일치가 무시될 수 있다.[63] 세 번째 예로 든 출애굽기 22:26([25]
"네가 만일 이웃의 옷을 전당 잡거든 해가 지기 전에 그에게 돌려보내
라")에서 "옷"('쌀마')이 여성단수명사인데 동사 "돌려주다"의 접미어
가 여성단수('-나', -nâ)가 아닌 남성단수('-누', -nû)로 되어 있다는 것
이다. 이런 예들을 통해서 창세기 3:15의 경우에서도 '후'(הוא)가 여성
단수 대명사 '히'(היא)로 이해되고 동사가 현재의 3인칭 남성단수('예슈
페카' "he ……") 그대로 있다고 해서 문제가 될 것이 없다고 한다. 그
이유는 고대 히브리어에서는 대명사의 남성과 여성이 엄격히 구분되지
않았고 다만 마쏘라 학자들이 후에 거기에 모음처리를 했기 때문이라
고 한다. 따라서 브링크트린은 창세기 3:15b의 대명사를 '히'(היא, 'ipsa')
로 이해하는 것이 가능하고 천주교 신학에도 부합하다고 주장한다.[64]

사전에서 비록 소수의 성구들을 예로 제시한 것이지만 창세기에서는 창 2:12 등이라고만
하고 창 3:15을 언급하지 않았다. J. Brinktrine, "Das Proto-evangelium, Gen 3, 15 und die
Unbefleckte Empfängnis Mariens," *Vigrom Immaculata* … (1955): 22, n. 18.

[63] P. Joüon, *Grammaire de l'hébreu biblique* (Rome: Institute Pontifical, 1965). 주옹(P.
Joüon) - 무라오까(T. Muraoka),『성서히브리어 문법』, 김정우 역 (서울: 도서출판 기혼, 2012),
§150 l.

[64] J. Brinktrine, ibid, 22-24,27-28 참조.

그릴(Grill)도 이 여성 대명사가 남성 동사를 동반할 수 있다는 것을 증명하기 위해 고대 근동 문헌의 예들을 제시한다. 본문에서 이 여성 대명사가 남성 동사를 사용하고 또 그 동사가 남성 어미("그"의 발꿈치)를 동반하게 된 것은 그 여자가 이 막강한 원수의 머리를 상하게 하려면 신적 능력으로 무장되어야 하기 때문이라는 것이 그 이유라고 그는 설명한다.[65]

신학적 입장이 동일한 천주교 신학자 엉거(D. J. Unger)는 이 문제를 이들과는 달리 접근한다. 그는 이 문제가 아직 논쟁중이라고 생각한다. 불가타역에 'ipsa'가 등장하기 이전에 이레네우스(Irenaeus) 등의 교부들에 의해 הוא가 마리아와 연관 지어 이해되었으므로 굳이 'ipsa'를 고집할 필요가 없다고 그를 강조한다. 교황 피오 9세(Pius IX)와 그 이후의 교황들(Pius XII, Constitutio Apostolica *Munificentissimus Deus*, 1950 등)이 창세기 3:15에서 성모신학을 강조하게 된 것이 'ipsa'나 'ipse'에 근거하였다기보다는 15a의 "여인의 후손"에서 그것을 도출하였다고 그는 논증한다. 따라서 15a만이 그 교리를 입증하며 'ipsa'는 그 효험이 없다는 것이다. 이러한 주장은 순전히 성모신학을 옹호하기 위한 자구책에 불과하다고 하겠다. 이 주장은 엉거에 의해 더욱 노골적으로 다음과 같이 표현된다.

교황 피오 9세(Pius IX)는 교서 "형언할 수 없는 하나님"(*Bull Ineffabilis Deus*)에서 말하기를, 마리아가 이미 무원죄 잉태를 통해서 뱀의 머리를 상하게 했고, 그리스도는 도성인신 하실 때 사탄의 머리를 상하게 하셨다. 그리고 두 분이 함께 골고다에서 실제로 사탄을 완전하고 확실하게 패배시켰다. 마치 마리아가 여자의 후손의 원수 관계에서 동역하듯이 그녀가 그리스도의 싸움과 승리에 동역한다. 그리고 교황 피오 9세가 가르치는 바와 같이, 마리

---

65 P. S. Grill, ibid. 그릴도 브링크트린(Brinktrine)의 견해에 동의한다.

아는 단순히 수동적으로 동역하는 것이 아니라 능동적 방법으로 동역한다. 내가 믿기로, 그녀가 사탄과의 원수 관계에서 으뜸이요 첫 번째인 실행자 (agent)가 되지만 그 싸움과 승리에서는 그의 후손(Seed)이 실행자가 된다는 사실은 성령에 의해 의도돼 신학적 미묘함이다.[66]

그는 한 걸음 더 나아가, 첫 복음의 교리를 이해하는 데 열쇠가 되는 것은 하나님께서 그리스도와 마리아를 창세기 2:18("그를 위하여 돕는 배필")의 말씀처럼 마리아가 인류의 영적 갱신을 위해 그리스도를 돕는 자가 되어 결국 그들을 제2의 아담과 하와로 삼으셨다고 주장한다. 환언하면 그리스도가 인류의 완전한 구원자가 되시는 데에 마리아가 협력자가 된다는 것이다.[67]

이처럼 창세기 3:15b의 히브리어 남성 단수 '후'를 여성 단수 '히'로 바꾼다는 것은 우선 문법적으로 해결할 수 없는 난관에 봉착하게 될 뿐만 아니라 이를 피해 15a의 "여인의 후손"을 근거로 하여 마리아를 높인다는 것도 신구약 성경의 뒷받침이 없는 엄청난 교리적 이탈을 초래하게 될 것이다. 물론 브링크트린(Brinktrine)이 제시한 성구들에 3인칭 대명사나 주어와 동사의 성의 구분이 달리 사용된 경우가 없는 것은 아니다. 그러나 창세기 3:15b의 경우에 이 논리를 적용하는 것은 불가능하다. 우선 LXX이 이 대명사를 3인칭남성단수 '아우토스'(αὐτός)로 읽었고 앞에서 살펴본 바와 같이 제롬이 접한 독법도 역시 'ipse'이라는 점이 시사하는 바가 크다. 그리고 창세기 3:15b에서는 3인칭여성대명사인 "그녀"('ipsa')가 설 자리가 없는 것은, 여기에 사용된 "그"와

---

66 D. J. Unger, "The First Gospel: Genesis 3:15," 34-35. 그러나 마리아가 영감된 창세기 3:15 본문에 불가타역처럼 3인칭으로 명시되지는 않았으나 여전히 사탄과의 적대관계에서의 승리에 동참하는 데에 포함되었다고 그는 주장한다("still she is included in that victory of Her-Seed, just as Her-Seed shares in her enmity against Satan"), 258).

67 Ibid, 294-95,316f.

"너"라는 두 대명사가 대조적으로 부각되기 위해 첨가되었고 "그"가 궁극적으로는 영적 후손을 가리킨다는 것이 성경의 주장에 부합한 전통적 해석이기 때문이다. 우리가 놓쳐서 안 될 또 하나는 창세기 3: 11~17에 사용된 교차대구법에서 들어난 바와 같이 "여자"가 13절(B)과 16절(B')에서는 중심인물로 등장하는 반면에 15b에서는 여자가 아닌 "후손" 곧 사탄의 머리를 상하게 할 "그"가 중심인물로 부각되었다는 사실이다. 따라서 15a에서 뱀의 후손과 여인의 후손이었던 순서가 15b에서는 도치되어 여인의 후손인 "그"가 뱀인 "너"의 앞에 놓여 부각시켰다. 그리고 로벗슨(Robertson)이 잘 지적한 바와 같이 'ipsa'를 견지하는 주장은 주어 대명사뿐만 아니라 그 동사형 '후 에슈페카'("그[남성 단수]가 네 머리를 상하게 할 것이요")를 '히 테슈페카'("그 녀[여성 단수]가 네 머리를 상하게 할 것이요")로, 그리고 '아타 테슈페누'("네[남성 단수]가 그[남성 단수]의 발꿈치를 상하게 할 것이니라")도 '아타 테슈페나'("네[남성 단수]가 그 녀[여성 단수]의 발꿈치를 상하게 할 것이니라")로 수정하지 않는 한 결코 성립될 수 없다.[68]

　　루터(Luther)는 마리아가 아닌 하나님의 양이 죄를 없이하시는 분이라고 하며 라틴역본을 따라 "여자가 네 머리를 상하게 할 것이다"로 읽는 사람들은 사탄에게 오도된 자들이라고 강조하였다. 이것은 하나님께서 여인의 남자 후손이 이 원수를 굴복시킬 것이라고 분명하게 선언하신다는 뜻임이 틀림없다. 루터는 마리아에 대해 언급할 때에 "여자"의 육신도 모든 인류처럼 타락하였음을 전제하며, 네가 그 육신을 죄로 부패하게 만들어 사망의 권세 아래 속하게 하였으나 바로 그 육신으로부터 너를 상하게 하고 너의 모든 권세를 꺾을 한 사람(Man)이 나타나게 할 것이라고 하나님께서 말씀하셨다고 설명한다.[69] 칼빈

---

68 O. P. Robertson, ibid, 100, n. 9.

(Calvin)도 천주교의 해석이야말로 가장 와전된 독법에 의한 것이요 그
들이 만들어낸 불경스러운 주해라고 비판하였다.[70] 정규남이 본문의
"그"가 누구를 가리키는가에 대해 아래와 같이 적절하게 언급하였다.

> 가장 타당하게 생각되는 것은 「여자의 후손 대표자」를 "그(he)"로 나타냈
> 다는 것이다. 즉, "사탄의 후손"의 대표적 단일 존재인 "너(사탄)"를 정복할
> "여자의 후손"의 대표인 "그(메시아)"를 지적하고 있다. 복음적인 신학자들
> 은 창 3:15이, 성경에서 최초로 메시아를 가리키는 구절로 이해하고 있다.[71]

이 대명사 '후'를 번역한 여러 역본들을 살펴보면, 비평적 성향을 띤 몇
몇 역본들을 제외하고는 대체로 "그"로 번역했다.[72] 그러나 동양의 역
본들을 살펴보면, 일본어 역본들이 서구의 역본들과 마찬가지로 모두
"그"(日本文語訳, 日本共同訳, 日本口語訳, 日本新改訳)로 번역한데 반하
여 중국어 역본들과 한글 역본들은 이와 판이하다. 중국어역의 文理 舊
新約聖書(1855)[73]는 "彼"로 번역한 반면에 舊新約全書(1896)[74]는 "婦裔"
로 그리고 上帝版(1919)과 和合聖經(1919)은 "女人的 後裔"로 번역하였
다. 그런가 하면 근자의 중국어 역본들인 新譯本(2004)과 現代人的聖經
(1979)은 "他"로 옮겼다. 한글 역본들은 한결같이 "여자의 후손"(성경
젼셔, 개역성경, 개역개정판, 공동번역성서) 혹은 "여자의 자손"(표준
새번역, 새번역)으로 번역했는데 2005년에 발행된 한국 천주교성경
("여자의 후손")도 예외는 아니다. 일부 중국어 역본들과 모든 한글 역

[69] M. Luther, "Lectures on Genesis," Luther's Works, 193.
[70] J. Calvin, Commentaries on the First Book of Moses called Genesis, 170.
[71] 丁圭男,『舊約槪論』, 改革主義 神學 叢書 2 (서울: 改革主義 信行協會, 1985), 92.
[72] "he"(KJV의 "it"를 NKJV는 "he"), Luther("derselbe"), NRSV, NASB, NIV, ESV, LS, TOB("celle-ci") 등. JB와 NJB는 "it"로 번역했다.
[73] Wenli Bible, Delegates' Version (British and Foreign Bible Society, 1935)
[74] 大美國聖經會印發. Classical Bible, Bridgman and Culbertson's Version. American Bible Society.

본들이 원문에 없는 "여인"을 삽입한 데에 어떤 이유나 혹은 어떤 영향 하에서 그렇게 된 것인지를 밝히기 위해서는 별도의 연구가 요청된다.

루터(Luther)는 창세기 3:15의 약속이 교회의 기초라고 역설하였다. 그리고 그는 아담이 930년을 살았다는 창세기 5:5에 근거하여 아담이 복음을 들은 후 900년 동안 이 복음을 전파했다고 주장한다.[75] 클라인(Kline)은 창세기 3:20의 '하와'도 '하이'(חי. "살아있는")의 음성유희로서 그녀의 영적 후손("seed")이 사망의 본원자(the Principle)를 발밑에 짓밟으시고 그렇게 해서 저주로부터 생명을 취하는(wrest) 것으로 이해한다(참조. 창 3:15; 딤전 2:15; 롬 16:20).[76] 아담이 아내의 이름을 '하와'("모든 산자의 어머니", Life-giver)라고 지은 것도 14~19절에서 하나님께서 심판과 은혜의 말씀을 주신 데에 대한 믿음의 표현이라고 콜린스(Collins)는 받아들인다.[77] 루터(Luther)는 설교할 때에 여인의 후손, 아브라함의 언약 등에 관한 성경 말씀들을 가장 자주 인용했다. 그는 이 복음이 아담과 하와로 하여금 그것을 듣는 순간부터 구세주를 대망하는 신앙을 갖게 해주었다고 강조했다.[78]

창세기 3:15에 나타난 "그"의 선행사인 여자의 "후손"('제라')에 관해 세밀하게 연구한 천주교 신학자 엉거(D. J. Unger)도 아브라함에게 약속된 자손(창 15:5; 22:17; 26:4)과 메시아에 대한 성구들(갈 3:16, 19; 4:4)을 본문과 연관시켜 이 단어가 그리스도를 가리킨다고 결론을 내렸다.[79] 슐츠(Schultz) 역시 동일한 결론에 도달했는데 그는 특히 사무엘하 7:12,13(역시 대상 17:11,12)에 나타난 용례를 증거로 제시한다.

75 I. D. K. Siggins, ibid, 21.

76 M. G. Kline, ibid, 85.

77 C. J. Collins, ibid, 174.

78 M. Luther, *Luther's Commentary on Genesis*, vol. 1 (Grand Rapids: Zondervan, 1958), 80-81. "후손"에 대하여는 A. O. Ojewole, ibid, 183f. 참조.

79 D. J. Unger, "The First Gospel: Genesis 3:15," 236-44.

¹²네 수한이 차서 네 조상들과 함께 누울 때에 내가 네 몸에서 날 네 씨('자르이카')를 네 뒤에 세워 그의 나라를 견고하게 하리라. ¹³그는('후') 내 이름을 위하여 집을 건축할 것이요 나는 그의 나라 왕위를 영원히 견고하게 하리라.

이 성구들에서도 창세기 3:15에서처럼 "그"가 "후손"의 대명사로 사용되었다. 따라서 슐츠는 "여자의 후손"을 개인적인 동시에 광의적으로 보고 최종의 "후손"은 그리스도라고 주장한다.⁸⁰ 와우드스트라(Woudstra)는 이러한 이중적 해석의 난점을 해소하기 위해 "후손" 자체를 도덕성을 지닌 유(類) 혹은 공동체로 보고 두 공동체에 각각 두령이 있는 것으로 해석하였다. 그의 논지는 본문을 원복음으로 보는 견해와 이를 반대하는 두 견해를 모두 만족시키려는 인상을 준다.⁸¹

4. 칠십인역의 '아우토스'(αὐτός, "그")는 메시아를 지칭하는가?

우리의 관심을 끌만한 논문이 1965년에 마틴(Martin)에 의해 발표되었다. 그에 의하면 LXX[이 역본은 16절]이 본문에서 선행사인 히브리어 '제라'를 헬라어의 중성이 아닌 남성단수대명사 '아우토스'(αὐτός)로 번역했는데 이것이 본문을 메시아적으로 해석한 최초의 역본이라는 것이다. 헬라어로 "후손"('제라')은 '토 스페르마'(τό σπέρμα)이므로 당연히 중성대명사인 '아우토'(αὐτό)가 그 대명사로 사용되어야 합에도 불구하고(사 53:4,5,7,11,12) 남성대명사 '아우토스'(αὐτός)로 번역된 것은 우연지사나 실수가 아니었다는 것이다. 히브리어 대명사 3인칭남성단수 '후'(הוא)가 창세기에 103회 나타나는데 LXX도 그와 같이 57회

---

80 A. Schultz, "Nachlese zu Gn 3, 15," *BZ* 24 (1939): 344-52.

81 M. H. Woudstra, "Recent Translation of Genesis 3:15," *CTJ* 6 (1961): 194-203.

곧 αὐτός 34회, οὗτος 18회, αὐτὸς ἦν 1회, οὗτος ἦν 1회, αὐτόν 1회, αὐτοῦ 1회, αὐτῷ 1회 옮겼다. 다만 LXX이 그것을 2회 남성복수대명사(창 6:3; 36:19)로 그리고 4회 히브리어 대명사 대신에 남성단수분사로 나타낸 것 이외에는 히브리어와 마찬가지로 남성으로 표현했다. 특히 헬라어의 관용어로 인해 '후'를 여성대명사(αὕτη)로 5회(창 14:3; 18:10; 19:33; 30:16,32) 그리고 중성대명사(τοῦτο)로 3회(창 2:19; 14:17; 42:14) 표현했다. 하지만 창세기 3:15에서만은 LXX이 히브리어 남성대명사 '후'를 헬라어 관용어적으로는 으레 '아우토'(αὐτό)가 요청되는데도 불구하고 헬라어 남성 대명사 '아우토스'(αὐτός)를 사용했다. LXX 번역자가 창세기 3:15 이외에서는 그 어떤 경우에도 헬라어 대명사와 그 선행사 간의 성의 불일치를 나타낸 일이 없었다. 따라서 마틴은 이것이 우연지사나 간과에 의한 것이 아니라 역자가 본문의 메시아적 이해를 시사했다고 보는 것이 가장 바람직한 설명이라고 주장했다. 그러면서도 그는 조심스럽게 말하기를 LXX의 이러한 해석적 번역이 히브리 텍스트를 올바로 이해했다고 말하는 것은 아니지만 그 시대를 뒤따르는 예수의 탄생 바로 이전 세기들에서 유대인들의 메시아 대망이 강화되었음을 입증하는 것이라고 역설했다.[82]

마틴(Martin)의 논문이 발표되자 그의 주장을 지지하는 학자들이 등장하게 되었다. 예를 들면, 카이저(Kaiser, 1978)는 창세기 3:15에서만 LXX 역자들이 대명사는 선행사와 성과 수에서 일치해야 한다는 자신들의 문법적 규칙을 깨고 히브리어 '제라'에 해당하는 헬라어 대명사 '아우토'가 아닌 '아우토스'를 사용한 것은 그 역자들이 분문에 대한 메시아적 이해를 암시한 것으로 설명하는 것이 가장 바람직하다고 하며

---

82 R. A. Martin, "The Earliest Messianic Interpretation of Gn. 3, 15," *JBL* 84 (1965): 425-27.

마틴의 견해를 받아들였다.[83] 해밀톤(Hamilton, 1982) 역시 많은 주석가들이 창세기 3:15의 메시아적 중요성을 간과하여 자주 평가절하 하는 현상을 초래한 세 가지가 있다고 지적했다. (1) 본문이 구약성경에서 유일하게 히브리어로 "씨" 혹은 "후손"이라는 단어가 3인칭대명사의 접미어와 함께 나타난다("그녀의 씨", zar'āh). 이 구조의 독특성은 여자의 씨에 대한 LXX의 언급에서 더욱 명백하다. "그녀의 씨"(her sperm[a]! 아버지 곧 남자는 어디에 있는가?)라는 표현이 구약에서 혈통으로서는 거의 100% 남성을 통해 이어지는데 아들은 어머니가 아닌 아버지의 씨이다. 예외는 하갈(창 16:10)과 리브가(창 24:60)의 경우가 있으나 단수가 아닌 복수인 개인들의 씨로 나타난다(하와는 후에 그녀의 "다른 씨"를 언급한다. 역자 주: 창 4:25 개역개정판의 "그가 아들을 낳아"의 원문은 "그녀가 아들을 낳아"이다). (2) 해밀톤도 마틴(Martin)의 주장을 따라서 LXX이 집합적 의미에서의 "씨"의 중성성(it-ness) 혹은 복수로서의 그들(they-ness)이 아닌 여자의 씨로서의 "그(남자)임"(he-ness)을 강조했다고 이해한다. (3) 본문의 첫 부분은 이 미래적 대치가 하나님의 뜻 이외의 역사에서 우연히 발생한 사건이 아니라고 뚜렷하게 선포한다. 하나님께서 실질적으로 이 전투를 발생케 하신 분이시다. "내가 너로 여자와 원수가 되게 하리라." 그것은 예수께서 성육신하실 것을 예언한 사건이다. 흥미롭게도 본문은 뱀의 후손의 머리가 아닌 뱀 자신의 머리를 상하게 한다("그는 네 머리를 상하게 할 것이라"). 이러한 이유에서 창세기 3:15에 대한 그 어떤 숙고이든 간에 본절의 메시아적 강조를 역설하지 않는 것은 심각한 석의적 과오를 범하는 것이라고 그는 말한다.[84]

---

[83] W. C. Kaiser, *Towards an Old Testament Theology*, 36-37. 역시 그의 *The Messiah in the Old Testament*, 40.

[84] V. P. Hamilton, *Handbook on the Pentateuch*, 50-51.

흥미롭게도 JB(1966, 역시 NJB)는 창세기 3:15 난외주에 다음과 같은 예외적 설명을 가한다. 거기에 의하면 히브리 텍스트는 뱀의 후손이 이제부터는 여인의 후손과 원수가 되겠다고 선포함에 따라 인류를 사탄과 그의 "씨" 곧 그의 후손과 대립시키고 인간의 종국적 승리를 암시한다. 그것이 구원(protoevangelium)에 대한 최초의 어렴풋한 빛이다. LXX은 남성 대명사 "그"("he")를 취함으로써 그 승리를 여인의 후손들 일반이 아닌 그의 후손들 중에서 특히 한 사람에게 돌린다. 그러므로 헬라어역의 이 표현은 많은 교부들에 의해 주장된 메시아적 해석을 유발시켰다. 라틴역이 여성 대명사("그녀". "she" will crush.)를 취하고 또한 본문의 메시아적 해석에 있어서 메시아와 그의 어머니가 함께 나타나므로 그 대명사는 마리아를 가리키는 것으로 이해되어 왔는데 이러한 적용이 교회에서 통용되었다는 것이다.[85] 이 난외주의 내용이 천주교의 입장을 대변하기보다는 다만 그 입장을 소개하는 것일 뿐만 아니라 어느 정도 비판적 색체도 띠고 있다는 인상을 풍긴다.

키드너(Kidner, 1967)는 마틴(Martin)의 입장을 몇 마디로 언급했고[86] 베스터만(Westermann, 1974)과 웬함(Wenham, 1987)은 각각 자신들의 주석서에서 다만 마틴의 논문을 참고문헌에 포함시킬 뿐이다. 더욱이 그 이전에 출판된 대표적 구약주석가들인 궁켈(Gunkel, 1910), 스킨너(Skinner, 1930), 제이콥(Jacob, 1934), 카쑤토(Cassuto, 1961-4), 폰 라드(von Rad, 1956), 스파이저(Speiser, 1964)의 주석들에서조차 '아우토스'의 언급이 전혀 없는 사실은 어떻게 설명할 것인가? 이에 대해서는 올린스키(Orlinsky)가 유감스럽게 여긴 평가에서 그 해답의 일부를 찾을 수 있을 것으로 본다. 그에 의하면 의심의 여지없이 구약본문비평은 일

---

[85] JB와 NJB는 창 2:4b~3:24를 "Yahwist" 자료에 속하는 창조의 둘째 기사로 취급한다.
[86] D. Kidner, *Genesis*, 71.

차대전 이래 그 이전 시대의 많은 유능한 학자들처럼 연구되지 못했다. 우선 애굽학 설형문자 연구와 비교셈어 언어학 그리고 나서는 고고학과 북서셈어 연구가 우리의 관심사인 이 분야를 실질적으로 발전시킬 유능한 학자들의 관심이 그쪽으로 쏠리게 했다는 것이다.[87] 이러한 평가에 덧붙여 한 가지 분명한 사실은 이 주석가들이 성경의 영감설을 부정하는 동시에 창세기 3:15에 대한 메시아 대망 사상을 염두에 두지 않았다는 점에 그 이유가 있었다고 보는 것이 옳을 것이다.

여기에서 다음과 같은 점들을 고찰할 필요가 있다. 듀르(Dürr)는 LXX(16절)의 텍스트가 원래 αὐτό σοῦ τηρήσει κεφαλήν이었으나 그릇된 중복어구 σ에 의해 αὐτό σοῦ 대신 αὐτός σοῦ로 읽게 되었다고 하는 견해에는 동조자가 거의 없다.[88] 우리가 심각하게 고려해야할 문제는 유대교가 LXX 자체와 더불어 본문에 대해 어떤 입장을 취하고 있는가 하는 것이다. 그들의 문헌과 주석서들에서는 마틴(Martin)이 언급한 LXX의 '아우토스'로 인해 기대되는 메시아 대망 열정을 전혀 엿볼 수 없다. 주후 5세기에 속한 팔레스틴 탈굼들(Targum Pseudo-Jonathan과 The Fragmentary Targum. 기원전에 속한 구전 형식)에서 창세기 3:15을 메시아적으로 해석했다고는 하나 '후'를 이스라엘 민족을 나타내는 집합대명사 "그들"로 해석했다.[89] 중세의 유대인 주석가들 중의 "3대 거물"("Big Three")인 라시(Rashi), 이븐 에즈라(Ibn Ezra), 킴히(Kimchi)를 비롯한 라쉬밤(Rashibam), 마이모니데스(Mainonides), 나흐마니데스(Nachmanides), 게르소니데스(Gersonides) 그리고 스포르노(Sforno) 등에게

---

[87] H. N. Orlinsky, "Current Progress and Problems in Septuagint Research," *Study of the Bible Today and Tomorrow,* ed, by H. W. Willowghby (1947), 149.

[88] L. Dürr, *Ursprung und Ausbau der israelitisch-jüdischen Heilandserwartung* (Berlin: 1925), 73.

[89] R. A. Martin, ibid, 427.

서도 이에 대한 언급을 전혀 찾아 볼 수 없다.[90]

이러한 현상은 LXX에 대한 유대교의 입장 변화가 그 원인 중의 하나임을, 마틴(Martin)의 논문을 반박한 러스트(Lust)에게서 발견할 수 있을 것이다. 러스트에 의하면 '제라'가 반드시 집합명사를 나타내는 것은 아니다. 창세기 4:25에서처럼 한 개인 곧 아담의 후손인 셋(Seth)을 그 예로 들 수 있다. 창세기 3:15 본문은 뱀에 대한 저주를 선포한 일부이므로 구원을 선포하는 것이 아니다. 그것은 뱀의 후손과 하와의 후손 간의 영구적 투쟁을 선포한다. 헬라어 문법으로는 '제라'가 중성이어야 하므로 마틴이 본문에서 메시아적 이해를 추론한 것이다. 창세기의 헬라어 번역은 문맥을 무시하고 히브리 원본을 자구적으로 번역할 정도로 그렇게 고도로 문자적인 것은 아니다. 다른 텍스트들에서는 선행사에 대해 대명사의 성을 취한다(창 19:33의 "그 밤에" [ballay°lâ hû']를 예로 들 수 있다). 다른 해석을 제안할 수 있다. 번역자가 히브리어 '제라'와 헬라어 '스페르마'가 "아들" 혹은 "후손"을 의미한다는 것을 배제할 수 없을 것이다. 창세기 4:25의 "다른 씨" (zera' 'aḥēr)를 번역자가 "셋(Seth)"을 의미하는 다른 후손이라는 "스페르마 헤테론"(σπέρμα ἕτερον)으로 표현했는데 그런 경우에는 그 대명사가 매우 자연스럽다. 결론적으로 말하자면 LXX은 원래의 텍스트를 수정한 것이 아니라 히브리어의 대명사인 '후'(הוא)를 선택한 것이다. 이것은 메시아적 해석을 격려하는 듯이 보일 수 있다. 그런데 사실은 LXX의 연구와 탈굼들과의 비교에 의하면 그렇게 하지 않았다는 것이 증명된다. 기독교 이전 시기에 있어서 유대주의 전통은 "후손"을 개인으로 보는 해석과 연관되지 않은 간접적 메시아 해석에 익숙했다. 이

---

90 역시 미크라오트 게돌로트(מְקְרָאוֹת גְדוֹלוֹת, Vol. 1 [NY: Pardes, 1951])와 손시노 주석(*The Soncino Books of the Bible*) 참조.

와 같이 초대 기독교 전통이 텍스트를 읽는 방법은 역시 간접적 메시
아 해석을 나타낸다고 그는 주장한다.[91]

　　또한 러스트(Lust)는 구약성경의 다른 성구들을 열거하며 LXX
의 메시아관에 대한 사신의 입장을 다음과 같이 밝힌바 있다. 그에 의
하면 탈굼들에서 메시아적 해석을 받는 많은 히브리 텍스트들이 추가
된 메시아적 주해 없이 LXX에 의해 문자적으로 번역되었다. LXX에
의해 메시아적 의미가 약화되거나 다른 뉴앙스가 주어진 그런 텍스트
들을 간과해서도 안 될 것이다. 일련의 고찰을 하자면 다음과 같다.
(1) LXX은 "집합화"의 해석에 의한 특징을 지니는 경우가 있다. 이사
야 42:1에서 히브리 원본은 종인 메시아로서의 개인을 암시한다. 그러
나 LXX은 이것을 집합적 해석에 의해 "이스라엘"로 이해한다. (2) 히
브리 원문은 왕적 구원자의 역할을 강조하는 한편 LXX은 구원자를
보내시는 하나님께 관심을 집중시킨다. 이사야 9:5~6에서 LXX(6~7
절)은 하나님께서 구원자로 전면에 부각되고 왕적 "아기"의 역할은 사
자(使者)로 축소된다("For to us a child is born and his name is called
the messenger of great counsel"). (3) LXX의 어떤 구절들에서는 종말
론적 전망이 현실화되는 경향에 의해 대체된다. 다니엘 9:25~26에서
LXX은 "기름부음을 받은 자"를 주전 171년에 살해된 대제사장 오니
아스(Onias III)로 해석한다. 그렇다고 해서 이것이 메시아 텍스트의
종말론적, 초월적 면이 없음을 뜻하지는 않는다. 결론적으로, LXX이
전체적으로 메시아적 주해를 표명한다고 말할 수 없다. 아주 흔하게는
메시아적 근거가 없이 문자적으로 기술한다. 다른 경우들에서는 강조
점이 바뀌어 텍스트에 나타난 왕적 메시아 성격은 약화된다고 하여 러
스트는 창세기 3:15에 대한 LXX의 메시아적 해석을 부인했다.[92] 한

---

91 J. Lust, ibid, 142-44.

걸음 더 나아가 미클(Michl)은 이미 1952년에 발표한 논문에서 LXX 의 본문이 기독교적 메시아 사상의 영향을 받았을 가능성을 배제하지 않는다는 주장을 편 바가 있다. 그는 본문이 메시아 사상에 대해 분명 하게 밝히지 않고 있다고 조심스럽게 말하면서 LXX의 번역 '아우토 스'에 대해 마치 역자가 여기에 심오한 신학적 사상, 즉 메시아 혹은 그의 어머니에 관한 사상을 표명이나 한 듯이 지나친 해석을 가하지 않는 것이 더 낫다고 제안한다. 그에 의하면 창세기의 원역사 가운데 많은 부분에서 LXX이 문자적이 아니고 자유롭게 의역했다. 따라서 이제 거리낌 없이 이 해석과 드러난 의미가 여전히 유대교적인지 혹은 이미 기독교적이 아닌지를 질문 할 수 있게 되었다. 이렇게 유착된 해 석을 입증하는 LXX의 알려진 필사본은 기독교시기에 속하고 또한 기 독교의 손에서 유래한다고 그는 결론을 내렸다.[93]

    LXX을 둘러싼 유대교와 기독교의 입장차는 스웨테(Swete)에 의 하면 다음과 같다. LXX의 알렉산드리아(Alexandria) 역본은 헬라어를 하는 유대인에게 사도시대와 그 다음 시대에 보편적으로 받아들여졌 다. 그런데 LXX이 교회 쪽으로 넘겨져서 반대파인 유대인과의 논쟁에 사용되자 유대인들은 자연적으로 알렉산드리아 역본의 정확성을 의심 하기 시작했다. 결정적 사건은 LXX에 나타난 이사야 7:14의 번역에서 발생했다. 본문에서 유대인들은 LXX이 히브리어 '짤마'(ṣālmâ)가 헬라 어 '네아니스'(νεᾶνις. "젊은 여자")로 번역되어야 올바른 뜻이 드러나는 데도 '파르데노스'(παρθένος. "처녀")로 번역되었다고 강력히 따지는 데에서 비롯되었다. 그러나 기원전 2세기의 유대인 지도자들의 불만은 아마도 전적으로 이 논쟁 때문만은 아닌 것 같다. LXX이 유대교 새 학

---

92 Ibid, 10-12.
93 J. Michl, ibid, 373 n. 1, 377-78 참조.

파의 해석에 적합하지 못하고 표준판에 부합하지 못하게 여겨졌다. 그래
서 이전에 받아들인 텍스트와는 상당히 다른 공적 텍스트가 랍비들의 인
정을 받게 되고, 구역본을 대표한 알렉산드리아(Alexandria) 역본은 수상
찍게 여겨져시 사용하지 않게 되었디. 띠리서 아퀼라(Aquila), 심마커스
(Symmacus) 그리고 데오도시안(Theodothian) 역본들이 등장했다. 특히
아퀼라가 번역한 역본의 목적은 될 수 있는 대로 기독교 교회의 견해를
지지하는 것으로 보이는 LXX의 해석을 제외시키려는 데에 있었다고 스
웨테는 피력했다.94

유대교는 그렇다고 치고, 어찌하여 신약성경에서 사도들과 특히 예
수께서 LXX의 '아우토스'에 대해 언급한 바가 없는가? 신약성경의 저자
들95과 예수께서는 LXX을 자주 인용하셨다.96 박형용에 의하면 신약
저자들이 구약을 인용할 때에 첫째로, 자신의 저작 목적과 일치하도록
LXX의 구약 내용을 해석적으로 인용했는데 이것은 계시의 점진성을

---

94 H. B. Swete, *An Introduction to the Old Testament in Greek. Additional Notes* (Grand Rapids: CCEL, 2001), 27-28. 사 7:14의 논쟁은 Justin의 견해가 소개된 M. Hengel, *The Septuagint as Christian Scripture: Its Prehistory and the Problem of Its Canon* (Edinburgh & NY: 2002), 29-32. 그리고 아퀼라역에 대해서는 S. Jellicoe, ibid, 76-83 참조. 아퀼라의 유일한 헬라어 역본은 LXX이 유대교 회당에서 사용금지령(The Code of Justinian, 주후 555년)이 내릴 때까지 대체되었다(H. N. Orlinsky, "Current Progress and Problem in Septuagint Research", *Study of the Bible Today and Tomorrow*, ed, by H. W. Willowghby (1947): 152.

95 R. N. Longenecker, *Biblical Exegesis in the Apostolic Period*에서 LXX을 사복음서 저자들이 인용한 성구들은 57-66, 133-37, 143-52; 사도행전에 인용한 성구들은 86-89, 그리고 바울의 로마서와 서신들에 인용한 성구들은 198-214 참조. 신약 저자들의 구약인용에 대해서는 롱제넥커의 상게서 이외에도 G. L. Archer & G. C. Chirichigno, *Old Testament Quotations in the New Testament: A Complete Survey* (Chicago: Moody, 1983) 참조. 바울이 약 백회의 구약 성구들을 인용했는데 그 중에 절반 이상이 LXX을 순전히 혹은 사실상 재생한 것들이라고 한다. R. N. Longenecker, *Biblical Exegesis in the Apostolic Period*, 113.

96 마 21:16 < 시 8:2[3]; 막 15:34; 마 27:46 < 시 22:1[2]; 눅 23:46 < 시 31:5[6]; 요 15:25 < 시 35:19(역시 69:4[5]); 요 13:18 < 시 41:9[10]; 막 12:36; 마 22:44; 눅 20:42f. < 시 110:1; 막 12:10f.; 마 21:42; 눅 20:17 < 시 118:22f.; 마 23:39; 눅 13:35 < 시 118:26; 요 7:38 < 사 12:3(역시 43:19f.; 44:3; 58:11); 마 11:5; 눅 7:22 < 사 35:5f.(역시 61:1); 눅 22:37 < 사 53:12; 눅 4:18f. < 사 61:1f.(역시 58:6); 막 14:27; 마 26:31 < 슥 13:7; 마 11:10; 눅 7:27 < 말 3:1. R. N. Longenecker, *Biblical Exegesis in the Apostolic Period*, 57-59 참조.

보여준다(예를 들면 창 2:7의 "사람이 생령이 되니라"를 고전 15:45는 "첫 사람 아담은 생령이 되었다"로; 욜 2:28~32의 "그 후에"를 행 2:27 은 "말세에"로). 둘째로, 신약 저자들은 옥중이나 여행 시에 LXX을 인 용할 때에 그들의 기억에 의존했다고 한다(예를 들면 히 2:6 "누군가가 어디에서 증언하여 이르되").[97] 예수께서는 자신과 관련된 구약 성구들 을 인용할 때에 히브리어 텍스트와 LXX 중에서 자신의 요점을 잘 드 러낼 수 있을 때에는 후자를 인용한 것을 본다. 예를 들면, 예수께서는 마태복음 21:16에서 시편 8:3을 인용하시면서 마쏘라 텍스트의 '오즈' ('ōz. "권능")보다 LXX의 '아이논'($\alpha\tilde{\iota}vov$. "찬미")을 따름으로써 성전에 서 어린 아기와 젖먹이들이 자신을 찬미하는 것과 연결시켜 "어린 아 기와 젖먹이들의 입에서 나오는 찬미를 온전하게 하셨나이다"로 표현 하셨다.[98] 키드너(Kidner)는 '오즈'를 "성채(城砦)"로 해석하고 이 찬양 의 결과가 원수의 패배이므로 LXX이 본문에서 가정적 성채라는 드문 비유를 사용하여 의역한 것으로 이해한다.[99] 어떤 때에는 예수께서 친 히 자신의 가르침을 히브리 텍스트에 있는 정확한 독법에 근거하여 주 해하신 경우도 있다. 마태복음 22:32에서 출애굽기 3:6의 원문에 동사 가 없는 문장을 따라 헬라어의 현재형인 '에고 에이미'('Eyὼ εἰμι)로 표 현했다. 이렇게 해서 하나님은 죽은 자가 아닌 산 자의 하나님이심을 역설하신 것이다. 그리고 히브리서 저자가 LXX의 신인(神人) 동형동

---

[97] 그는 LXX의 영감설을 인정하지 않는다. 박형용, 『새롭게 다시 쓴 신약개관』 (서울: 아가페출판사, 2002), 36-37.

[98] R. N. Longenecker, *Biblical Exegesis in the Apostolic Period* 61 n. 22에서 그는 어린 아이들의 "힘, 권능"의 환호가 이러한 의미를 지니고 있기 때문에 '오즈'가 "찬미"를 의미한다고 이해할 수 있을 것이라고 생각한다.

[99] 그는 대하 20:22와 느 8:10("여호와로 인하여 기뻐하는 것이 너희의 힘이니라")를 예로 제시한다. E. Kidner, *Psalms 1~72*. TOC (London: Inter-Varsity, 1973), 67 n. 1. '오즈'를 역본들은 다음과 같이 달리 옮기고 있다. "권능" -Luther, KJV JPSV Tanakh, NRSV, NASB, 개역개정판, 中國上帝版, 日本文語訳, 日本新改訳 ; "찬미" -LXX, V, 中國新譯本, 공동번 역성서 -"어린이와 젖먹이들이 노래합니다."

성론을 피하려는 경향을 따른 예도 있다. 히브리서 11:5에서 그는 창세기 5:22,24을 옮길 때에 히브리어 텍스트에는 에녹이 하나님과 "동행하다"(yithallēk ['et⁻hā'ĕlōhîm])로 기록되었으나 그보다는 LXX의 번역을 따라 에녹이 하나님을 "기쁘시게 하다"(εὐηρέστησεν)로 표현했다. 이렇게 히브리서 저자는 11:5에서 LXX의 경향을 그대로 반영한 것이다(μεμαρτύρηται εὐαρηστηκέναι).[100]

한편, 이와는 다르게 LXX의 어떤 번역은 초대교회에 신학적으로 큰 논쟁을 불러일으킨 바도 없지 않았다. LXX의 잠언 8:22을 그 예로 들 수 있다. 본문의 히브리어 텍스트는 "나를 가지셨다"(qānānî)이나 LXX은 "나를 창조하셨다"(ἔκτισέ με)로 번역한 것이다. 이로 인해 주후 4세기의 아리안주의(Arianism) 이단 학설이 등장하게 되어 교리적 논쟁을 촉발한 사건은 주지의 사실이다. 아리우스(Arius)는 LXX의 이러한 번역을 받아들여 제2위이신 예수 그리스도가 창조된 존재라고 주장함으로써 예수의 신성을 부인한 것이다.[101] 이러한 주장은 20세기 중반에 이르러도 슈미트(Schmidt)에 의해 LXX의 번역을 따르는 입장이 오늘날의 성경 역본들과 주석가들의 뚜렷한 의견일치라고까지 할 정도로 이어지고 있다.[102] 흥미 있게도 JP와 NJP는 아리우스(Arius)의 이단설을 언급하면서도 이 번역을 따랐다. 유대교도 이 번역을 선호하는

---

[100] F. F. Bruce, *Commentary on the Hebrews.* NICOT (Grand Rapids: Eerdmans, 1964), 287. 올린스키는 모세오경, 욥기 그리고 이사야서 등의 용례를 근거로 하여 여기에 관련된 것은 신학이 아닌 문체와 명료도의 문제라고 보아 LXX의 신인 동형 동성론을 부인한다. H. M. Orlinsky, "The Treatment of Anthropomorphisms and Anthropopathisms in the Septuagint of Isaiah," *HUCA* 27 (1956): 193-200.

[101] '카나'에 관한 연구는 필자의 졸고 "잠언 8:22에 나타난 '카나니'"(קנני, "나를 가지셨다")에 관한 고찰,『구약 신학과 신앙』(서울: 도서출판 엠마오, 1994), 93-120 그리고 민영진 지음, '잠언 8장 22절의 '카나니 재론,『히브리어에서 우리말로』(서울: 도서출판 두란노, 1996), 329-47 참조.

[102] H. H. Schmidt, "Wesen und Geschichte der Weisheit," *BZAW* 101 (1966): 150 n. 39.

바, 코헨(Cohen)은 JPSV와 Tanakh을 따라 "나를 만드셨다"로 번역하
고 아벨슨(J. Abelson, *The Immanence of God in Rabbinical Literature*)
의 해석 곧 "지혜는 그 자체의 인격적 생명이 없고 또한 신의 존재에
대한 심오한 신비를 가리키지도 않는다. 본문에서 지혜는 줄곧 '하나님
의' 지혜이다"라는 그 해석을 소개하며 이 문단이 초대 교부들에 의해
기독론적으로 사용된 것을 감안할 때에 유대인 독자에게 이 해석은 매
우 중요하다고 코헨은 진술한다.[103]
　　앞에서 LXX에 대해 유대교의 견해를 살펴보았거니와 역본으로
서의 LXX에 대해서는 어떻게 평가할 것인가? 오뜰리(Ottley)는 이에
대해 다음과 같이 진술한다.

　　LXX을 계속해서 읽으려고 노력한 후 나의 느낌이 처음에는 추잡하다(ugly)
　　는 것이었는데 이내 회복되지가 않는다. 어떤 면에서는 문체가 균질적이지
　　않고…… 전체를 그 어떤 통일된 표준으로 개정하려고 시도한 흔적도 없다.
　　많은 문장들이 잘 조화를 이루지 못했고 번역자들이 거의 그렇게 하지 못하
　　는 지경이 되었다. 그리고 이런 면에서 본래 칭찬할만한 부분들에서마저
　　역본에서는 그 특징을 상실하는 경향이 있다. 특히 시서의 성구들의 경우에
　　서 그러하다. 번역을 여자적(如字的)으로 했음에도 불구하고 바로 이 여자적
　　번역 때문에 원문의 간결함이 주는 효과를 상실했다. …… 끝으로, 그 책에는
　　귀를 감동시키고 기억에 남을 수 있는 뚜렷한 문장을 고안하려는 능력이나
　　시도가 없다. 그 누구든지 히브리어 혹은 더 익숙한 영어에서 좋아하는 텍스
　　트의 어음이나 운율을 소중히 여기는 사람은 LXX을 대하면 실망을 면할
　　수 없을 것이다. 만일 어떤 사람이 그 책에 의해서 흥분하고 격려되거나
　　위안을 받는다면 이는 음악, 어휘력이나 언어가 아닌 잠재적인 사상에 의해
　　서 그렇게 될 것이다.[104]

역시 LXX의 구약성경 번역에 대한 블레이크록(Blaiklock)의 평가도 긍

103 A. Cohen, *Proverbs*, Soncino Books of the Bible (London: Soncino, 1946), 48.
104 R. R. Ottley, *A Handbook to the Septuagint*, 175-76). E. M. Blaiklock, "Septuagint,"
ZPEB, vol. 5 (1976): 346에서 인용.

정적적이지 못하다. 그에 의하면 LXX은 부주의, 싫증남 그리고 번역 시의 일반적 무지 등의 오류를 드러내는 것 이외에도 이야기를 의도적으로 변경하거나 써넣기, 즉흥적으로 다루거나 수정하기를 유달리 자유롭게 한, 근거가 박약한 기존 텍스트를 교정하려는 시도를 보여준다. 그러면서도 그는 LXX이 균질적이지 못한 역본이기는 하나 인류역사에 사회적으로 뿐만 아니라 종교적 공헌을 한 불후의 업적을 남겼다는 칭찬을 아끼지 않았다.[105]

여기에서 우리는 LXX의 영감설에 대해 다룰 필요가 있다고 생각한다. 비록 피터스(Peters)가 디모데후서 3:16의 "모든 성경은 하나님의 감동으로 된 것"('판타 그라페 데오프뉴스토스')이라는 표현에 대해 진술하기를 신약 저자가 하나님의 감동으로 되어 교리에 유익하다고 청중에게 역설한 것은 히브리어 성경이 아닌 LXX이었다고 주장했으나 그것은 전혀 옳지 않다.[106] 스팁스(Stibbs)에 의하면 디모데후서 3:15의 "성경"(τά ίερα γράμματα. "the sacred writings")이라는 표현은 정관사를 동반하며 필로(Philo)나 요세푸스(Josephus)의 글에서와 같이 히브리어 텍스트의 구약성경을 가리키는 전문용어라고 이해한다.[107] 기독교는 LXX을 영감된 정경으로 여기지 않는다. 16절에서 말하는 "모든 성경"은 헨드릭슨(Hendricksen)이 잘 지적한 바와 같이 구약성경은 물론이고 바울이 사역한 당시에 영감된 정경으로서 인정된 부분까지를 포함됨을 가리킨다.[108]

소덜룬드(Soderlund)에 의하면 학자들은 LXX의 자체 이해에 대한 심오한 의문점들을 질문해야 하고 또 여하간 이 전집에 영감론이라

[105] E. M. Blaiklock, ibid, 345.
[106] M. K. H. Peters, "Septuagint," ABD. Vol. 5: 11021, v.
[107] A. M. Stibbs, "II Timothy," NBC, revised (Grand Rapids, 1970): 1181.
[108] Wm. Hendricksen, Thessalonians Timothy and Titus. NTC (Grand Rapids: Baker, 1955), 300-301.

는 개념이 적용될 수 있는지를 결정해야 한다는 것이다. 아마도 신약
성경이 LXX을 어떤 때에는 인용하는가 하면 벗어나기도 하며 선별적
으로 사용한다는 점에서 그것의 비판적 사용에 대한 본보기와 선구자
적 역할을 감당한 것으로 보인다고 그는 옳게 지적했다.[109] 1982년에
마틴(Martin)의 입장을 지지했던 해밀턴(Hamilton)도 1990년에는 자신
의 입장에서 한발 물러서서 LXX이 여기에서 그만한 무게를 지녀야하
는지를 그리고 그것이 창세기 3:15의 원 의도의 올바른 이해를 제공하
는지를 우리가 결정해야 한다고 조심스럽게 말한 바가 있다.[110] 아처
(Archer)에 의하면 비록 어구의 현저한 차이가 있다 하더라도 신약성
경 저자들이 구약성경으로부터 인용할 경우 의도한 바를 지지하지 않
는 히브리 성경 구절들의 예는 사실상 없다. LXX이 히브리 텍스트와
결과적으로 다른 많은 부분들을 내포하고 있으므로 저자인 사도들은
다만 원본의 뜻을 왜곡하는 LXX의 그 어떤 성구도 의도적으로 기피
했다고 추론할 수 있다.[111]

신약성경 저자들과 예수께서 LXX의 '아우토스'를 배제한 것은
그 대명사가 메시아 사상을 뒷받침할 만하지 못하기도 하지만, 무엇보
다도 히브리어 성경에 그에 적합한 성구들이 있었기 때문이었다고 이
해해야 할 것이다. 따라서 교부시대의 이레네우스(Irenaeus, *Adversus
Haereses*. iii.21.3f.)와 어거스틴(Augustine, *EP* 71.3-6) 등이 LXX을
자주 인용했음에도 불구하고 '아우토스'에 대해 관심을 기울이지 않
았을 것이라고 볼 수 있다. 더욱이 종교개혁 시대의 루터(Luther)와
칼빈(Calvin)은 LXX의 영감성을 인정하지 않았을 뿐만 아니라 그 가

[109] S. K. Soderlund, "Septuagint," *ISBE*, vol. 4 (1988), 401.
[110] Hamilton, ibid, 199.
[111] G. L. Archer, *Encyclopaedia of Bible Difficulties*, (Grand Rapids: Zondevan, 1982), 31-32.

치도 평가절하 한 것으로 보인다. 루터는 LXX에 대해 평가하기를 번역자들은 자신들이 떠맡은 막중한 과업을 해내기에 적합하나 지식을 갖지 못한 듯이 보인다고 하였다(*Lectures on Genesis*, IV, 7). 칼빈(Calvin)은 요한복음 5:39의 주해에서 "성경"이라고 함은 물론 구약성경을 뜻한다고 주장했다.[112] 칼빈이 LXX에 대해 취한 부정적 입장을 레인(Lane)이 잘 소개했다. 레인에 의하면 칼빈은 창세기를 주해하면서 LXX을 12회 인용(##1, 11, 15, 21, 33, 36, 39, 67, 88, 98, 106, 108)한 것으로 나타나지만 확실하지 않다. 이런 인용들이 모두 Steuchus의 *Recognitio*에 나타나는데, 거기에는 그 본문뿐만 아니라 역자들이 모세의 의미를 놓쳤다든가(#33) 혹은 그들이 텍스트를 정확하게 읽지 못했다는 논평이 발견된다. 따라서 칼빈이 LXX을 참고 *했을 수는 있으나*, 만일 그러했다고 치더라도 그것이 그가 지속적으로 사용하지 않은 *Recognitio*에 이미 알려진 그 이상의 어떤 성구나 견해를 표현하도록 이끌지는 못했다. 칼빈은 Steuchus에서 발견되지 않는 LXX에 대한 그 어떤 지식이나 견해도 드러내지 않았다고 레인은 평가했다.[113] 퍽켓(Puckett)도 칼빈이 LXX을 사용한 것을 사실이나 그는 언제나 히브리어 텍스트에 우월한 권위를 부여했다고 역설했다.[114]

---

[112] J. Calvin, *The Gospel According to St. John*. Part 1-10, trans. by T. H. L. Parker. CNTC, vol. 4 (Grand Rapids: Eerdmans, 1961), 139.

[113] Anthony N. S. Lane, *John Calvin: Studies on the Church Fathers* (Edinburgh, Scotland: T&T Clark, 1999), 24

[114] D. L. Puckett, *John Calvin's Exegesis of the Old Testament*, CSRT (Louisville Ken: Westminster John Knox, 1995), 18. Lane과 Puckett의 논문들은 합동신학대학원대학교 안상혁 교수의 도움으로 구했다.

5. '슈프'(שׁוּף , "상하게 하다")의 이해

창세기 3:15b에서 또 다른 특이점은 "머리"와 "발꿈치"가 제2 목적격 (간접목적어)으로 부각되었다는 것이다('후 예슈페카 로쉬 웨아타 테슈펜누 아케브'). 가끔 두 번째 목적격은 동작에 의해 특히 영향을 받은 그 부위 나 지체를 지적함으로써 가장 가까이 있는 목적어를 더 면밀하게 확정 해 준다.[115] 그리고 뱀이 "그"를 상하게 한다는 표현에 있어서도 '슈프' 동사에 평범한 3인칭 대명사 목적격 접미어가 붙은 '테슈페후' 대신에 강세 '눈'(nun energicum)이 붙은 '테슈펜누'로 표현되었다. 이러한 사실 을 염두에 두는 것이 본문의 '슈프' 동사의 이해뿐만 아니라 본문의 메 시지를 이해하는 데에 있어서 매우 중요하다고 본다. 먼저 창세기 3: 15b에 나타난 상반부와 하반부를 연결하는 접속사 '와우'를 어떻게 해 석할 것인가라는 문제를 다룰 필요가 있다. 하스펙커-로핑크(Haspecker-Lohfink)는 우선 가능한 해석으로서 하반부를 부사적 종속절로 보고 이 접속사를 "다만 ~하는 동안에"(während nur)로 이해한다.[116] 이것은 "그"의 발꿈치를 뱀이 다만 물려고 하는 것뿐이며 "그"에게는 하등의 상처도 주지 못한다는 뜻이다. 환언하면 이것은 뱀의 착각을 드러내며, 그로 말미암아 저주받았음을 의미한다. 흥미롭게도 천주교와 신교가 공동으로 번역한 공동번역성서에서 "물려고 하다가 도리어 …. 머리를 밟히리라"로 옮겼으나, 한국 천주교성경에서는 전통적 번역으로 돌아

---

115 GKC §117 ll. 이러한 점을 잘 들어낸 번역들도 있다.

    bruise you on the head … bruise him on the heel(NASB).

    he will bruise thee as to the head and thou wilt bruise him as to the heel(Young).

116 J. Haspecker-N. Lohfink, ibid, 특히 359-63. NAB의 "while you strike at his heel"과 공동번역성서의 "너는 그 발꿈치를 물려고 하다가 도리어 여자의 후손에게 머리를 밟히리라" 도 이와 유사하다.

와 "여자의 후손은 너의 머리에 상처를 입히고 너는 그의 발꿈치에 상
처를 입히리라"로 옮겼다. 카쑤토(Cassuto)에 의하면 "그"가 "너"의 머
리를 쉽게 상하게 할 것이나 너는 그의 발꿈치를 무는 것 말고는 그를
상하게 할 수 없다. 그리고 만일 네가 그의 발꿈치를 물기 전에 그가
눈치를 채고 신속히 네 머리를 상하게 한다면 그는 너를 피할 수 있을
것이라는 뜻이라고 한다.[117] 하지만 하스펙커-로핑크는 이러한 해석보
다는 이 문장을 원인절로 보는 것이 더 좋을 것이라고 주장한다. 그러
므로 15b의 접속사 '와우'를 14절 초두(원문)에 위치한 '키'("네가 이렇
게 하였으니")와 연관지어 "~때문에"로 해석하여 하반절이 "네가 그의
발꿈치를 덥석 물기 때문에"라는 뜻으로 그는 이해한다. 이 해석에 따
르면 뱀이 무는 바가 잘못의 원인이 된다는 것이다(Der Schlangenbiss
als Schlangenschuld).[118] 그러나 LXX, V, KJV을 위시한 대부분의 역본
들은 이 접속사를 "그리고"로 해석한다.

그러면 "상하게 하다"('슈프')라는 이 동사는 어떻게 해석해야 하
는가? 이 단어는 본문과 욥기 9:17; 시편 139:11에 3회만 사용된 드문
단어로서 학자들에게 적지 않은 어려움을 주고 있다. 본문에 이 단어
를 사용한 것은 아마도 칼빈(Calvin)의 견해처럼 뱀이 '쉐피폰'(창 49:
17)으로 불리기 때문일 것이다. 일부 학자들은 본문 하반절의 전반부
와 후반부의 동사 '슈프'의 어간이 같다는 데에는 동의하나 그 뜻은 달
리 이해한다. 어떤 이들은 그 뜻을 "상하게 하다"로 또 다른 이들은
"숨어서 기다린다, 노린다, 덥석 물다" 등으로 이해한다. 이와는 달리
후반부를 상반부보다 약한 의미("덥석 물다, 노리다")로 해석하든지
아니면 두 곳 모두 약한 의미로 해석하기도 하나 이 동사의 용례를 볼

[117] U. Cassuto, *A Commentary on the Book of Genesis*. Part One. *From Adam to Noah*, 161.
[118] J. Haspecker-N. Lohfink, ibid.

때 이러한 시도는 타당하지 못하다. 우선 욥기 9:17에서는 이 동사가 "폭풍"과 함께 사용되어 해석상 이견을 야기하고 있다.

그가 폭풍으로 나를 치시고 까닭 없이 내 상처를 깊게 하시며.

많은 역본들과 주석가들은 본문 상반절의 폭풍이 사람을 상하게 한다 (yᵉshûpēnî)는 표현이 부적당하다고 하여 "폭풍"인 '쎄아라'(שְׂעָרָה)를 "머리카락"인 '싸아라'(שַׂעֲרָה)로 수정(T, S. BHS, JB, Tanakh, 日本新共同訳, D. J. A. Clines[119])하는데, 극소수가 이것을 "하찮은 일"(R. Gordis, REB)로 옮긴다. 따라서 공동번역성서는 17a를 "그는 한 오라기 머리카락 같은 일로 나를 짓밟으시고"라고 번역한 것이다. 표준새번역개정판은 "그분께서 머리털 한 오라기만한 하찮은 일로도 나를 이렇게 짓눌러 부수시고"라고 하여 "머리털"에 "하찮은 일"까지 첨가했다.[120] 이러한 번역들과는 달리 개역개정판은 '쎄아라'를 "폭풍"으로 번역했고 17a의 '슈프' 동사와 17b의 '파짜'(pāṣa‘) 동사가 평행을 잘 이룬다고 보아 여러 주석들과 역본들과 동일하게 원문을 그대로 받아들여 옮겼다(LXX, KJV, LS, NIV, NASB, NRSV, 日本文語訳, 日本改訳, 日本口語訳, 中國語譯, Franz Delitzsch, N. C. Habel, J. E. Hartley, 박윤선 등).

시편 139:11의 경우 '슈프' 동사가 "흑암"과 함께 사용되어 더 난해한 듯이 보인다.

내가 혹시 말하기를 흑암이 반드시 나를 덮고 나를 두른 빛은 밤이 되리라 할지라도(개역개정판).

---

119 역시 Hitzig, Ehrlich, Dhorme, Rowley, Terrien, Pope, Anderson. 그리고 D. J. A. Clines, *Job 1-20*, WBC 17 (1989), 218 참조.

120 "머리카락"이 곧 "하찮은 일"이다. É. Dhorme, *A Commentary on the Book of Job*, trans. by H. Knight (Nashville·Camden·NY: Thomas Nelson, 1984), 137.

개역개정판, 대다수의 역본들 그리고 일부 학자들은 본문에 사용된 동
사 '슈프'를 수정하여 '싸카크'(שָׁכַךְ , סׇכַךְ "덮는다")로 이해한다.[121] 따
라서 원문의 '에슈페니'(yᵉshûpēnî)를 '에슈케니'(yᵉśûkkēnî)로 읽는다. 폰
소덴(Von Soden)은 이 동사에 관한 언구에서 이러한 원문 수정은 납
득할 수 없다는 결론을 내렸다[122]. 그리고 동조자는 많지 않으나, 헹스
텐베르크(Hengstenberg)는 다른 두 구절들에서와 마찬가지로 여기에
서도 원문 그대로 "상하게 하다"로 번역할 것을 주장한다. 본문의 "흑
암"은 도둑떼와 살인자들이 흉계를 꾸미는 위험 속에 자신을 노출시
켜야 하는 어둠의 압도적 위력을 나타낸다고 그는 이해한다.[123] 김정
우에 의하면 여기에서 "덮다"(shûp)는 단지 "깃들다"라는 뜻이 아니
라, 적대적인 힘으로 "위협하다", "상처를 주다"(창 3:15; 욥 9:17)라는
의미를 갖는다. 흑암은 무서운 힘으로 시인을 덮치는 상황이 제시되고
있다는 것이다.[124]

　　이러한 용례들로 미루어 볼 때에 이 '슈프' 동사는 "상하게 하다"
라는 뜻으로 이해하는 것이 무난할 것이다. 따라서 창세기 3:15b를 뱀
이 다만 여자의 후손의 발꿈치를 노리고 있다거나, 바라만 보고 있다는
식으로 해석하는 것은 배제되어야 한다. 우리가 상반절은 "으스러뜨리
다"로 그리고 하반절은 "상하게 하다"로 각각 번역하려는 유혹을 받을
필요가 없다. KJV, RSV, JPSV, NASB, 개역개정판, 한국 천주교성경
등과 같이 두 곳 모두 "상하게 하다"로 번역하는 것이 무방하다. 그 상

[121] Symmachus, Jerome의 Latin Version, Luther, KJV, LS, NRSV, NJB, NETB, ESV, BHS, 개역개정판, 공동번역성서, 한국 천주교성경, J. Calvin, H. Gunkel, C. B. Moll, A. Weiser, J. J. S. Perowne, A. A. Anderson, L. C. Allen.

[122] W. von Soden, "Zum hebräischen Wörterbuch," Bibel und Alter Orient, BZAW 162, Hrsg, von H. D, Muller (Berlin; NY: de Gruyter, 1985), 200-201.

[123] E. W. Hengstenberg, Commentary on the Psalms, vol. III, The Works of Hengstenberg, vol. 9 (Cherry Hill, NJ: Mack, 1849), 488-99.

[124] 김정우, 『시편주석 III (90~150편)』 (서울: 총신대학교출판부, 2010), 700.

처의 정도는 "머리"와 "발꿈치"가 암시하고 있기도 하지만, 성경 전체의 가르침에 비추어 이해되어야 할 것이다.[125]

창세기 3:15은 여자의 후손인 그리스도께서 사탄의 머리를 상하게 하실 것과 이에 못지않게 사탄 역시 그리스도의 발꿈치를 상하게 할 것을 가리킨다. 그리스도께서 사탄을 이기실 것이 분명한 사실인 것처럼 그가 상함을 입으실 것도 부정할 수 없는 사실이다. 그리스도께서 이렇게 상함을 입으시고 승리하실 일에 관해서는 구약성경의 복음서라고 불리는 이사야서 중에서도 특히 이사야 53장의 "고난의 종"에서 잘 드러난다. 이사야 선지자가 본장에서 그분이 상함을 받으신 사실을 들어낼 때에 자주 3인칭 남성단수대명사 "그"('후')를 동사에 첨가하여 사용하였음을 볼 수 있다.

[4]그는 실로 우리의 질고를 지고('아켄 홀라에누 후 나싸')
[5]그가 찔림은 우리의 허물 때문이요('웨후 메홀랄 미페샤에누')
[7]그가 곤욕을 당하여 괴로울 때에도('니가쓰 웨후 나아네')
[11]그들의 죄악을 친히 담당하리로다('웨아워나탐 후 이쓰볼')
[14]그가 많은 사람의 죄를 담당하며('웨후 헤트⁻라빔 나싸')

---

125 본문의 '슈프'에 관해 소개한 A. O. Ojewole, ibid, 166-77 참조.

V
창세기 3:15b에 나타난 화목의 교리
- "너는 그의 발꿈치를 상하게 할 것이니라"

아들을 많은 사람의 대속물로 주시려는 하나님 아버지의 뜻은 우리가 앞에서 살펴본 바와 같이 창세기 3:15 끝부분에 그의 "발꿈치"('아케브')가 상함을 당할 것이라는 말씀에 분명하게 나타나 있다. 앞에서 "원수"('에바')라는 용어의 용례를 살펴본 결과 이 용어는 동물들에게 사용되지 않았고, 또한 본문을 제외한 성구들에서는 악의적으로 사람을 죽인 자가 살해되고, 선민을 대적한 이방 왕국 블레셋이 패망하게 되고 또한 하나님의 뜻에 역행하여 야곱의 후손을 적대시한 에서의 후손 에돔이 벌을 받은 사실을 가리킨다고 우리는 확인하였다. 이 예들에서 '에바'는 악의적 가해자가 응당 벌을 받는다는 사실을 보여주는 용어이다. 그런데 유독 창세기 3:15에서는 가해자만 상함을 받는 것이 아니라 피해자도 상함을 받는다고 하는데 그것도 여인이 아닌 여인의 후손인 "그"가 그러하다고 밝히고 있다. 사탄은 인류를 유혹하여 타락시킨 가해자이니 마땅히 상함을 받아야 하나 아무 죄도 없는 "그"가 그렇게 된다는 것이다. 여기에서 우리는 화목의 교리를 거론하지 않을 수 없다. 니콜(Nicole)은 성경에 나타난 인간 사이의 "원수" 관계에서도 "화목하다"나 그와 동의적 용어를 써서 A가 B와 화목한다는 것은 B가 A에 대한 자신의 마음 아픈 감정을 버림을 뜻한다고 설명한다(예를 들면 특히 삼상 29:4; 마 5:23~24; II 마카비서 1:5; 5:20; 7:33; 8:29). 이 사실이 로마서 5:10과 고린도후서 5:18~21을 옳게 이해하는 데 중요하다고 그는 역설한다. 그는 하나님과 이러한 원수 관계에 있는 우리가 화목하게 된 것은 그리스도께서 십자기에서 우리를 대신히여 죽으심으로 성취되었는데, 여기에서 결코 하나님께서 제3자의 위치에서 아들만을 보내셨다는 뜻으로 이해해서는 안 된다는 사실을 아는 것이 매우 중요하다고 지적한다. 하나님 자신이 이 일에 관여하시어 직접 인간의 몸으로 이 땅에 오셔서 인간의 죄의 짐을 온전히 지심으로 화목의 대가를 치르신 것이다![1]

> 말씀이 육신이 되어 우리 가운데 거하시매 우리가 그의 영광을 보니 아버지의 독생자의 영광이요 은혜와 진리가 충만하더라(요 1:14).

하나님께서 친히 죄인들의 죽음을 담당하셨다는 사실을 템플(Temple)은 아래와 같이 설명하였다.

> 지고하신 하나님께서 혼잡하고 절망적인 유한계 안으로 이보다 더 이상 개입하신다는 것은 도저히 상상할 수 없다. 우리가 당하는 모든 육체적·정신적 고뇌를 하나님이 친히 체험하셨다. 그분은 그 모든 고뇌를 친히 체험하셨다. 그분은 홀로 떨어져 편히 계시면서 이 세상으로 하여금 고통을 당하도록 내버려두시지 않는다. 이 세상의 모든 고통은 그분의 것이다.[2]

로마서 5:10~11에는 화목 교리에 대해 다음과 같이 진술한다.

---

[1] R. Nicole, "The Nature of Redemption," *Contemporary Evangelical Thought. Christian Faith and Modern Theology*, ed. by C. F. H. Henry (NY: Channel, 1964): 195-96.

[2] 이 내용(W. Temple, *Christus Veritas* [London: 1949], 270)은 L. Morris, *The Cross in the New Testament* (Exeter, England: Paternoster, 1976), 49에서 인용했음.

[10]곧 우리가 원수 되었을 때에 그의 아들의 죽으심으로 말미암아 하나님과 화목하게 되었은즉 화목하게 된 자로서는 더욱 그의 살아나심으로 말미암아 구원을 받을 것이니라 [11]그뿐 아니라 이제 우리로 화목하게 하신 우리 주 예수 그리스도로 말미암아 하나님 안에서 또한 즐거워하느니라.

여기에 사용된 "원수"라는 단어는 바로 LXX이 창세기 3:15의 히브리어 '에바'를 번역할 때 사용한 '엑스드로스'(ἐχθρός)라는 단어와 동일하다. "우리가 원수되었다"라는 말에 대해 마이어(Meyer)는 이것이 우리가 능동적으로 하나님께 대해 원수가 되었다는 것이 아니라 하나님께서 인간에 대해 원수가 되셨음으로 우리가 수동적 위치에 놓인 것이라고 옳게 풀이하였다. 왜냐하면 그리스도의 죽으심이 인간이 하나님께 대해 원수가 됨을 제거한 것이 아니라 하나님 편에서 인간을 위한 용서를 마련하신 것이기 때문이라고 한다. 하나님의 원수된 자라고 하는 것은 죄로 인해 하나님의 진노의 대상이 된 자라는 뜻이다.[3] 뷰크젤(Büchsel)은 '카탈라스소'(καταλλάσσω. "화목하다")를 설명하면서 이 화목의 관계에서 하나님과 인간은 동등한 위치에 있는 것이 아니라는 사실을 밝혔다. 즉, 이 화목은 양쪽이 원수이었는데 이제 동등한 사이의 동반자가 된다는 의미에서 상호적으로 이루어지는 것이 아니라 오히려 모든 점에서 인간에 대하여 역사하시는 하나님의 주권이 유지되었다는 것이다.[4] 머리(Murray)도 이 "원수" 관계를 수동적으로 이해할 것을 주장한다. 하나님과 인간 사이의 갈라진 관계(alienation)는 전적으로 인간의 죄로 인해 발생한 것이므로, 그것은 우리가 하나님께 대해 지니는 능동적 원수 관계가 아니라 오히려 거룩하신 하나님께서 우

[3] H. A. W. Meyer, *Critical and Exegetical Commentary of the New Testament*, trans. by W. P. Dickson, Part IV, *The Epistle to the Romans*, vol. I (Edinburgh: T. & T. Clark, 1897), 237.

[4] F. Büchsel, "καταλλάσσω," *TDNT*, vol. I (1964): 255.

리에 대해 지니시는 "원수" 관계이다.[5] 따라서 바울은 로마서 5:10~11
에서 우리가 하나님과 화목하는 것은 (1) "그의 아들의 죽으심으로 말
미암아" 된 것, (2) 하나님의 아들의 죽으심으로 단번에 성취된 것, (3)
하나님 편에서 주신 은혜로우신 선물을 받음으로 된 것, (4) 이러한 근
거에서 우리가 하나님과 평화를 누리게 된 것이다. 고린도후서 5:18~
21에서 바울은 이 사실을 다음과 같이 분명하게 밝히고 있다.

> [18]모든 것이 하나님께로서 났으며 그가 그리스도로 말미암아 우리를 자기와
> 화목하게 하시고 또 우리에게 화목하게 하는 직분을 주셨으니 [19]곧 하나님께
> 서 그리스도 안에 계시사 세상을 자기와 화목하게 하시며 그들의 죄를 그들
> 에게 돌리지 아니하시고 화목하게 하는 말씀을 우리에게 부탁하셨느니라
> [20]…… 너희는 하나님과 화목하라.

머리(Murray)는 본문에 대해 언급하면서 이 화목은 전적으로 하나님의
거룩한 단독 사역(holy monergism)에 의한 것이요, 과거에 완성된 사역
이요 또한 오직 그리스도께서 인간의 죄를 지신 대속적 죽으심으로 말
미암아 가능하게 되었다고 강조한다.[6] 휴즈(Hughes)는 그의 『고린도후
서 주석』에서 화목의 핵심 요소들을 언급할 때에 화목이 하나님에게서
시작되고 또 그에게로 귀착되므로 모든 것이 하나님 안에서 시작되고
끝을 맺는다고 하였다. 그에 의하면 모든 것이 하나님과 인간 간의 유
일한 중보자이신 그리스도를 통해서 이루어진다(딤전 2:5). 특히 하나
님과 인간의 격리에 있어서는 인간의 반역만이 유일한 요인이 아니라
그것이 죄에 대한 하나님의 진노의 대상이 되기도 한다. 하나님의 진노

---

5 "오직 너희 죄악이 너희와 너희 하나님 사이를 갈라 놓았고 너희 죄가 그의 얼굴을
가리어서 너희에게서 듣지 않으시게 함이니라",사 59:2).

6 J. Murray, *The Epistle to the Romans*, NICNT (Grand Rapids: Eerdmans, 1968,
One-Volume edition), 172-73. 역시 그의 *Redemption Accomplished and Applied* (Grand rapids:
Eerdmans, 1955), 33-42 참조.

가 결코 하나님의 사랑과 모순되지 않는다는 사실을 우리가 강조하는
것이 특별히 중요하다. 그는 인간의 반역 문제는 또한 예수 그리스도
안에 나타난 하나님의 사랑으로 말미암아 해결의 결과를 가져오게 되
었다는 중요한 면을 놓치지 않고 지적하였다.[7] 힐리여(Hillyer)에 의하
면 신약성경에서 말하는 화목이라는 것은 인간이 하나님에 대한 자신
의 적대심을 철회하므로 이루어지는 것이 아니라 하나님께서 성취하시
는 어떤 것 즉, 그리스도의 죽으심을 통해 그분 편에서 볼 때 격리된
전체를 인간에게서 제거함으로 인해 성취되는 것을 뜻한다. 하나님께
서 제거하셔야 했던 장애물이란 "사람들의 모든 경건하지 않음과 불의
에 대하여" 품으신 자신의 진노이었다(롬 1:16~18).[8] 여기에서 하나님
의 진노(qāṣap)에 관해 내린 흐로닝겐(Van Groningen)의 정의를 참조
하는 것이 적절하겠다.

> 진노는 정의의 복수와 분리시킬 수 없으므로 하나님의 거룩한 관심, 즉 하나
> 님의 거룩한 성품, 하나님의 사랑, 그리고 하나님이 사랑하시는 대상과 관련
> 되어 있다. 그 하나님은 자기의 언약 백성에 대해 한없는 열정을 가지고
> 사랑하시는, 그렇기 때문에 그들에 대하여 매우 질투가 강한 분이시다. 당연
> 히 하나님의 진노는 하나님의 정의와 조화를 이루는 가운데 표현되어야 한
> 다. 하나님의 진노의 작용은 하나님의 은혜와 긍휼로 조화된다. 사실상 하나
> 님이 진노 가운데에서 자기의 긍휼을 보이시며(합 3:2), 죄인들에게 자기의
> 긍휼을 부으시고 확증하시는 것이다(창 3:15).[9]

화목의 필요성 그리고 인간과 하나님 간의 격리의 요인에 대해 언급하
면서 칼빈(Calvin)은 로마서 5:6의 "연약할 때"라는 말이 자신들에게

---

[7] P. E. Hughes, ibid, 204-206.
[8] N. Hillyer, "2 Corinthians," *NBC*: 1080
[9] G. van Groningen, "קצף," *TWOT*, vol. 2: 808-809. 역시 『구약원어신학사전』(하)
(서울: 요단출판사, 1986), 1010-11.

죄밖에 소유한 것이 없는 자들의 상태를 가리키는 것이라고 이해한다. 따라서 우리가 하나님으로부터 은혜를 입을 만한 가치가 전혀 없고 또 한 적합하지도 않은 바로 그 때에 그리스도께서 이 경건하지 않은 자 들을 위해 죽으셨다는 것이다. 바울은 아직 우리가 죄인 되었을 때 곧 우리가 전적으로 부패하고 죄에 얽매었을 때에 그리스도께서 우리를 위하여 죽으심으로 하나님께서 우리에게 대한 자기의 사랑을 확증하셨 다고 증언한다(9절). 칼빈은 우리가 하나님의 원수가 되었다는 말은 하 나님께서 죄를 미워하시기 때문에 우리가 죄인으로 있는 한, 우리는 역 시 하나님이 미워하시는 바가 된다는 뜻으로 이해한다. 따라서 우리 자 신으로 말하자면, 하나님과 화목하기 위해 그리스도의 죽으심이 중재 되지 않는 한, 우리는 항상 하나님의 원수가 된다는 것이다.[10] 그는 또 한 고린도후서 5:18에서 "우리를 자기와 화목하게 하셨다"는 말씀에서 두 개의 요점이 있다고 하였다. 첫째는 인간이 하나님과 화목함에 관한 것이고, 둘째는 그 은택을 획득하는 방편에 관한 것이다. 하나님과 인 간의 "원수" 관계가 어떻게 해소될 수 있는가를 복음 전체가 이 목적을 지향하고 있다고 그는 역설한다.[11]

> 하나님이 죄를 알지도 못하신 이를 우리를 대신하여 죄로 삼으신 것은 우리 로 하여금 그 안에서 하나님의 의가 되게 하려 하심이라(고후 5:21).

결국 여인의 후손인 "그"가 상함을 받음으로 말미암아 하나님과 원수 가 되었던 인류의 조상 아담과 하와를 위시하여 그의 후손인 노아에게

---

[10] J. Calvin, *The Epistle of Paul to the Romans and Thessalonians*, trans. by R. Mackenzie, CNTC, vol. 8 (Grand Rapids: Eerdmans, 1973 Repr.), 108-10.

[11] J. Calvin, *The Second Epistle of Paul to the Corinthians, and the Epistles to Timothy, Titus and Philemon*, trans. by T. A. Smail, CNTC, vol. 10 (Grand Rapids: Eerdmans, 1964 Repr.), 76-77.

서 퍼져나간 셈족과 야벳(블레셋. "그들도 남아서 우리 하나님께로 돌
아와서 유다의 한 지도자 같이 되겠고" -슥 9:7b) 그리고 함의 후손
("구원 받은 자들이 시온 산에 올라와서 에서의 산을 심판하리니 나라
가 여호와께 속하리라" -옵 1:21)까지 하나님과 화목하는 은총을 입게
되었다. 이들은 모두 그 분이 십자가상에서 "엘리 엘리 라마 사박다니
…… 곧 나의 하나님, 나의 하나님, 어찌하여 나를 버리셨나이까"(마
27:46; 막 15:24)[12]라고 절규하셨을 뿐만 아니라, "다 이루었다"(요 19:
30)라고 하시며 자신을 화목의 제물로 바치시고 삼일 만에 죽음의 권
세를 이기시고 부활 승천하심으로 말미암아 이 은총의 수혜자들이 된
것이다. 놀랍게도 마태복음 27:46과 요한복음 19:30의 바로 이 말씀들
이 시편 22편(원문) 첫 절의 시작과 마지막 절의 끝을 장식한다(32절.
kî 'āśâ. "이는 그가 행하셨기 때문이다" -직역. LXX, S는 "여호와"를
첨가). 이것은 다름이 아닌 창세기 3:15에 약속된 원복음의 성취를 의
미하는 것이 아니고 무엇이겠는가!

그런데도 유대교는 "너는 그의 발꿈치를 상할게 할 것이니라"는
말씀에서 "발꿈치"라는 표현을 시간적으로 해석하여 종말의 메시아 시
대와 연관시킨다. 미클(Michl)이 그 입장을 아래와 같이 잘 대변해 준다.
그에 의하면 메시아 시대와 관련시키는 탈굼(Targum)의 해석은 우연이
아니다. 그것은 히브리어 대본(臺本)의 'āqēb(עָקֵב, "발꿈치")를 장소적
의미 대신 시간적 의미로 해석하는 것과 관련이 있다. 그래서 탈굼 온켈
로스(Targum Onkelos)는 대본을 아람어 sôpā'(סוֹפָא, "끝/종말")로 바꾸
어 기록한다. 반면에 제2 예루살렘 탈굼(Targum Jerushalmi II)은 두
가지 개념인 아람어 sôpā'와 'iqbā'(עִקְבָא, "발꿈치")를 함께 취하여

---

12 제2위이신 성자께서 성부로부터 버림을 받았다(역시 시 22:1에도 완료형)고 하는데,
그렇다면 삼위일체의 관계는 어떻게 이해할 것인가에 관해서는 레온 모리스(L. Morris) 저,
『신약의 십자가』, 이승구 역 (서울: 기독교문서 선교회, 1987, 44-51 참조.

한 묶음으로 연결한다. "끝/종말"과 관련시키는 그런 해석은 후기 유대주의적 사고를 자연스럽게 메시아 시대로 향하게 하였을 것임에 틀림없다. 하지만 창세기 3:15의 ʻāqēb에 대한 시간적 해석이 이미 세상 끝 날에 시작될 메시아의 날에 대한 생각에 의해 영향을 받은 것일 수도 있다. 이와 관련하여 시대의 특성에 따라 히브리어 성경을 영적으로 해석하는 후기 유대교의 경향을 간과해서는 안 될 것이다. 그것은 바로 탈굼의 창세기 3:15에서도 나타나는 경향인데, LXX에서 알려진 경향이기도 하다. 결국 이 말씀을 메시아 시대와 연결하는 비교적 후대의 이러한 방식이 기독교의 해석을 막기 위해 생겨났을 가능성도 혹시 고려해야 하는 것이 아닐까? 그렇다면, 한편으로 사람들은 창세기 3:15이 종말에 대한 예언인 것을 인정하였겠지만, 다른 한편으로는 이 약속이 예수님에게서 이미 성취되었다는 것은 부인하였을 것이다.[13] 이러한 유대교의 해석에는 위에서 살펴본 화목의 교리는 존재할 리 없다.

[14]...... 그들의 마음이 완고하여 오늘까지도 구약을 읽을 때에 그 수건이 벗겨지지 아니하고 있으니 그 수건은 그리스도 안에서 없어질 것이라 [15]오늘까지 모세의 글을 읽을 때에 수건이 그 마음을 덮었도다 [16]그러나 언제든지 주께로 돌아가면 그 수건이 벗겨지리라(고후 3:14~16).

---

13 J. Michl, ibid, 380, n. 1.

나가는 말

이제 우리는 창세기 3:15이 하나님께서 타락한 인류에게 주신 최초의 기쁜 소식이라는 의미에서 원복음이라는 사실을 잘 알게 되었다. 이 원복음이야말로 교회의 기초(Luther)[1]요, 모체적(母體的) 예언(Smith)[2]과 성경 메시지의 핵심(Young)[3]이다. 모리스(Morris)는 이 한 구절 속에 온 인류의 역사가 요약되어 있다고 역설한다.[4] 그렇다면 창세기 3:15의 그(여자의 후손)가 와서 너(뱀, 즉 사탄)의 머리를 상하게 할 것이라고 한 약속으로 시작하여 요한계시록 22:20에서 "내가 진실로 속히 오리라"는 약속으로 끝을 맺는 이 책이 곧 기독교의 성경이다.[5]

---

[1] I. D. K. Siggins, ibid, 21.

[2] J. E. Smith, *What the Bible Teaches About the Promised Messiah* (Nashville: Nelson, 1993), 38.

[3] E. J. Young, *In the Beginning: Genesis Chapters 1 to 3 and the Authority of Scripture,* 107.

[4] H. M. Morris, *The Beginning of the World* (Colorado: Accent Books, 1977), 66.

[5] W. C. Kaiser Jr., *Back Toward the Future. Hint for Interpreting Biblical Prophecy* (Grand Rapids: Baker, 1989), 역시 월터 C. 카이저 지음, 『성경과 하나님의 예언』, 김영철 감수 (서울: 여수룬, 1991), 103.

■ 부록: 구약에 나타난 언약파기 모티브.

1. 호세아 6:7의 "아담처럼"(kᵉ'ādām)에 대한 여러 견해

창세기 3:15에 원복음이 선포된 것은 아담과 하와가 행위언약을 파기했기 때문이었다. 하지만 언약파기에 관한 언급이 호세아 6:7에 "그들은 아담처럼 언약을 어기고 거기에서 나를 반역하였느니라"라는 말씀을 제외하면 구약에서 문자적으로 뚜렷하게 언급한 예를 찾아보기 어렵다. 물론 비평학계에서는 구약에서 최초로 발생하였다는 이 언약파기 모티브에 관한 언급이 이처럼 희귀하다는 점을 문제시하지 않을 수 없는 것은 당연하다. 그러나 우리가 먼저 알아야 할 것은, 비록 본문처럼 언약파기 모티브에 관한 직접적 언급이나 그와 관련된 용어들이 언급되지 않았다고 해서 그 사상이 결여되었다고 단정하는 것은 옳지 않다. 왜냐하면 어떤 사상이 표출되는 것은 그것을 나타내는 용어를 직접 언급하지 않고도 얼마든지 가능하기 때문이다. 신약에서도 이 원복음에 관한 언급조차 많지 않다는 사실에 대하여 뷜(Böhl)은 다음과 같이 적절히 설명하였다.

> 신약에서는 그 모든 약속의 내용들을 끄집어 낼 시간과 기회가 없었을 뿐이다. 또한 태곳적이고 족장 이전 시대에 대한 충분한 이해가 사도들에게 인정될 수 없었는지 모른다. 사도들은 자기들이 쓴 글에서, 보다 나중 시기에 속하는 약속이 나무의 가지 즉, 여전히 상해를 받지 않고 남아 있어 뿌리(창

3:15, 원복음)로부터 올라오는 모든 영양분을 받아먹은 그 가지로 만족했을 것이다.[1]

비평학계의 일각에서는 다음과 같은 이유들을 들어 호세아 6:7 본문마저 창세기 3장에 수록된 언약파기의 내용과 연관 짓기를 거부한다.

가. 본문의 '아담'을 고유명사로 받아들일 수 없다는 견해

그들은 '아담'이 창세기의 초두 몇 장을 제외하고는 고유명사로 사용되지 않았다고 주장한다. 하지만 '아담'이 언제부터 고유명사로 사용되었는지에 대해서는 그들 자신들도 의견의 일치가 없다. 여러 역본들은 다음과 같이 그 낱말이 고유명사로 사용되었다 주장한다. (1) 창세기 2:15부터(공동번역성서), (2) 창세기 2:16부터(LXX), (3) 창세기 2:19부터(KJV, 개역개정판, 日本文語訳), (4) 창세기 2:20부터(JPSV, Tanakh, ESV는 본문 이후에는 3:17,21과 4:1에서부터), (5) 창세기 3:8부터(Luther, 日本新共同訳), (6) 창세기 3:17부터(日本新改訳, NETB는 본문 이후에는 3:21에서부터), (7) 창세기 3:20부터(TEV), (8) 창세기 4:25~5:1부터(日本口語訳, JB, Moffatt, 한국 천주교성경[2005]). 그리고 발테레미(Barthélemy)는 '아담'을 포로 시대에 이르러서야 고유명사로 사용되었다고 주장하고[2] 하퍼(Harper)는 '아담'이 비로소 P문서에서 고유명사로 사용되었다고 주장하며 다음의 네 가지 이유를 들어 '케아담'을 "아담처럼"보다는 "인간처럼"(after the manner of man, human-like)으로 이해해야 한다고 주장한다. (1) LXX의 번역('안드로포스')을 따름,

---

1 에드워드 뵐, 상게서, 52.

2 J.-D. Barthèlemy, "'Pour un homme,' 'Pour L'homme' ou 'Pour Adam'? (Gen. 2, 20)," *De la Torah au Messie, Melanges Henri Cazelles* (Paris: Desclée, 1981): 47-53.

(2) 창세기에 '아담'과 언약을 맺은 기록이 없음. (3) P문서에 이르러서야 '아담'을 고유명사로 사용함, (4) 이 해석이 만족한 뜻을 제공함.3 하지만 20세기 초반의 산물인 그의 이러한 주장은 지금 많은 도전을 받고 있는 것이 사실이다. 그들은 '아담'에 정관사('하')가 있는 '하아담' (hā'ādām)이 아니기 때문에 그것을 고유명사로 받아들일 수 없다는 주장을 펴기도 한다. 그러나 이러한 주장은 일반적으로 '아담'이 산문에서는 정관사를 수반하나 운문에서는 정관사를 수반하지 않을 수도 있다는 점에서 설득력이 없다. 호세아 6:7이 운문으로 되어 있기 때문에 '아담'에 정관사가 필요 없다. 창세기 2:19(2회)과 2:20a(1회)에는 '아담'에 정관사가 있지만 2:20b와 3:17,21에는 정관사가 없다. 이처럼 창세기 2:19에서는 정관사가 붙어 '하아담'으로 이미 사용되었지만 호세아 6:7의 본문은 운문이기 때문에 정관사의 유무를 떠나 '아담'을 고유명사로 이해하는 데에는 무리가 없다. 카쑤토(Cassuto)는 말하기를 비록 현대의 대부분의 학자들이 창세기 2:20b; 3:17,21에서 이 낱말을 수정하나 자신은 '아담'이 전치사('베', '레', '케')와 함께 사용되었을 때에는 정관사가 없는 것이 히브리어의 일반적 규칙으로 안다고 역설하였다.4

나. 호세아 6:7이 언약파기 모티브와 무관하다는 견해

일부학자들은 성경 어느 곳에서도 여호와와 '아담' 간에 언약 체결의 언급이 없다는 이유에서 호세아 6:7이 언약파기라는 개념을 내포하는 것으로 볼 수 없다고 주장한다. 우선 본문의 언약 사상에 관해 피력한 데이(Day)의 입장이 우리에게 도움을 줄 것이다. 그는 펄릿(L. Perlitt)

3 W. R. Harper, *A Commentary on the Book of Hosea*, ICC (1905), 288. 역시 BDB, 9.
4 U. Cassuto, *A Commentary on the Book of Genesis*. Part One. *From Adam to Noah*, 166-67. 하지만 그는 본문이 창세기 3:15을 언급하는 지는 의심스럽다고 주장한다(148).

의 주장을 반박한 바 있는데, 펄릿의 주장은 본문의 "언약"이 정치적 언약이며, 여호와와 이스라엘의 언약은 신명기 사상가들의 창안이라는 것이었다. 하지만 데이는 본문의 "언약"이 여호와와 이스라엘의 언약을 가리키며, 호세아서에 나타난 언약 사상은 소위 신명기 사상가들이 등장하기 이전에 이미 알려졌다고 역설했다.[5]

호세아 6:7 이외에도 욥기 31:33에 나타난 "아담처럼"('케아담')은 어떻게 이해할 것인가?

> 내가 언제 다른 사람처럼 내 악행을 숨긴 일이 있거나 나의 죄악을 나의 품에 감추었으며(욥기 31:33. 개역개정판)

만일 우리가 호세아 6:7과 더불어 본문의 '케아담'도 적지 않은 지지자들 및 역본들[6]과 더불어 "아담처럼"으로 이해한다면 아담의 범죄에 관한 지식이 상당히 이른 시기인 족장 시대에 있었다고 볼 수 있다. 흥미롭게도 툴시나이(Tur-Sinai)는 욥기 28:28("또 사람에게['레아담'] 말씀하셨도다")과 31:33("내가 언제 다른 사람처럼['케아담'] 내 언행을 숨긴 일이 있거나")에서 각각 "아담에게"와 "아담처럼"으로 번역할 뿐

---

5 J. Day, "Pre-Deuteronomic Allusions to the Covenant in Hosea and Psalm LXXVIII," *VT* 36 (1986): 1-12.

6 E. F. K. Rosenmüller, F. Hitzig, Franz Delitzsch, R. Gordis, N. C. Habel, M. H. Pope, F. I. Anderson; Targum, KJV의 난외주에는 "men", NASB, Tanakh, 개역의 텍스트는 "타인" 그러나 난외주는 '아담', ESV는 난외주에 '아담', 日本新改訳과 日本新共同訳 등. 하틀리는 "사람처럼"으로 이해한다[J. E. Hartley, *The Book of Job*, NICOT (Grand Rapids: Eerdmans, 1988), 421]. 브롬메르데[A. C. M. Blommerde, *Northwest Semitic Grammar and Job*, Biblica et Orientalia 22 (Rome: Pontifical Biblical Institute, 1969), 116]는 학자들의 제 견해를 아래와 같이 소개한다. "like Adam"(Friedrich Delitzsch, Hitzig, Pope 등), "in a human way, nach Menschenart, vulgairement"(H. G. A. Ewald, S. Dillmann, A. B. Davidson, É. Dhorme), 수정안으로 '바아담'("unter Menschen" -B. Duhm), "메아담" ("from men" -H. Graetz, K. Budde, F. Perles, G. Fohrer, RSV 등). 브롬메르데는 '케야템'("as in my hands")으로 수정한다.

아니라 욥기 15:7("네가 제일 먼저 난 사람이냐")에서도 일반 인간이
아닌 고유명사 "아담"(Adam)을 가리킨다고 주장한다.[7] 이제 헤이벨
(Habel)의 다음과 같은 견해에 유의하는 것이 필요하다.

아담에 관한 암시가 매우 적절한 것은 그가 욥 이전의 이스라엘 영웅들의
공통 유산에 속하기 때문에 그러하다. 더욱이, (욥 31:) 38~40절과 (욥) 5:6,7
에 나타난 암시는 시인이 창세기 3장의 타락 전승에 익숙해 있었음을 분명히
말해준다.[8](괄호 안은 역자의 삽입)

'케아담'은 이 두 성구들 이외에도 소 마쏘라(Massorah parva)가 지적한
바와 같이 시편 82:7에도 나타난다.

그러나 너희는 사람처럼 죽으며 고관의 하나 같이 넘어지리로다(개역개정판)

본문의 '케아담'은 불가타역("quasi Adam" -V)을 제외한 거의 모든 역
본들이 "사람처럼"으로 옮겼다. 키드너(Kidner)는 그것을 "아담처럼"
으로 번역할 수 있으나 7b의 "고관"과 평행을 고려하여 "사람처럼"이
라는 해석을 택했다.[9] 고디스(Gordis)는 이 본문도 호세아 6:7과 욥기
31:33과 마찬가지로 "아담처럼"으로 이해한다.[10] 이후에 발표된 뮬런
(Mullen)의 주장에서도 창세기 2~3장에 기록된 대로 아담이 하나님께
반역하여 사망을 자초한 사실에 근거하여 "아담처럼"으로 이해했다.[11]

---

[7] N. H. Tur-Sinai, *The Book of Job. A New Commentary*, revised edition (Jerusalem: Kiryath Sepher, 1967), 209,248,409,446. 욥 31:33~34의 NIV 각주는 다음과 같이 설명한다. "이 단어 형태는 하나님을 피하여 숨은 아담과 관련하여 창 3:8,10에서 발견된다. 이 절은 아담의 역사적 타락을 문자적으로 믿는 욥의 신앙을 보여주는 것 같다."

[8] N. C. Habel, *The Book of Job: A Commentary*, OTL (1985), 426.

[9] D. Kidner, *Psalms 73~150*, TOTC (London: Inter-Varsity, 1975), 299, n. 1.

[10] "You shall surely die like Adam." R. Gordis, *The Book of Job: Commentary, New Translation and Special Notes* (NY: Jewish Theological Seminary of America, 1978), 353.

테이트(Tate)는 뮬런의 견해에 동의하면서도 자신은 "인간처럼"으로
옮겼는데 '아담'을 통상적으로 "인간"으로 가정하기 때문이라고 말한
다.[12] 제롬이 '아담'을 고유명서로 보아 "아담처럼"(V)으로 옮긴 데에는
분명히 그럴만한 이유가 있었을 것이다. 본문에서 언급된 '아담'을 고
유명사 혹은 보통명사 그 어떤 것을 택하든지 간에 성경에서 첫 조종
(弔鐘)이 울리게 한 장본인이 되는 "필멸적 존재"("mortals" -NRSV,
NETB)임이 틀림이 없다(창 5:5). 따라서 시편 82:7의 '케아담'을 다른
두 구절인 호세아 6:7; 욥기 31:33과 같이 이해하여 "그러나 너희는 아담
처럼 죽으며"로 번역해도 교리적으로 큰 문제는 없을 것으로 생각한다.

호세아 6:7의 '케아담'을 이해하는 데에는 실제로 호세아 선지자가 과
거 역사에 관해 자주 언급한 사실이 도움이 된다.

> 2:3 내가 그를 벌거벗겨서 그 나던 날과 같게 할 것이요
> 9:10 옛적에 내가 이스라엘을 만나기를 광야에서 포도를 만남 같이 하였으며
> 너희 조상들을 보기를 무화과나무에서 처음 맺힌 첫 열매를 봄 같이
> 하였거늘
> 11:8 내가 어찌 너를 아드마 같이 놓겠느냐 어찌 너를 스보임같이 두겠느냐
> 12:4 천사와 겨루어 이기고 …… 하나님은 벧엘에서 그를 만나셨고 거기에서
> 우리에게 말씀하셨나니

그렇다면 그가 6:7에서 아담의 원죄에 관해 언급하였다는 사실은 하등
의 의심의 여지가 없고 매우 자연스럽다고 하겠다. 앤더슨과 프리드만
(Anderson & Freedman)도 호세아가 아담에 관한 내용을 알고 있었으

11 E. T. Mullen, Jr., *The Assembly of the Gods: The Divine Council in Canaanite and Early Hebrew Literature*. HSM 24 (Chico, CA: Scholars, 1980), 243.
12 M. E. Tate, *Psalms 51~100*. WBC 20 (1990), 330.

므로 그것을 활용했을 가능성을 시사하였다. 비록 여호와께서 아담과 언약을 체결하셨다는 문자적 언급이 텍스트에 나타나지 않는다 하더라도 선지자들이 거듭 말하는 상식화된 언약파기라는 주제는 어려움 없이 인류 역사의 시초까지 소급하여 올라갈 수 있었을 것이라고 그들은 말한다. 그리고 언약을 반역할 경우 저주가 뒤따른다는 패턴이 창세기 2~3장에서 발견되는 것은 비록 거기에서 그 낱말을 사용하지는 않고 있으나 그 언약을 가리키는 것이 분명하다는 것이 그들의 이해이다.[13] 로벗슨(Robertson)은 창세기 2:15~17이 하나님과 아담 사이에 이루어진 언약을 담고 있는데 그것은 아담에게 사활이 걸린 언약이었다고 옳게 지적하였다.[14] 이렇듯 중대한 언약을 파기한 사건을 선지자들이 몰랐을 리가 없다. 그들은 다만 이 사실을 문자적으로 표현하지 않았을 뿐이다. 알더스(Aalders)는 창세기 12:2~3을 주석하면서 창세기 3:15에 선포된 원복음의 약속이 아브라함의 후손을 통해 성취될 것을 하나님께서 그에게 말씀하셨다고 생각한다. 따라서 이 약속이 족장 아브라함에게 알려진 것이라고 우리는 가정해야 한다고 그가 역설한 사실은 이미 위에서 언급 한 바 있다.[15] 고디스(Gordis)는 창세기 이외에서도 아담에 관한 언급이 있는 것은 당연하다며 다음과 같이 말했다.

어찌해서 창세기 이외에 나타나는 아담에 관한 언급들이 일반적으로 현대 해석가들에 의해 배제되는지 이해할 수 없다. 구약 이후의 사상 형성에 광범위하고 근본적 역할을 한 아담 모티브가 히브리 성경 다른 곳에서는 흔적을 조금밖에 남기지 않았다거나 전혀 남기지 않았다고 생각할 수가 있겠는가?[16]

[13] F. I. Anderson and D. N. Freedman, *Hosea: A New Translation with Introduction and Commentary*, AB, vol. 24 (Garden City, NY: Doubleday, 1980), 439.
[14] O. P. Robertson, ibid, 25.
[15] G. Ch. Aalders, ibid, 270.
[16] R. Gordis, ibid, 353.

카펠루드(Kapelrud)의 생각도 이와 동일하다.

> 호세아와 같은 초기의 선지자에 의한 이러한 언급을 대할 때, 선지자들이
> 언약에 관해 전적으로 무지하여 언급하지 못하였다고 주장하려면 꽤나 용기
> 가 필요하다.[17]

워필드(Warfield)가 지적한 바와 같이 본문의 '케아담'을 비평학자들이
문제 삼는 것은 그들이 구약성경을 종교 사상 발달과 문학 비평적 이
론에 근거하여 이해하기 때문일 것이다.[18] 따라서 호세아 6:7은 아담이
창세기 2:16~17에 언급된 행위언약을 파기한 것처럼 이스라엘과 유다
가 하나님의 언약을 어기고 배신했음을 가리키는 것으로 이해되어야
한다. 이제 우리는 구약성경의 모세 오경뿐 아니라 시서와 선지서가 모
두 창세기 3장에 제시된 이 언약파기 모티브를 여실히 드러냈다고 주
장을 펴는 데 주저할 이유가 없다. 창세기 3:15의 원복음도 이러한 언
약파기의 맥락에서만 옳게 이해될 수 있다.

2. 호세아 6:7의 이해

> 그들은 아담처럼 언약을 어기고 거기에서 나를 반역하였느니라.

본문의 이해를 위해 상반절의 "아담처럼"('케아담')을 하반절의 "거기
에서"('샴')와 연관시켜 검토하는 것이 도움이 될 것이다. 우선 '케아담'

---

17 A. S. Kapelrud, "The Prophets and the Covenant," *In the Shelter of Elyon: Essays
on Ancient Palestinian Life and Literature in Honor of G. W. Ahlstrom,* ed. by W. B. Barrick
& J. R. Spencer, JSOTSS 32 (England: JSOT, 1984), 178. 그러나 카펠루드는 여기에서 저자가
아브라함과의 언약을 언급한 것으로 이해한다.
18 B. B. Warfield, "Hosea vi. 7: Adam or man," *Selected Shorter Writings of B. B.
Warfield,* vol. I, ed. by J. E. Meeter (Phila.: PRP, 1970), 127.

을 두 가지 견해, 곧 수정하는 견해와 수정하지 않는 견해로 나누어 고찰하고자 한다.

가. '케아담'을 수정하여 장소 '베아담'으로 이해하는 견해

이 견해는 전치사 '케'(ㄱ)를 '베'(ㄱ)로 수정하여 '케아담'("아담처럼")을 '베아담'("아담에서", "at Adam")으로 읽어야 한다고 주장한다. 이 수정안은 이미 17세기에 주장되었는데, 대다수 비평적 학자들과 역본들이 이를 따르고 있다.[19] 힌들리(Hindley)는 이것이 "장소인 듯하다"고 하면서도 이중적 해석을 시도한다. 즉, 본문은 여호수아 3:16~17; 5:1~12에 나타나는 아간의 죄와 인류의 조상 아담의 죄를 동시에 언급할 가능성이 있다는 것이다.[20] 우르트(H. Oort), NEB, REB 등은 이 전치사 '케'뿐 아니라 '아담'까지 '아드마'로 수정하여 "아드마에서"('베아드마', "at Admah")로 읽는다. 그러나 이 수정안에 대해 앤더슨과 프리드만(Anderson & Freedman)은 이것이 호세아 11:8의 '아드마'와 동일시한 그릇된 견해라고 논박하였다.[21]

'아담'을 장소로 이해하려는 이유 가운데 하나는 우선 본문의 부사 '샴'(םש)이 장소를 가리키기 때문이라고 한다.[22] 따라서 본문의 '아담'을 여호수아 3:16의 "아담 읍"과 동일시하는 유혹에 빠지는 경우가 있다. 그러나 문제는 성경 어느 곳에서도 언약을 어긴 사건이 "아담에

---

[19] J. Wellhausen, A. Weiser, H. W. Wolff["in Adam"], H. G. May, J. Mauchline, F. I. Anderson & D. N. Freedman, P. R. Ackroyd, John Day, RSV, JB, NJB, NETB, Moffatt["at Adam-town"], ZB, LR, *BHS*, 공동번역성서와 한국 천주교성경["아담에서"]).

[20] J. B. Hindley, "Hosea," *NBC*: 170.

[21] F. I. Anderson and D. N. Freedman, ibid., 438. 이들은 '케아담'을 장소("아담에서처럼")로 이해하는 것이 최상이라고 결론을 내렸다.

[22] 여러 역본들이 이 부사를 "거기"로 번역했다(LXX, V, KJV, NIV, JB, NRSV, 개역개정판, 공동번역성서, 한국 천주교성경). 이 번역들이 모두 비판적 입장을 취한 것은 물론 아니다.

서" 발생했다는 기록이 없다는 데에 있다. 이 사실은 "거기서 하나님을 배신한 기록은 없음"이라고 공동번역성서의 난외주가 잘 대변하고 있다. JB는 난외주에서 다음과 같은 모호한 설명을 가한다.

아마도 아담(얍복강 입구 근처)에 우상의 제단이 있었을 수 있었거나(참조. 수 3:16), 혹은 이 텍스트가 다만 이스라엘의 배신행위가 팔레스틴 정착 초기부터 시작되었음을 의미하는 것뿐일 수 있다.

이렇게 원문을 수정하여 "아담에서"로 고집할 경우 본문에서 말하는 그 장소가 어디인지, 또는 어떤 사건이 그곳에서 발생했다고 말하는 것인지 전혀 알 길이 없게 된다. 비록 대다수가 주장하는 장소인 '아담', '에돔'(D. J. Michaelis), '세겜'(E. Preuschen) 등이 제안되기도 하나 바이저(Weiser)가 그들의 주장이 근거가 없음을 다음과 같이 솔직히 고백하였다.

여호수아 3:16에 근거하여 요단강 입구에 위치한 오늘의 '에드 다르미제'(ed Darmije) 옆에 있는 한 도시인 듯하다. 여기에서 어떤 사건을 다루고 있는지, 이주 시기인지 혹은 그 이후인지 본문은 전혀 알려주지 않고 있다.[23]

본문에서 '샴'이 과연 장소를 뜻한다고 보아야 하는가? 전혀 그렇지가 않다. 쾨니히(König)는 이 단어가 장소나 시간이 아닌 환유적 의미로 쓰인 것으로 보고 그 예로서 에스겔 13:20을 든다.[24]

그러므로 나 주 여호와가 이같이 말하노라 너희가 새를 사냥하듯 영혼들을

---

[23] A. Weiser, *Hosea, Die zwölf Kleinen Prorpheten* I, ATD 24 (Göttingen und Zurich: Bandenhoeck & Ruprecht, 1985), 59. "Josua 3, 16"은 수 13:6의 오식으로 보아야 할 것이다(역자 주). W. R. Harper의 견해도 이와 유사하다.

[24] E. König, ibid, 508.

사냥하는 그 부적을 내가 너희 팔에서 떼어 버리고 너희가 새처럼 사냥한 그 영혼들을 놓아 주며.

에스겔 13:20의 "사냥하다" 동사 다음에 운문에는 '샴'이 나타나는데 아래의 세 가지로 이해된다. (1) 직역: "거기" -LXX, KJV, NASB, W. J. Schröder, M. Greenberg ("where"), 日本口語訳. (2) 수정안: BHS와 G. A. Cooke는 T, S, V를 따라 '밤'(םָ, "그것으로")으로 수정할 것을 제안한다. (3) 생략: RSV, NEB, Moffatt, NIV, JPSV, 개역, 개역개정판, 공동번역성서, C. F. Keil, W. Zimmerli, 日本新改訳 ("그 때"). 여러 역본들과 학자들이 본문에서 '샴'을 피상적이거나 고정적 장소로 해석하기 힘들다고 보는 이유는 "부적"이 영혼들을 잡는 장소가 아니라 방편 ("magic bands" -NASB, "magic wrist bands" -TEV, "magic charms" -NKJV)이기 때문인데 이에 대해서는 카일(Keil)이 오래전에 이미 지적한 바 있다.[25] 한국 천주교성경의 "새를 잡듯이 사람의 목숨을 잡는 데에 쓰는 너희의 띠들"이라는 번역도 무난하다고 여겨진다. 전도서 3:17에서도 '샴'이 적지 않은 어려움을 주고 있다

> 내가 매 마음속으로 이르기를 의인과 악인을 하나님이 심판하시리니 이는 모든 소망하는 일과 모든 행사에 때가 있음이라 하였으며.

전도서 3:17 본문에서도 '샴'은 다음과 같이 다양하게 번역된다. (1) 직역: "거기" -Franz Delitzsch, O. Zöckler, R. Gordis; KJV, JPSV, NASB, JB와 NJB ("여기"), (2) 생략: Moffatt, NEB, NIV, 개역개정판, 한국 천주교성경, 공동번역성서, (3) "그 때에": -H. S. Nyberg, O. Schmöller, J. Mauchline, 日本新改訳, (4) 수정안: 욥기 4:20을 근거로 '샴'을 '메씸'

---

[25] C. F. Keil, *Biblical Commentary on the Prophecies of Ezekiel.* 174.

('쑴'의 분사형)으로 읽음: BHS, RSV의 "he has appointed" 참조.
이러한 예들을 보아 호세아 6:7의 '샴'도 장소라고 고집할 필요가 없을
것이다. '샴'이 장소를 가리키는 것으로 이해하여 "거기에서"로 번역할
경우에는 '케아담'을 "아담처럼"으로 이해한다고 해도 "그들"이 패역한
장소가 어디인지를 밝힐 수 없게 된다. 따라서 이것을 부사로 보는 이
들은 그 장소가 '벧엘'(C. F. Keil,[26] O. Schmöller), "북방 이스라엘"(E.
Henderson), "가나안 땅"(Rashi, Theo. Laetsch)이라는 각기 다른 주장
을 할 수밖에 없다.

호세아서에는 '샴'이 5회 나타난다(6:7,10; 9:15; 10:9; 13:8). 호세
아 6:10은 "이스라엘 집에서"라고 장소를 밝혔는데, 칼빈, 카일, 볼프
(H. W. Wolff)등은 이 표현을 이스라엘의 열 지파로 이해한다. 그러나
NEB는 "이스라엘의 성소"로; BHS, JB, ZB, Moffatt, 공동번역성서, 하
퍼(W. R. Harper)는 원문을 수정하여 "벧엘"로 읽는다. 호세아 9:15에
는 '길갈', 10:9에는 '기브아'라는 지명이 명시되어 있으므로 '샴'이 "거
기에서"라는 장소를 뜻함이 분명하다. 그런데 호세아 13:8에는 6:7과
마찬가지로 뚜렷한 장소가 언급되지 않았다. 먼저 호세아 13:8의 '샴'
을 검토해보자.

내가 새끼 잃은 곰 같이 그들을 만나 그의 염통 꺼풀을 찢고 거기서 암사자
같이 저희를 삼키리라 들짐승이 그들을 찢으리라.

본문의 부사 '샴'은 LXX, KJV, NETB, 개역개정판처럼 "거기서"로 직

---

26 카일은 '케아담'을 "아담처럼"으로 해석하면서도 '샴'은 시 14:5에서(문장의 앞에
위치함)처럼 배역을 자행한 장소를 가리킨다고 이해한다. 그는 그 장소가 명시되지는 않았으나
벧엘이 틀림이 없다고 주장한다. C. F. Keil, *Biblical Commentary on the Old Testament, The
Twelve Minor Prophets*, vol. I, trans. by J. Martin (Grand Rapids: Eerdmans, 1969 Repr.),
99-100.

역하기보다는 그것을 번역하지 않는 경우가 많다(Calvin, J. Meinhold, W. Nowack, K. Marti, A. Weiser, JB, BS, Moffatt 등). 볼프(Wolff)는 '샴'을 "그 때에"(시 36:12; 132:7)라는 시간적 용법으로 이해하며 그것이 하반절에서 전개될 일을 가리키는 것으로 본다.[27] NEB는 "즉석에서"로, 그리고 공동번역성서와 한국 천주교성경은 "그 자리에서"로 번역하여 "내가 암사자 같이 그들을" 당장에 먹어 치운다는 의미를 '샴'이 갖는다고 이해한 것으로 보인다. 델리취(Franz Delitzsch)는 시편 66:6 ('샴 니쓰메하')[28]에서 '샴'을 "그렇다면(그 안에서 기뻐하자)"으로 번역했고[29] 매카시(McCarthy)는 "보라!"로 해석한다.[30] 이는 호세아 6:7의 '샴'이 반드시 장소를 가리킨다고 볼 필요가 없다는 사실을 논증해 준다.

　문장 구조상으로 볼 때에 호세아 6:7의 '샴'은 하반절 초두에 위치하고, 또 억양 부호 '티프하'에 의하여 다음 동사와 단절되어 독립적 위치를 차지함으로써 부각되고 있다. 따라서 본문의 '샴'은 많은 학자들의 주장을 따라 장소적 용법으로 보아 상반절의 '케아담'과 평행을 이룬다고 간주하기보다는 오히려 그것을 강세적 용법으로 보는 것이 좋을 듯하다. 따라서 체인(Cheyne)은 이것이 노여움의 표현으로 사용되었다고 풀이한다.[31]

---

[27] H. W. Wolff, *Hosea,* Hermeneia, trans. by G. Stansell (Phila.: Fortress, 1974), 105,121,122. 하지만 그는 호세아 6:7에서는 그것을 시간적으로 이해하지 않았다.

[28] "하나님이 바다를 변하여 육지가 되게 하셨으므로 무리가 걸어서 강을 건너고 우리가 거기서 주로 말미암아 기뻐하였도다."

[29] Franz Delitzsch, *Biblical Commentary on the Psalms*, vol. II, trans. by F. Bolton (Grand Rapids: Eerdmans, 1968 Repr.), 232. 개역개정판은 본문에서도 '샴'을 "거기서"로 번역하였다.

[30] D. J. McCarthy, "bᵉrît in Old Testament History and Theology," *Biblica* 53 (1972): 113. 매카티는 이 대명사뿐 아니라 본문의 단어들을 임의로 수정하여 다음과 같은 번역을 만들어냈다. "Behold, they have walked over the covenant like dirt, lo they have betrayed me!"

[31] 그러나 그는 '아담'을 "사람"으로 이해한다. T. K. Cheyne, *Hosea,* CBSC (1889), 80. 칼빈도 부사 '샴'을 매우 중요하게 여겨 그것을 "In that particular"로 번역하였다(J. Calvin, *Commentaries on the Twelve Minor Prophets,* vol. I, *Hosea,* trans. by J. Owen (Grand Rapids:

나. '케아담'을 수정하지 않는 견해

여기에는 '아담'을 보통명사와 고유명사로 이해하는 두 견해가 있다.

(1) '아담'을 보통명사로 간주하는 견해

앞에서 '아담'을 고유명사로 간주할 수 없다는 견해를 앞에서 살펴본 바와 같이 이 견해는 '케아담'을 "사람처럼"으로 이해한다.[32] 게를레만 (Gerleman)은 본문에서 '아담'을 종(種)의 차원보다는 양(量)의 차원에서 보아, 그것을 하나의 "무리"로 이해하였다.[33] 그러나 이렇게 '아담' 을 일반 인간으로 볼 경우, 본문은 마치 선지자와 제사장인 지도자들이 하나님의 언약을 어기기를 평민들이 언약을 어기듯이 하였다는 뜻이 된다. '아담'을 막연하게 한 인간으로 이해하게 되면, 워필드(Warfield) 의 말과 같이 히브리어 원문에 감당할 수 없는 부담을 주게 되므로 이러한 견해는 거부되어야 한다.[34]

(2) '아담'을 고유명사로 간주하는 견해

창세기 2:19부터 '아담'을 고유명사로 보아야 한다는 견해를 위에서 살펴보았다. 이 견해는 원문을 그대로 받아들이는 매우 자연스러운 해석으로서 호세아 6:7의 '케아담'을 "아담처럼"(like Adam)으로 이해하도

Eerdmans, 1950), 234. "그 사항에서 너희가 불신으로 행동하였다"(『호세아』 존 칼빈 구약성경 주석 26 (서울: 성서교재 간행사, 1980), 275.

[32] D. Kimchi, J. Calvin, R. Lowth, W. M. L. de Wette, F. Hitzig, H. G. A. Ewald, E. Henderson, T. K. Cheyne, W. R. Harper; LXX, S, KJV[난외주. "or, like Adam"], JPSV, Tanakh).

[33] G. Gerleman, "Adam und die alttestamentliche Anthropologie," *Die Botschaft und die Boten, Festschrift für H. W. Wolff zum 70 Geburtstag*, hrsg. von J. Jeremias und L. Perlitt (Neukirchen-Vluyn: Neukirchen Verlag, 1981), 326.

[34] B. B. Warfield, ibid, 127.

록 하는 데에 근거를 제공해준다.[35] 이 해석에 의하면 호세아 6:7은 이 스라엘과 유다도 아담이 하나님과 맺은 언약을 어기고 거역한 것과 꼭 같은 반역을 자행했다고 주장하는 것이 된다.

3. 신약성경의 증거

창세기 3장에 기록된 아담의 범죄에 관한 언급은 호세아 선지자의 글 에서만 발견되는 것은 아니다. 사도 바울도 구원 교리를 논하면서 그 사실을 거듭 언급하였다. 바울은 특히 로마서 5:12~19에서 너무나도 분명하게 창세기 3장을 염두에 두고 있음을 알 수 있다.

> [12]그러므로 한 사람으로 말미암아 죄가 세상에 들어오고 죄로 말미암아 사망이 들어왔나니 이와 같이 모든 사람이 죄를 지었으므로[36] 사망이 모든 사람에게 이르렀느니라. ······ [15]그러나 이 은사는 그 범죄와 같지 아니하니 곧 한 사람의 범죄를 인하여 많은 사람이 죽었은즉 더욱 하나님의 은혜와 또한 한 사람 예수 그리스도의 은혜로 말미암은 선물은 많은 사람에게 넘쳤느니라 [16]또 이 선물은 범죄한 한 사람으로 말미암은 것과 같지 아니하니 심판은 한 사람으로 말미암아 정죄에 이르렀으나 은사는 많은 범죄로 말미암아 의롭다 하심에 이름이니라 [17]한 사람의 범죄로 말미암아 사망이 그 한 사람을 통하여 왕 노릇 하였은즉 더욱 은혜와 의의 선물을 넘치게 받는 자들은 한 분 예수 그리스도를 통하여 생명 안에서 왕 노릇 하리로다 [18]그런즉 한 범죄로 많은 사람이 정죄에 이른 것 같이 한 의로운 행위로 말미암아 많은 사람이 의롭다 하심을 받아 생명에 이르렀느니라 [19]한 사람이 순종하지 아니함으로 많은 사람이 죄인 된 것 같이 한 사람이 순종하심으로 많은 사람이 의인이 되리라.

---

[35] Cyril of Alex., Rashi, Luther, C. F. Keil, Franz Delitzsch, E. B. Pusey, G. F. Oehler, J. Orr, B. B. Warfield, R. Gordis, C. Hodge, H. Bavinck, G. Vos, Theo. Laetsch; V, NASB, NIV[난외주. Or "As at Adam"; or "like men"], TEV, ESV[부사 '샴'을 "거기서"로 번역].

[36] '에프 호'(ἐφ᾽ ᾧ)의 해석에 대해서는 특히 C. E. V. Cranfield, "On Some of the Problems in the Interpretation of Romans 5.12," *SJT* 22 (1969): 324-41 참조.

본문 12절과 15~16,17~18절에서 우선 "죽음"(15절)과 "정죄"(16절)가
평행을 이루고, 17~18절에서는 "범죄"와 "정죄에 이름"이 평행을 이룬
다. 그러나 15절에서는 "범죄"가 "선물(grace)은 많은 사람에게 넘쳤느
니라"와, 16,18,19절에서는 "범죄"가 "의롭다하심"과 그리고 그것이 17
절에서는 "생명"과 각각 평행을 이룬다.[37] 이것은 첫째 아담과 둘째 아
담의 대표성의 차이점을 드러내주는데 고린도전서 15:22에서 이 사실
이 더욱 분명하게 나타난다("아담 안에서 모든 사람이 죽은 것 같이 그
리스도 안에서 모든 사람이 삶을 얻으리라"). 머리(Murray)가 잘 지적
한 바와 같이, 이러한 유추에서 두 대표 사이에는 현저한 대조를 발견
할 수 있다. 즉, 전자에게서는 죄-정죄-죽음이, 후자에게서는 의-칭
의-생명이 바로 그것이다.[38] 그리고 간접적이기는 하나 창세기 3장에
나타난 원죄 문제가 "아담이 속은 것이 아니고 여자가 속아 죄에 빠졌
음이라"(딤전 2:14)라는 말씀에서 분명하게 거론되었다. 히브리 2:14,
15에서도 "자녀들은 혈과 육에 속하였으매 그도 또한 같은 모양으로
혈과 육을 함께 지니심은 죽음을 통하여 죽음의 세력을 잡은 자 곧 마
귀를 멸하시며"라고 함으로써 창세기 3:15에 약속된 여자의 후손인
"그"가 고난을 당한 후에 얻으실 영광에 대해 분명히 언급하였다. 카이
저(Kaiser)는 아브라함에게 언급된 이 약속의 핵심이 복음인데 그것은
창세기 3:15의 원복음에서 시작하여 아브라함과 맺은 언약(창 12:1~
3), 다윗과 맺은 언약(삼하 7장) 그리고 새 언약(렘 31장)으로 이어지는
것으로 이해한다.[39] 따라서 콜린스(Collins)가 바울을 "창세기의 해석
자"라고 명명한 것은 과언이 아닐 것이다.[40] 이처럼 신약성경은 창세기

---

[37] C. J. Collins, "Is Genesis 3:15 a protoevangelium?" *Genesis 1~4. A Linguistic, Literary, and Theological Commentary* (Phillipsburg, NJ: PRP, 2006), 180-81 참조.

[38] J. Murray, *The Epistle to the Romans*, 197.

[39] W. C. Kaiser, Jr., "The Old Promise and the New Covenant: Jeremiah 31:31~34," *JETS* 15 (1972): 12.

3:15에 원복음이 나타나 있다는 것을 기정사실로 인정하고 있다.

그러므로 호세아 6:7의 번역은 아래와 같은 문장 구조적 특이성을 감안하여 이루어져야 할 것이다. 즉, 상반절은 초두에 반의적 접속사 '와우'가 강조의 목적으로 첨가된 대명사 "그들"('헤마')과 연결되었고(weḥēmmâ), '케아담'이 동사 앞에 위치하여 강세를 나타내고 (keʾādām ʾābʿrû beríⁿt) 또한 하반절은 부사 '샴'이 동사 앞에 위치하여 강조되었다(shām bāgʿdû bî).[41] 7절 초두의 '와우'를 "그러나"로 번역하기도 하지만[42] 그렇게 하지 않는 학자들(Anderson & Freedman)이 있는 한편 BHK, BHS처럼 본문의 대명사 "그들"이 첨가된 것이라고 하여 삭제할 것을 제안하기도 한다. 그러나 볼프(Wolff)는 그것의 강조적 위치를 인정하고 "그러나 그들, 그들이 언약을 어겼다"로 번역하여 원문의 강조적 의미를 잘 나타냈다.[43] 앤더슨과 프리드만(Anderson & Freedman)도 호세아 선지자가 3인칭 복수대명사('헴', '헤마')를 선호하는 경향이 있으므로 본문에서 그것을 삭제하는 것은 잘못이라고 지적하였다.[44] '헤마' 와 '샴'이 각각 상하절의 초두에서 부각된 것을 고려할 때에 호세아 6:7 본문을 다음과 같이 번역할 수 있겠다.

그러나 그들은 자진하여 아담처럼 언약을 어기고 당돌히 나를 배신하였느니라(사역).

---

[40] C. J. Collins, ibid, 184-85.
[41] 원문에서 '샴'이 각각 문장 전체(상반절)의 초두(민 3:33; 삼상 21:7[원문은 8]; 삼하 20:1; 욥 3:17; 대하 28:9)와 하반절의 초두(창 11:9; 출 15:25; 민 14:35; 신 12:14; 룻 1:17; 시 14:5; 왕하 4:8; 렘 20:6; 22:26; 32:5; 42:14,16; 겔 12:13; 20:40; 호 12:4[원문은 5]; 암 7:12)에 위치하여 강조된 것을 볼 수 있다.
[42] W. R. Harper, E. Henderson, H. W. Wolff, H. G. May, E. B. Pusey, J. Day, LXX, V 등.
[43] "But they, they transgressed the covenant." H. W. Wolff, ibid, 105.
[44] F. I. Anderson-D. N. Freedman, ibid, 437.

이렇게 이해할 때에 이스라엘과 유다의 "인애"('헤쎄드'), 곧 그들의 신실성이 아침 구름이나 쉬 없어지는 이슬 같은데(4절) 그것은 마치 아담과 하와의 언약 준수 정신이 신실하지 못했던 것과 같다는 뜻이 된다. 그리고 이 말씀은 하나님께서 "나는 인애('헤쎄드')를 원하고 제사를 원하지 아니하며 번제보다 하나님을 아는 것을 원하노라"라고 하신 6절의 말씀과 부합하다. 역본들이 4절의 '헤쎄드'를 대체로 "사랑"(Luther, NRSV, JB, ESV)으로 번역하나 6절의 '헤쎄드'는 "불변의 사랑" (ESV, NRSV), "성실한 사랑"(NJB)으로 번역하기도 한다. 4절과 6절 모두를 NASB와 REB는 "충성"으로 그리고 NETB는 "충실"로 번역하였는데 놀랍게도 Segond은 "경건"으로 이해하였다. 6절의 '헤쎄드'에 대한 이러한 이해는 아담과 하와의 배은망덕한 진면목이 호세아 선지자 당시의 이스라엘과 유다에서 재연되었음을 잘 드러내준다고 하겠다. 따라서 호세아는 이스라엘을 비유하여 말할 때에 다른 선지자들이 사용하지 않은 극단적 용어를 동원하여 그들을 불륜의 아내라고 칭하는 데까지 이른 것이다. 그들이 이 지경에 이르렀다면 호세아 선지자를 통해 그들이 아담처럼 언약을 어기고 내게 배역하였다는 하나님의 책망을 받고도 남음이 있다고 해야 하지 않겠는가!

■ 약어표

AASOR	*Annual of the American Schools of Oriental Research*
AB	*Anchor Bible*
ABD	D. N. Freedman, et al., eds., *The Anchor Bible Dictionary.* 6 vols. NY: Doubleday, 1992
AJT	*American Journal of Theology*
ANF	*Ante-Nicene Fathers*
ATD	*Das Alte Testament Deutsch. Neues Göttinger Bibelwerk*
BAR	*Biblical Archaeologist Reader*
BDB	F. Brown, S. R. Driver & C. A. Briggs, *Hebrew and English Lexicon of the Old Testament.* Oxford: Clarendon, 1907, reprinted with correction, 1959
BHS	K. Elliger and W. Rudolf, eds., *Biblia Hebraica Stuttgartensia.* Stuttgart: Deutsche Bibelstiftung, 1967-77
BETL	Bibliotheca ephemeridum theologicarum lovaniensium
BJRL	*Bulletin of the John Rylands University Library of Manchester*
BL	*Bibel und Liturgie*
BO	*Biblica et Orientalia*
BSC	Bible Student's Commentary
BSfé	*Buttetin de la Société française d'études*
BST	*The Biblical Student and Teacher*
BT	*The Bible Translator*
BZ	*Biblische Zeitschrift*
BZAW	Beihefte zur *Zeitschrift für die Alttestamentliche Wissenschaft*
CBQ	*Catholic Biblical Quarterly*
CBSC	The Cambridge Bible for Schools and Colleges

CCEL   Christian Classics Ethereal Library

CNTC   Calvin's New Testament Commentaries

CSRT   Columbia Series in Reformed Theology

CTJ   *Calvin Theological Journal*

ERE   James Hastings, ed., *Encyclopaedia of Religion and Ethics.* Edinburgh: T. & T. Clark, 1926

EThL   *Ephemerides Theologicae Lovanienses*

ExBC   The Expositor's Bible Commentary

ExpTim   *Expository Times*

FIPTS   *Franciscan Institute Publications Theology Series*

GKC   *Gesenius' Hebrew Grammar.* Ed. by E. Kautzsch. Trans. by A. E. Cowley. 2nd ed. Oxford: Clarendon, 1910. reprint 1949

HALOT   L. Koehler and W. Baumgartner. *The Hebrew and Aramaic Lexicon of the Old Testament,* Subsequently Revised by W. Baumgartner and J. J. Stamm, Study Edition. Volume One. Trans. by M. E. J. Richardson. Leiden, Boston-Köln: Brill, 2001

HSM   Harvard Semitic Monographs

HTM   *Harvard Theological Monographs*

HUCA   *Hebrew Union College Annual*

ICC   International Critical Commentary

IDB(S)   G. A. Buttrick, et al., eds., *Interpreter's Dictionary of the Bible.* 4 vols. Nashville, NY: Abingdon, 1962. Supplementary vol. Ed. by K. Crim et al. 1976.

Int   *Interpretation*

ISBE   G. W. Bromiley et al., eds., *International Standard Bible Ency- clopedia,* 4 vols., Grand Rapids: Eerdmans, 1979-88 fully revised.

ITQ   *Irish Theological Quarterly*

JBL   *Journal of Biblical Literature*

JETS   *Journal of the Evangelical Theological Studies*

JOTT   *Journal of Translation and textlinguistics*

JSOT	*Journal for the Study of the Old Testament*
JSOTSS	*JSOT Supplementary Series*
JTS	*Journal of Theological Studies*
LCC	Library of Christian Classics
MB	*Mittelpunkt Bibel*
NBD	*New Bible Dictionary*, eds., G. Guthre et al. London: Inter-Varsity, 1962
NCB	New Century Bible
NCE	*New Catholic Encyclopedia*, 17 vols. NY: McGrow-Hill, 1967
NedTT	*Nedrlands Theologisch Tijdschrift*
NICNT	New International Commentary on the New Testament
NICOT	New International Commentary on the Old Testament
NTC	New Testament Commentaries
OTL	Old Testament Library
PEQ	*Palestine Exploration Quarterly*
RGG	*Die Religion in Geschichte und Gegenwart, Handwörterbuch für Theologie und Religionswissenschaft. Dritte völlig neu bearbeitete Auflage.* H. FRHR. v. Campenhausen et al. 5 vols., 1957-65
SB	*Sources bibliques*
SDB	*Supplément au Dictionaire de la Bible*
SJT	*Scottish Journal of Theology*
TBP	Torch Bible Paperbacks
TDNT	G. Kittel and G. Friedrich, eds., *Theological Dictionary of the New Testament*, 10 vols. Trans. by G. W. Bromiley et al. Grand Rapids: Eerdmans, 1964-76
TDOT	G. Botterweck and H. Ringgren, eds., *Theological Dictionary of the Old Testament*. Vols. I-. Trans. by D. E. Green et al. Grand Rapids: Eerdmans, 1974-
ThSt(U)	*Theological Studies(USA)*
TOTC	Tyndale Old Testament Commentaries
TWOT	R. L. Harris et al., eds., *Theological Wordbook of the Old Testament.*

2 vols. Chicago: Moody, 1980

TynBul   *Tyndale Bulletin*

VT   *Vetus Testamentum*

WBC   Word Biblical Commentary. Vol. 1-. D. A. Hubbard et al., eds. Waco, Texas: Word Books, 1987-

WTJ   *Westminster Theological Journal*

ZAW   *Zeitschrift für die Alttestamentliche Wissenschaft*

ZPEB   M. C. Tenny et al., eds., *Zondervan Pictorial Encyclopaedia of the Bible*, 5 vols. Grand Rapids: Zondervan, 1978

■ 성경역본들

ASV	American Standard Version
BHK	Biblia Hebraica, Kittel
BHS	Biblia Hebraica, Stuttgartensia
ESV	English Standard Version
FC	La Bible en français courant
JB	Jerusalem Bible
JPSV	Jewish Publication Society of America, The Holy Scriptures
KJV	King James Version
LR	Die Bibel. M. Luther revidiert
LS	Louis Segond. La Sainte Bible
Luther	Die Heilige Schrift
LXX	Septuagint
Moffatt	The Bible. The James Moffatt Translation
NAB	The New American Bible
NASB	New American Standard Bible
NEB	New English Bible
NETB	New English Translation Bible
NIV	New International Version
NJB	New Jerusalem Bible
NKJV	The New King James Version
NRSV	New Revised Standard Version
REB	Revised English Bible (NEB 개정판)
RSV	Revised Standard Version (ASV 개정판)
RV	Revised Version
SR	La Sainte Bible. Nouvelle version L. Segond révisée
T	Targum

Tanakh	The Holy Scriptures. The Jewish Publication Society
TEV	Today's English Version
TOB	Traduction Oecuménique de la Bible
V	Vulgate
ZB	Die Zürcher Bibel

■ 참고 문헌

Aalders, G. Ch. *Genesis*, vol. I, BSC. Trans. by W. Heynen, Grand Rapids: Zondervan, 1981.

Aberbach, M. and B. Grossfeld. *Targum Onkelos to Genesis*. Denver: Center for Judaic Studies, University of Denver, 1982.

Alexander, T. D. "Further Observations on the Term 'Seed' in Genesis." *TynBul* 48. no. 2 (1997): 363-67.

.... "Messianic Ideology in the Book of Genesis. IV. Genesis 3:15 – a Messianic Text?" *The Lord's Anointed: Interpre- tation of Old Testament Messianic Texts*. P. E. Satterthwaite, et al., eds. Carlisle: Paternoster (1995): 27-32.

Allis, O. T. "The Blessing of Abraham." *PTR* 25 (1927): 263-98.

Anderson, A. A. *The Book of Psalms*. 2 vols. NCB. London: Oliphants, 1972.

Anderson, F. I. and D. N. Freedman. *Hosea: A New Translation with Introduction and Commentary*. AB. Vol. 24. Garden City, NY: Doubleday, 1980.

Andrews, S. G. W. *Ancient Interpretation of Divine Judgment in Eden (Gen. 3:14~19)*. Ph. D. dissertation (Cambridge Univ., 1994).

Archer, G. L. *Encyclopaedia of Bible Difficulties*. Grand Rapids: Zondervan, 1982.

Baab, O. J. "The God of Redeeming Grace: Atonement in the Old Testament." *Int* 10 (1956): 134-35.

.... *The Theology of the Old Testament*. NY and Nashville:

Abingdon-Cokesbury, 1949.

Barr, J. *The Garden of Eden and the Hope of Immortality*. Minneapolis: Fortress, 1992.

.... "The Image of God in the Book of Genesis - A Study of Terminology." *BJRL* 51 (1968): 11-26.

Barthèlemy, J.-D. "'Pour un homme,' 'Pour L'homme' ou 'Pour Adam'? (Gen. 2, 20)" *De la Torah au Messie*. Melanges Henri Cazelles. Paris: Desclée (1981): 47-53.

Bartlett, J. R. "The Brotherhood of Edom." *JSOT* (1977): 2-27.

.... "Edom." *ABD*. Vol. 2 (1992): 278-95.

.... "Edom and the Fall of Jerusalem 587 B. C." *PEQ* 114 (1982): 13-24.

.... "The Rise and Fall of Edom." *PEQ* 104 (1972): 26-37.

Beattie, D. R. G. "What is Genesis 2~3 About?" *ExpTim* 92 (1980-81): 8-10.

Beaucamp, E. "Salut: II. Le Salut selon la Bible dans l'Ancien Testament." *SDB*. Vol. 11. L. Pirot, A. Robert, et al., eds., Paris-VI: Letouzey & Ané, 1991: 516-53.

Becker, J. *Messianic Expectation in the Old Testament*. Trans. by D. E. Green. Edinburgh: T. & T. Clark, 1980.

Berkhof, I. *Systematic Theology*. Grand Rapids: Eerdmans 1949.

Blaiklock, E. M. "Septuagint." *ZPEB*. Vol. Five, Grand Rapids: Zondervan, 1976: 342-47.

Bleeker, H. K. "Genesis 4:1b." *ThST(U)* 27 (1909): 289-92.

Block, D. I. "Bringing Back David: Ezekiel's Messianic Hope." P. E. Satterthwaite, et al., eds. *The Lord's Anointed*: 167-88.

Blommerde, A. C. M. *Northwest Semitic Grammar and Job*. BO 22, Rome: Pontifical Biblical Institute, 1969.

Böhl, E. *Christologie des Alten Testamentes: oder Wichtigsten Messianischen Weissagungen*. Wien, 1892. 에드워드 빌. 『구약 속의 그리스도』. 권호덕 역. 서울: 도서출판 그리심, 2003.

Borger, R. "Genesis IV 1." *VT* 9 (1959): 85-86.

Bowker, J. *The Targums & Rabbinic Literature. An Introduction to Jewish Interpretations of Scripture.* Cambridge: Cambridge University Press, 1969.

Bright, J. *A History of Israel.* 3rd ed. Phila.: Westminster, 1980.

Brinktrine, J. "Das Protpevangelium, Gen 3, 15 und die Unbeflekte Empfängnis Mariens." *Vigrom Immaculata* ··· (1955): 18-28.

Brockelmann, C. *Hebräischer Syntax.* Neukirchen, 1956.

Brown, R. E. *The Gospel According to John I-XII.* AB 29. Garden City, NY: Doubleday, 1966.

Bruce, F. F. *Paul and Jesus.* Grand Rapids: Baker, 1974.

Büchsel, F. "καταλλάσσω." *TDNT.* Vol. I. Grand Rapids: Eerdmans, 1964: 254-55.

Calvin, J. *Calvin: Institutes of the Christian Religion.* Vol. I. LCC XX. Phila.: Westminster, 1960.

.... *Commentaries on the First Book called Genesis.* Trans. by J. King. Vol. I. Grand Rapids: Eerdmans, 1948.

.... *Commentaries on the Twelve Minor Prophets.* Vol. I. *Hosea.* Trans. by J. Owen. Grand Rapids: Eerdmans, 1950.

.... *The Epistle of Paul to the Romans and Thessalonians.* Trans. by R. Mackenzie CNTC. Vol. 8. Grand Rapids: Eerdmans, 1973. Repr.

.... *The Gospel According to St. John.* Part 1-10. Trans. by T. H. L. Parker. CNTC. Vol. 4. Grand Rapids: Eerdmans, 1961.

.... *The Second Epistle of Paul to the Corinthians and the Epistles to Timothy, Titus and Philemon.* Trans. by T. A. Smail. CNTC. Vol. 10. Grand Rapids: Eerdmans, 1964.

Candlish, R. S. *Studies in Genesis. Expository Messages.* Grand Rapids: Kregel, 1979.

Cassuto, U. *A Commentary on the Book of Genesis.* Part One. *From Adam to Noah*. Trans. by I. Abrahams, Jerusalem: Magness, 1961.

.............., *A Commentary on the Book of Genesis*. Part Two. *From Noah to Abraham*. Trans. by I. Abrahams, Jerusalem: Magness, 1964.

Cazelles, H. "Genèse III, 15. Exégèse contemporaine." *BSfé* 14 (1956): 91-99.

Charles, R. H. *The Apocrypha and Pseudepigrapha of the Old Testament in English*. Vol. II. *Pseudepigrapha*. Oxford: Clarendon, 1913.

Cheyne, T. K. *Hosea*. CBSC. London: C. J. Clay & Sons, 1889.

Childs, B. S. *The Book of Exodus*. OTL 29. Phila., Penn: Westminster, 1974.

Clines, D. J. A. *Job 1~20*, WBC 17. 1989.

Cohen, S. "Edom." *IDB*. Vol. 2 (1962): 25-26.

Collins, C. J. "Is Genesis 3:15 a protoevangelium?" *Genesis 1-4. A Linguistic, Literary, and Theological Commentary*. Phillipsburg, NJ: PRP, 2006.

Collins, J. "A Syntactical note on Genesis 3:15: Is the woman's Seed Singular or Plural?" *TynBul* 48. No. 1 (1997): 141-48.

Condon, K. "The Biblical Doctrine of Original Sin." *ITQ* 34 (1967): 20-36.

Coppens, J. "Le Protévangile: Un nouvel essai d'exégèse." *EThL* 26 (1950): 5-36.

Coppes, L. J. "נגע." *TWOT*. Vol. 2:551.

Cranfield, C. E. V. "On Some of the Problems in the Interpretation of Romans 5.12." *SJT* 22 (1969): 324-41.

Day, J. "Pre-Deuteronomic Allusions to the Covenant in Hosea and Psalm LXXVIII." *VT* 36 (1986): 1-12.

De Boer, P. A. H. "Kain and Abel. Genesis IV 1~16." *NedTT* 31 (1942): 197-212.

Delitzsch, F. *Biblical Commentary on the Psalms*. Vol. II. Trans. by F. Bolton, Grand Rapids: Eerdmans, 1968. Repr.

.... *A New Commentary on Genesis.* I. Edinburgh: T. & T. Clark, 1888: E.T. from German.

.... "I. Die vorprophetischen Gottesworte vom Künftigen Heil." *Messianische Weisssagungen in Geschichtlicher Folke.* Leipzig: Akademische Buchhandlung (W. Faber), 1890, 23-28.

Delitzsch, F. & Keil, C. F. *Commentary on the Old Testament.* Vol. I. *The Pentateuch.* Trans. by J. Martin, Grand Rapids: Eerdmans, 1968. Repr.

Dhorme, É. *A Commentary on the Book of Job.* Trans. by H. Knight, Nashville·Camden·NY: Thomas Nelson, 1984.

Dothan, T. "The Arrival of the Sea Peoples: Cultural Diversity in Early Iron Age Canaan." *Recent Excavations in Israel.* Eds. by S. Gitin and W. G. Defer. AASOR 49. Winona Lake: Indiana, 1989: 1-14.

.... "Some Aspects of the Appearance of the Sea Peoples and Philistines in Canaan." *Griechenland, die Aegaeis, und die Levante Während der "Dark Ages."* Ed. by S. Deger- Jalkozy. Vienna, 1982: 99-120.

Drewniak, F. *Die mariologische Deutung von Gen 3:15 in der Väterzeit.* Breslaw, 1934.

Dubarle, A. M. *Le Péché Original dans L'Écriture.* Paris: Les Éditions du Cerf, 1985.

Duguid, I. "Messianic Themes in Zechariah 9~14." P. E. Satterthwaite, et al., eds. *The Lord's Anointed,* 265-80.

Durham, J. I. *Exodus.* WBC 3. 1987: 38-39.

Fairbairn, P. *The Interpretation of Prophecy.* London: The Banner of Truth Trust, 1964.

Feinberg, J. S. "Salvation in the Old Testament." *Tradition and Testament.* Ed. by J. S. and P. D. Feinberg, Chicago: Moody, 1981: 39-77.

Fischer, B. et al., eds., *Biblia Sacra Iuxta Bulgatam Versionem.* Vol. I. *Genesis-Psalmi.* Stuttgart, Germany: Wüttembergische Bibelanstalt,

1975².

Freedman, D. N. and Anderson, F. I. *Hosea: A New Translation with Introduction and Commentary.* AB. Vol. 24. Garden City, NY: Doubleday, 1980.

Furnish, V. P. *Jesus According to Paul.* Cambridge: University Press, 1993,

Gallus, T. *Interpretatio Mariologica Protoevangelii (Gen 3. 15) tempore postpatristico uspue ad Conciliun Tridentinum.* Rome, 1949.

Geldenhuys, N. *The Gospel of Luke*, NICNT. Grand Rapids: Eerd- mans, 1977.

Gerleman, G. "Adam und die alttestamentliche Anthropologie." *Die Botschaft und die Boten, Festschrift für H. W. Wolff zum 70 Geburtstag.* Hrsg. von J. Jeremias, und L. Perlitt, Neukirchen- Vluyn: Neukirchen Verlag, 1981: 319-33.

Gesenius' Hebrew Grammar. Ed. by Kautzsch, E. Trans. by A. E. Cowley, 2nd ed. Oxford: Clarendon, 1910. Repr. 1949.

Glueck, N. "The Civilization of the Edomites." Ed. by D. N. Freedman, and E. F. Campbell, *BAR* 2 (1964): 51-58.

Gordis, R. *The Book of Job: A Commentary, New Translation and Special Notes.* NY: Jewish Theological Seminary of America, 1978.

Gray, G. B. *Sacrifice in the Old Testament.* NY: Ktav, 1925.

Green, E. M. B. *The Meaning of Salvation.* Phila.: Westminster, 1963.

Green, W. H. "The Use of 'Elohim' and 'Jehovah' in the Pentateuch." *BST.* April (1906): 58-65; May (1906): 337-43. 역시, 윌리엄 헨리 그린, "오경에 나타난 '엘로힘'과 '여호와'의 용법." 『구약신학 논문 선집』. 윤영탁 역편. 수원: 합동신학대학원 출판부, 2012: 237-56.

Greenstone, J. H. *The Messiah Idea in Jewish History.* Westport, Conn.: Greenwood, 1972.

Gressmann, H. "Messianic Hope." AJT XVII (1913): 173-94.

Grill, P. S. "Die Schlangentreterin. Gen 3, 15." *BL* 23 (1955-66): 292-94.

Gunkel, H. *Die Psalmen.* Göttingern: Vandenhoeck & Ruprecht, 1968 fünfte Auflage.

Habel, N. C. *The Book of Job: A Commentary.* OTL. 1985.

Hamilton, V. P. *The Book of Genesis Chapters 1-17.* NICOT. Grand Rapids: Eerdmans, 1990.

.... *Handbook on the Pentateuch: Genesis, Exodus, Leviticus, Numbers, Deuteronomy.* Grand Rapids: Baker, 1982.

Harper, W. R. *A Commentary on the Book of Hosea.* ICC. 1905.

Harrison, R. K. "Edom, Edomites." *ZPEB.* Vol. 2, Grand Rapids: Zondervan, 1976: 202-204.

.... "Judaism." *ZPEB,* vol. 3. Grand Rapids: Zondervan, 1976: 727-30.

.... "Philistines Origins: A reappraisal." *Ascribe to the Lord.* Ed. by P. C. Craigie. Sheffield Academic Press, 1988: 11-19.

Hartley, J. E. *The Book of Job.* NICOT. Grand Rapids: Eerdmans, 1988.

Haspecker, J.-Lohfink, N. "Gn. 3, 15: 'weil du ihm nach der Ferse schnappst'." *Scholastik* 36 (1961): 357-72.

Hauret, Ch. "Note d'exégèse. Genese 4:1. 'Possedi hominem per deum'." *RSR* 32 (1958): 358-67.

Heim, K. M. "The Perfect King of Psalm 72: An 'Intertextual' Inquiry." P. E. Satterthwaite, et al., eds. *The Lord's Anointed:* 223-48.

Helfmeyer, F. J. "כָּלָה." *TDOT.* Vol. VII. 1995: 157-64.

Hendriksen, Wm. *Galatians and Ephecians.* NTC. Grand Rapids: Baker, 1979.

.... *Gospel of Luke.* NTC. Grand Rapids. Baker, 1978.

.... *New Testament Commentaries: Thessalonians, Timothy and Titus.* NTC. Grand Rapids: Baker, 1979.

Hengel, M. *The Septuagint as Christian Scripture : Its Prehistory and the Problem of Its Canon.* Edinburgh & NY: 2002.

Hengstenberg, W. E. *Commentary on the Psalms.* Vol III. The Works of Hengstenberg. Vol. 90. Cherry Hill, NJ: Mack, 1849.

.... *Christology in the Old Testament*. Unabridged edition. 2 vols. Trans. by R. Keith. McLean, Virginia: MacDonald, 1970.

Herrmann, S. "Das Protoevangelium 1. Mose 3, 15. Ein exegetische Kabinettstück im Prozess der Bibelrevisionen." *MB* 20. *Die Bibel in der Welt. " Ulrich Fich zum 60 Geburstag*. Hrsg. von S. Meurer. Stuttgart: Deutsche Bibelgesellschaft, 1983: 63-69.

Hillyer, N. "2 Corinthians." *NBC:* 1075-88.

Hindley, J. B. "Hosea." *NBC* : 703-15.

Hoekema, A. A. *Created in God's Image*. Grand Rapids: Eerdmans, 1986.

Hoglund, K. G. "Edomites." *Peoples of the Old Testament World*. A. J. Hoerth et al., eds., Grand Rapids: Baker, 1994: 335-47.

Horne, C. M. *Salvation*. Chicago: Moody, 1971.

Howard Jr., D. M. "Philistines." *Peoples of the Old Testament World*. A. J. Hoerth, et al., eds., Grand Rapids: Baker, 1994: 231-50.

Hugenberger, G. P. "The Servant of the LORD in the 'Servant Songs' of Isaiah: A Second Moses Figure." P. E. Satterthwaite, et al., eds. *The Lord's Anointed*: 105-40.

Hughes, P. E. *Commentary on the Second Epistle to the Corinthians*. NICNT. Grand Rapids: Eerdmans, 1962.

Irenaeus, *Adversus Haereses*, 4.40.4. ANF. 1. 524; 5.21,1. ANF. 1. 149.

Jacob, E. *Theology of the Old Testament*. Trans. by A. W. Heathcote and P. J. Allcock. NY and Evanston: Harper & Row, 1958.

Jellicoe, S. "Septuagint in the Current Study." *JBL* 88 (1969): 191-99.

.... *The Septuagint and Modern Study*. Winona Lake: Eisenbrauns, 1993 Repr.

Jenson, P. P. "Models of Prophetic Prediction and Matthew's Quotation of Micah 5:2." P. E. Satterthwaite, et al., eds. *The Lord's Anointed*: 189-211.

Johnstone, P. S. "'Left in Hell'? Psalm 16, Sheol and the Holy One." P. E. Satterthwaite, et al., eds. *The Lord's Anointed*: 213-22.

Josephus, F. *Complete Works of Flavius Josephus.* Trans. by Wm. Whiston. Grand Rapids: Kregel, 1960.

Joüon, P. *Grammaire de l'hébreu biblique.* Rome: Institute Pontifical, 1965.

Jung, K. N.(丁圭男).『舊約槪論』, 改革主義 神學 叢書 2. 서울: 改革主義信行協會, 1985.

Kaiser, Jr., W. C. *Back Toward the Future. Hint for Interpreting Biblical Prophecy.* Grand Rapids: Baker, 1989. 월터 C. 카이저. 김영철 감수. 『성경과 하나님의 예언』. 서울: 여수룬, 1991.

.... *Hard Sayings of the Old Testament.* Leicester: Inter-Varsity, 1988. 김지찬 옮김. 『구약난제해설』. 서울: 생명의 말씀사, 1992.

.... *The Messiah in the Old Testament.* Grand Rapids: Zondervan, 1995.

.... "The Old Promise and the New Covenant: Jeremiah 31:31~34." *JETS* 15 (1972): 11-23.

.... *Old Testament Biblical Theology – The Messiah in the Old Testament.* Grand Rapids: Zondervan, 1995.

.... *Toward an Old Testament Theology.* Grand Rapids: Zondervan, 1978.

Kapelrud, A. S. "The Prophets and the Covenant." *In the Shelter of Elyon: Essays on Ancient Palestinian Life and Literature in Honor of G. W. Ahlstrom.* Ed. by W. B. Barrick & J. R. Spencer. JSOTS 32. England: JSOT, 1984: 175-83.

Kaspi, M. "I have acquired a Man of the Lord (Gen 4:1)." *Beth Mikra* 112 (1987): 29-35.

Katzenstein, H. J. "Philistine. History." *ABD.* Vol. 5. NY: Doubleday, 1992: 326-28.

Keil, C. F. *Biblical Commentary on the Old Testament, The Twelve Minor Prophets.* Vol. I & III. Trans. by J. Martin, Grand Rapids: Eerdmans, 1969 Repr.

.... *Biblical Commentary on the Prophecies of Ezekiel.* Trans. by J. Martin. Grand Rapids: Eerdmans, 1968 Repr.

Keil, C. F. & Delitzsch, F. *Commentary on the Old Testament.* Vol. I. *The Pentateuch.* Trans. by J. Martin. Grand Rapids: Eerdmans, 1968. Repr.

Kelly, B. "Messianic Elements in the Chronicler's Work." P. E. Satterthwaite, et al., eds. *The Lord's Anointed*: 249-64.

Kemph, S. "Genesis 3:14~19: Climax of the Discourse?." *JOTT* 6. no. 4 (1993): 354-77.

Kevan, E. F. *Salvation.* Grand Rapid: Baker, 1978.

Kidner, D. *Psalms 73~150.* TOTC. London: Inter-Varsity, 1975.

Kim, Jae-Joon(김재준), "『맨처음에』 창세기 三ㅇ一~二四 金在俊 新譯."「十字軍」第一卷 第五號. 1937년 10월 29일, 17-20쪽.

Kim, J. W.(김정우). "구약 성경의 구원과 성화."『구원 이후에서 성화의 은혜까지』. 박영선, 브라이언 채풀(B. Chapell) 외 지음. 서울: 도서출판 이레서원, 2005: 43-69.

.......『시편주석 I』. 서울: 총신대학교출판부, 2005.

Kirkpatric, T. B. "Salvation(Christian)." *ERE* (1926). Ed. by J. Hastings. Edinburgh: T&T Clark, 1920: 110-31.

Kitchen, K. A. "Philistines." *Peoples of Old Testament Times.* Ed. by D. J Wiseman (1973): 53-78.

Klausner, J. *Messianic Idea in Israel from its Beginnings to the Completion of the Mishnah.* London: George Allen and Unwin, 1956.

Kline, M. G. "Genesis." *NBC.* D. Guthrie & J. A. Motyer et al., eds., Grand Rapids: Eerdmans, 1970 revised: 79-114.

Koch, R. *Erlösungstheologie: Genesis 1-11.* Aktuelle Schriftenreihe, Theologische Brennpunkte Band 1. Verlag Gerhard Kaffke Bergen-Enkheum, 1968. 신학총서, 제12권:『구원신학』. 장익 역. 왜관: 분도출판사, 1977.

Koehler, L. & Baumgartner, W. *The Hebrew and Aramaic Lexicon of the Old Testament.* L. Koehler and W. Baumgartner, Subsequently Revised by W. Baumgartner and J. J. Stamm, Study Edition. Vols.

I, II. Trans. and Ed. by M. E. J. Richardson. Leiden, Boston, Koeln: E. J. Brill, 2001.

König, E. "Der Evaspruch in Genesis 4:1." *ZAW* 32 (1912): 22-32.

.... *Hebräisches und aramäisches Wörterbuch zum Alten Testament.* Zweite und dritte vermehrte Auflage. Leipzig: Dietrich'sche Verlagsbuchhandlung, 1922.

.... "Jahwes Funktion in Genesis 4:1b." *ZAW* 32 (1912): 232-37.

Kraus, H-J. "Erlösung II. Im AT." *Die Religion in Geschichte und Gegenwart, Handwörterbuch für Theologie und Religionswissenschaft.* Dritte. Völlig neu bearbeitete Auflage. H. FRHR. v. Campenhausen et al. Zweiter Band. Tübingen: J. C. B. Mohr, 1963.

Laetsch, Th. *Bible Commentary: The Minor Prophets.* St. Louis, Mo: Concordia Publishing House, 1956.

Lampe, G. W. H. ed., *The Cambridge History of the Bible.* Vol. 2. *The West from the Fathers to the Reformation.* Cambridge: At the University Press, 1975.

LaSor, W. S. "Philistines." *ISBE.* Vol. Three. Grand Rapids: Eerdmans (1982 fully revised): 841-46.

Laurent, Y. "Le Caractère historique de Gen I-III dans L'exégèse française au tournant du XIX Siécle." *EThL* 23 (1947): 36-69.

Leupold, H. C. *Exposition of Genesis.* Vol. I. *Chapters 1~19.* Grand Rapids: Baker, 1942.

Levey, S. H. *The Messiah: An Aramaic Interpretation. The Messianic Exegesis of the Targum.* Cincinnati, NY, LA, Jerusalem: 1974.

Lewis, C. "From Adam's Serpent to Abraham's Ram." *Judaica* 22 (1973): 392-96.

Lewis, J. P. "The Woman's Seed (Gen. 3:15)." *JETS* 34 (1991): 299-319.

Loehr, M. *History of Religion in the Old Testament.* NY: C. Scribner's, 1936.

Lohfink, N. - Haspecker, J. "Gn. 3, 15: 'weil du ihm nach der Ferse schnappst'." *Scholastik* 36 (1961): 357-72.

Longeneckter, R. N. *Biblical Exegesis in the Apostolic Period.* Grand Rapids: Eerdmans, 1975.

.... *The Christology of Early Jewish Christianity.* Grand Rapids: Baker, 1970.

.... "Paul the Apostle." *ZPEB.* Vol. 4: 624-57.

Lust, Johan. *Messianism and the Septuagint. Collected Essays.* Ed. by K. Hauspie, BETL CLXXVIII. Leuven: Leuven Univ., 2004.

Luther, M. *Luther's Commentary on Genesis.* Vol. 1. Grand Rapids: Zondervan, 1958.

.... "Lectures on Genesis." *Luther's Works.* Ed. by J. Pelikan. St. Louis: Concordia, 1958.

Macalister, R. A. S. *The Philistines: Their History and Civilization.* Chicago: Aargonaut, 1965.

Macdonald, B. "Edom, Edomites." *ISBE.* Vol. Two. 1982: 18-21.

Machen, J. G. *The Origin of Christian Religion.* Grand Rapids, 1947.

Macho, A. D. *Neofiti I.* Madrid: Consejo Superior de Investigaciones Cientificas, 1968.

Manetsch, S. M. "Historical and Theological Studies. Problems with the Patriarchs. John Calvin's Interpretation of Difficult Passages in Genesis." *WTJ* 67 (2005): 1-21.

Martin, R. A. "The Earliest Messianic Interpretation of Gn. 3, 15." *JBL* 84 (1965): 425-27.

Mazar, B. "Philistines and Their Wars with Israel." Ed. by B. Mazar. *The World History of the Jewish People.* III: Judges (E.T, 1971): 164-79.

McCarthy, D. J. "bᵉrît in Old Testament History and Theology." *Biblica* 53 (1972): 110-21.

McConville, J. G. The Lord's Anointed: Interpretation of Old Testament. Grand Rapids: Baker, 1995.

.... "Messianic Interpretation of the Old Testament in Modern

Context." P. E. Satterthwaite, et al., eds. *The Lord's Anointed*: 1-17.

McDonald, H. D. *Salvation*. Westchester, Ill.: Crossway Books, 1982.

Melton, J. M. *The Serpent Said: the Rhetoric of the Fall in Genesis 3*. M. A. Thesis. Regent Univ., Virginia Beach, VA., 1992.

Metzger, M. *Die Paradieseserzählung, Abhandlungen zur Philosophie, Psychologie und Pädagogik*. Band 16. Bonn: H. Bouvier u. Co. Verlag, 1959.

Meyer, H. A. W. *Critical and Exegetical Commentary of the New Testament*. Trans. by W. P. Dickson. Part IV. *The Epistle to the Romans*. Vol. I. Edinburgh: T. & T. Clark, 1879.

Michl, J. "Der Weibessame (Gen. 3:15) in spätjüdischer und früh-christlicher Auffassung I~II." *Biblica* 33 (1952): 371-401, 476-505.

Min, Y. J.(민영진), "잠언 8장 22절의 '카나니' 재론."『히브리어에서 우리말로』. 서울: 도서출판 두란노, 1996: 329-47.

Moberly, R. W. L. "Did the Serpent Get it Right?" *JTS* 39 (1988): 1-27.

Morris, L. *The Atonement: Its Meaning and Significance*. Leicester, England and Illinois, U. S. A.: Inter-Varsity, 1983.

.... *The Cross in the New Testament*. Grand Rapids: Eerdmans, 1976. 이승구 역. 『신약의 십자가』. 서울: 기독교문서선교회, 1987.

.... *The Gospel According to John*. NICNT. Grand Rapids: Eerdmans, 1971.

Moyer, J. C. "Philistines." *ZPEB*. Vol. Four. Grand Rapids: Zondervan, 1975: 767-73.

Mullen, Jr., E. T. *The Assembly of the Gods: The Divine Council in Canaanite and Early Hebrew Literature*. HSM 24. Chico, CA: Scholars, 1980.

Murray, J. "The Adamic Administration." *Collected Writings of John Murray*. Vol. 2. *Selected Lectures in Systematic Theology*. Edinburgh: The Banner of Truth Trust, 1977: 49-50.

.... *The Epistle to the Romans.* NICNT. Grand Rapids: Eerdmans, 1968. One-volume edition.

.... *Redemption Accomplished and Applied.* Grand Rapids: Eerdmans, 1955.

Neenan W. B. "Doctrine of Original Sin in Scripture." *ITQ* 28 (1961): 54-64.

Nicole, R. "The Nature of Redemption." *Contemporary Evangelical Thought. Christian Faith and Modern Theology.* Ed. by C. F. H. Henry. NY: Channel, 1964: 195-96.

Nielsen, E. "Creation and the Fall of Man: A Cross-Disciplinary Investigation." *HUCA* 43 (1972): 1-22.

Noordtzij, A. *Numbers.* BSC. Trans. by Ed van der Maas. Grand Rapids: Zondervan, 1983.

Oesterley, W. O. E. *The Evolution of the Messianic Idea.* NY: Dutton, 1909.

Ojewole, A. O. *The Seed in Genesis 3:15: An Exegetical and Intertextual Study.* Ph. D. dissertation. Berrien Springs: Andrews Univ. Seventh-day Adventist Theological Seminary, 2002.

Orlinsky, H. N. "Current Progress and Problems in Septuagint Research." *Study of the Bible Today and Tomorrow.* Ed. by H. W. Willowghby (1947): 144-61(1).

.... "The Treatment of Anthropomorphisms and Anthropopathisms in the Septuagint of Isaiah." *JUCA* 27 (1956): 193-200.

Ottley, R. R. *A Handbook to the Septuagint.* London: Methuen, 1920.

Panella, D. A. "Proto-evangelium." *NCE.* Vol. 11. NY: McGrow-Hill, 1967, 910-11.

Park, H. Y.(박형용), 『새롭게 다시 쓴 신약개관』. 서울: 아가페출판사, 2009.

Park, Y. S.(박윤선).『창세기, 성경주석: 창세기 출애굽기』. 서울: 영음사, 1981.

.... 『성경주석: 공관복음』 개정증보판. 서울: 영음사, 2011.

.... 『성경주석: 에스겔서, 다니엘서』. 서울: 영음사, 1967.

Perdersen, J. *Israel: Its Life and Culture.* London: Oxford University and

Copoenhagen. Banner of Torch, 1926.

Provan, I. W. "The Messiah in the Books of Kings." P. E. Satterthwaite, et al., eds. *The Lord's Anointed*: 67-85.

Purkiser, W. T., Taylor, R. S., Taylor, W. H. *God, Man and Salvation: A Biblical Theology*. Grand Rapids: Baker, 1977.

Richardson, A. *Genesis I~II*. TBP. London: S. C. M., 1953.

.... "Salvation, Savior." *IDB*. Vol. 4. Nashville, TN: Abingdon, 1962: 168-81.

Ridderbos, H. N. *Paul and Jesus. Origin and General Character of Paul's Preaching of Christ*. Nutly, NJ: PRP, 1977.

Robertson, O. P. *The Christ of the Covenants*. Philipsburg, NJ: PRP, 1980.

Ronning, L. *The Curse on the Serpent (Gen 3:15) in Biblical Theology and Hermeneutics*. Ph. D. dissertation. Phila. PA: Westminster Theological Seminary, 1997.

Rowley, H. H. *The Biblical Doctrine of Election*. London: Lutterworth, 1950.

Sailhamer, J. H. "Genesis." *ExBC*. Vol. 2. Grand Rapids: Zondervan, 1990: 3-284.

Satterthwaite, P. E., Hess and R. S., Wenham, G. J. eds. *The Lord's Anointed. Interpretation of Old Testament Messianic Texts*. Carlisle: Paternoster and Grand Rapids: Baker, 1995.

Schibler, D. "Messianism and Messianic Prophecy in Isaiah 1~12 and 28~33." P. E. Satterthwaite, et al., eds. *The Lord's Anointed*: 87-104.

Scholem, G. *The Messianic Idea in Judaism*. NY: Macmillan, 1971.

Schulz, A. "Nachlese zu Gn 3, 15." *BZ* 24 (1939): 343-56.

Schultz, R. "The King in the Book of Isaiah." Satterthwaite, P. E. et al., eds. *The Lord's Anointed*: 141-65.

Selman, M. J. "Messianic Mysteries." Satterthwaite, P. E. et al., eds. *The Lord's Anointed*: 281-302.

Siggins, I. D. K. *Martin Luther's Doctrine of Christ.* New Haven & London: Yale University Press, 1970.

Silberstein, A. "Introduction." v. in Macalister, R. A. S. *The Philistines: Their History and Civilization.* Chicago: Aargonaut, 1965.

Silver, A. H. *A History of Messianic Speculation in Israel.* NY: Macmillan, 1927.

Simon, U. E. *A Theology of Salvation: A Commentary on Isaiah 40~55.* London: S. P. C. K., 1961.

Skinner, J. *A Critical and Exegetical Commentary on Genesis.* ICC. Edinburgh: T. & T. Clark, 1910.

Smith, J. E. *What the Bible Teaches About the Promised Messiah.* Nashville: Nelson, 1993.

Soderlund, S. K. "Septuagint." *ISBE,* vol. Four. Grand Rapids: Eerdmans, 1988: 400-409.

Soncino Books of the Bible, The. Ed. by A. Cohen. London · Jerusalem NY: Soncino, 1945-.

Soncino Chumash. The Soncino Books of the Bible with Haphtaroth. Ed. by A. Cohen. London · Jerusalem, NY: Soncino, 1981.

Spurgeon, C. H. *Christ the Conqueror of Satan.* No. 126, *A Sermon Delivered on Lord's-Day Morning.* November 26th 1876, At the Metropolitan Tabernacle, Newington.

Stek, J. H. "Salvation, Justice and Liberation in the Old Testament." *CTJ* 13 (1978): 133-65.

Swete, H. B. *An Introduction to the Old Testament in Greek. Additional Notes.* Grand Rapids: CCEL, 2001.

Tate, M. E. *Psalms 51~100.* WBC 20. 1990.

Temple, W. *Christus Veritas.* London: 1949.

Terry, M. S. *Biblical Hermeneutics.* NY: Phillips and Hunt, 1883.

Tur-Sinai, N. H. *The Book of Job. A New Commentary.* Revised edition. Jerusalem: Kiryath Sepher, 1967.

Unger, D. J. "The First Gospel: Genesis 3:15." *FIPTS* No. 3. Ed. by. E. M. Buytaert Bonaventure. NY: Franciscan Institute, 1954: 325-55.

.... "Patristic Interpretation of the Protoevangelium." *Marian Studies* 12 (1961): 117-25.

Unger, M. F. *Unger's Bible Dictionary.* Chicago: Moody, 1966.

Van Groningen, G. "קָצַף." *TWOT.* Vol. 2. 1980: 808-809.

Von Rad, G. *Genesis. A Commentary,* OTL. Trans. by J. Marks. Phila.: Westminster, 1961.

Von Soden, W. "Zum hebräischen Wörterbuch." *Bibel und Alter Orient.* BZAW 162. Hrsg, von H. D, Muller. Berlin; NY: de Gruyter, 1985.

Vos, G. *Biblical Theology.* Grand Rapids: Eerdmans, 1949.

Vriezen, Th. C. *An Outline of Old Testament Theology.* Newton, MA: Charles T. Branford, 1970. Second edition/revised and enlarged.

Walters, G. "Salvation." *NBD.* London: Inter-Varsity, 1962: 1126-30.

Warfield, B. B. "Hosea vi. 7: Adam or man." *Selected Shorter Writings of B. B. Warfield.* Vol. I. Ed. by J. E. Meeter. Phila.: PRP, 1970: 116-29.

Warrington, K. *Discovering Jesus in the New Testament.* Peabody, Mass: Hendrikson, 2009.

Weiser, A. *Hosea,* Die zwölf Kleinen Prorpheten I. ATD 24. Göttingen und Zurich: Bandenhoeck & Ruprecht, 1985: 1-104.

Wells, D. E. *The Search for Salvation.* Downers Grove, Illinois: Inter-Varsity, 1978.

Wenham, G. J. *Genesis 1-15.* Vol. 1. WBC. 1987.

Westermann, C. *Creation.* Phila.: Fortress, 1974.

.... *Genesis I-II. A Commentary.* Trans. by J. J. Scullion. Minneapolis: Augsburg, 1984.

Wifall, W. "Gen 3:15-A Protevangelium?" *CBQ* 36 (1974): 361-65.

Williams, R. J. *Hebrew Syntax: An Outline.* Toronto and Buffalo: University of Toronto, 1967.

Wilson, R. D. "The Influence of Daniel." *PTR*, 1923: 337-71,541-84.

Wolff, H. W. *Hosea*. Hermeneia. Trans. by G. Stansell. Phila.: Fortress, 1974.

Woudstra, M. H. "Edom and Israel in Ezekiel." *CTJ* 3 (1968): 21-35. "에스겔서에 나타난 에돔과 이스라엘." 『구약신학논문집』(제6집). 윤영탁 역편. 수원: 합동신학대학원출판부, 2002: 139-58.

.... "Recent Translation of Genesis 3:15." *CTJ* 6 (1961): 194-203.

Wyatt, R. J. "Pharisees," *ISBE*. Fully Revised, Vol. Three. Grand Rapids: Eerdmans. 1986: 822-29.

Young, E. J. *The Book of Isaiah*. 3 vols. NICOT. Grand Rapids: Eerdmans, 1972.

.... *Genesis 3: a devotional and expository study*. London: Banner of Truth Trust, 1966.

.... *In the Beginning: Genesis Chapters 1 to 3 and the Authority of Scripture*. Edinburgh: The Banner of Truth Trust, 1976.

.... *Isaiah Fifty-Three: A devotional and expository study*. Grand Rapids: Eerdmans, 1952.

Yune, Y. T.(윤영탁). 『아브라함의 하나님』. 수원: 합동신학대학원 출판부, 2004.

.... "잠언 8:22에 나타난 '카나니'(קנני '나를 가지셨다')에 관한 고찰," 『구약신학과 신앙』. 서울: 도서출판 엠마오, 1994: 93-120.

Zimmerli, W. *Ezekiel*. Vol. 2. Trans. by J. D. Martin. Phila.: Fortress, 1983.

.... *Grundriss der alttestamentlichen Theologie*. Stuttgart: W. Kohl-hammer, 1972. 발터 침멀리, 『구약신학』, 김정준 옮김. 서울: 한국신학연구소, 1999, 개정신판.

Zink, J. K. "Salvation in the Old Testament." *Encounter* 25 (1964): 405-14.

■ 저자 색인

■ 주제 색인